赢在论文
软件篇

郑明华　张　勇　主　编

主　审　陈永平

编　者（按姓名汉语拼音顺序排列）

段为钢　云南中医学院
范玉琛　山东大学齐鲁医院
刘文悦　温州医学院第一临床学院
施可庆　温州医学院附属第一医院
尤　捷　温州医学院附属第一医院
张　勇　中国药科大学
郑明华　温州医学院附属第一医院
张媛媛　山东大学附属济南市中心医院

中国协和医科大学出版社

图书在版编目（CIP）数据

赢在论文·软件篇／郑明华，张勇主编．—北京：中国协和医科大学出版社，2011.7
ISBN 978-7-81136-515-3

Ⅰ．①赢… Ⅱ．①郑… ②张… Ⅲ．①论文-写作 Ⅳ．①H152.3

中国版本图书馆 CIP 数据核字（2011）第 107408 号

赢在论文·软件篇

主　　编：郑明华　张　勇
责任编辑：顾良军

出版发行：**中国协和医科大学出版社**
（北京东单三条九号　邮编 100730　电话 65260378）
网　　址：www.pumcp.com
经　　销：新华书店总店北京发行所
印　　刷：北京丽源印刷厂

开　　本：787×1092　1/16 开
印　　张：9.5
字　　数：230 千字
版　　次：2011 年 7 月第一版　　2011 年 7 月第一次印刷
印　　数：1—3000
定　　价：20.00 元

ISBN 978-7-81136-515-3/R·515

前 言

做一张漂亮的彩图、画一张整齐划一的表格、绘制精美的线条图，是一篇优秀论文、一本特色专著不可缺少的重要组成部分。当前，不少科技工作者虽然对图表的重要性已有深刻认识，但缺少相关得作图技能且苦于无人教授，把握不到技术要领。

国际著名的《新英格兰杂志》有专门的一个美编团队，该杂志出版的图片与表格，质量堪称世界第一。目前没有一个国内杂志刊发的图片可与之相媲美，而我们做的最多的事情就只能是引用人家的成果（图片表格等也是一种产品）。

通过对身边朋友以及一些杂志社的调查，我发现，大多数人都愿意去做更精美的图、更整齐的图表，但苦于不知道如何去做或者去做得更好，同时也无人可以教授相关的知识。

2010 年 5 月，我很荣幸在中国协和医科大学出版社的大力支持与众多丁香园资深朋友的协助下出版了《赢在论文 · 术篇》一书。该书立足实践，以具体实例为导向，对其进行深入剖析，形象生动的把论文写作的相关过程进行了讲解。该书从出版至今，获得读者的广泛好评，并在市场上热销。但遗憾的是，当时由于版面有限的关系，图表等相关内容并未包括在全书中。

目前图书市场上也有相关软件的教程，但多为全面介绍某款软件各项功能，重点不突出，让人看了不容易把握住要领。本书将贯彻“教了就会用”的原则，每个学习点用 3 ~4张图片把软件应用中遇到的核心问题与难点展示给读者，“手把手”式教会读者使用。本书不追求无关细节的演示。

我们邀请张勇、段为钢等几位丁香园资深好友，共同编写本书的相关内容。全书分四个部分展开。首先，“文献管理及软件应用”主要对最常用的 EndNote X 进行讲解，尤其是该款软件在论文写作时的应用；紧接着的是本书的重头戏部分“图表制作及软件应用”，该章节内容涉及 Excel、SigmaPlot、Origin 等在绘制各类图形方面的特色以及如何做好一个整齐精美的表格等；随后，对图片处理中常用到的 Photoshop 软件进行说明，并且有针对性的根据国际期刊的要求进行分类讲解。最后，对其他使用到的常用软件，如 Word、PowerPoint、Adobe Reader 等的重点功能进行了说明。内容丰富，阅读后可操作性强。

本书在编写过程中曾得到各位同仁、专家们的大力协助与指导，在此深表谢意！特别感谢我的导师温州医学院附属第一医院感染内科、肝病研究中心主任、温州医学院肝病研究所所长陈永平教授在百忙中给予的指导和审校，使本书更臻完善。感谢中国协和医科大学出版社袁钟社长、顾良军老师对本书的支持与指导，感谢全体团队成员对本书的辛勤付出。衷心感谢“丁香园”医学论坛（www. dxy. cn）李天天站长、周树忠博士等众多朋友的大力支持，还要特别感谢温州医学院附属第一医院与温州医学院领导给予的大力支持与鼓励！

本书的编写由于时间短，作者水平所限，谬误之处在所难免，敬请广大读者予以批评指正！

编　者

2011 年 4 月 15

目 录

第一章　文献管理及软件应用

查资料写论文是科技工作者必不可少的工作。在科研论文的写作中，参考文献是论文的重要组成部分，不但体现着作者知识面的范围和知识的更新程度，也是论文中一些论证的证据支持。美国"Science Citation Index（SCI）"的影响因子（impact factor）也就是通过分析论文参考文献获得的。采用传统方式编写参考文献不但耗费作者大量的时间和精力，而且容易出错。除此之外，手工编写引文不能完成自动排序，不能自动更改参考文献格式，因此常常不符合投稿要求，甚至严重影响到论文能否顺利录用（accepted）和出版。相应文献管理软件的使用已成为论文写作的一项基本功。

一、EndNote X4 在文献管理中的应用

EndNote 是参考文献管理最为流行的软件之一，能与 Word 编辑器进行完美结合。EndNote 是 SCI（Thomson Scientific 公司）的官方软件，支持 5000 余种国际期刊的参考文献格式，数百种写作模板，涵盖各个领域的杂志。EndNote 能直接连接上千个数据库，并提供通用的检索方式，提高了科技文献的检索效率；管理的数据库没有上限，至少能管理数十万条参考文献而且占用的系统资源小，很少发生因 EndNote 数据库过大发生计算机死机现象。从国外大型数据库下载数据时，均有支持 EndNote 的格式，因此导入数据非常方便。除此之外，EndNote 有很强的扩展功能，如果 EndNote 的默认设置不能满足要求，能很方便地扩展其功能而不需要专业的编程知识。在投稿时，某些杂志对采用 EndNote 编辑参考文献的论文甚至可以优惠 50～100 美元的版面费。

目前流行的 EndNote 版本多为 8.0 以后的版本，最新版本是 EndNote X4，EndNote 8.0 以后版本风格相似，除此之外还有 EndNote 的网络版。网络版必须连接网络并与 EndNote 网络数据库相连接才能方便地使用。现以 EndNote X4 为例简要介绍 EndNote 在论文编写过程中的应用，详细的介绍可以参阅段为钢和郑明华共同主编由人民卫生出版社出版的《论文写作助手：EndNote 一点通》一书。

（一）EndNote X4 简介

EndNote X4 安装一般要求计算机操作系统为 Windows 2000/XP 以上；Microsoft Word 版本为 Office 2000、XP、2003、或 2007；CPU 至少是 Pentium 450MHz 以上；RAM 至少 256 Mb；至少可提供 180 Mb 硬盘空间。EndNote X4 安装时按照安装提示完成即可，为了防止 EndNote X4 的扩展工具在重装系统时发生丢失，因此不建议将软件安装在 C 盘。与 EndNote X4 有关的文件格式近 10 种，相关说明参见表 1-1。

表 1-1　与 EndNote X4 有关的文件格式一览表

文件格式	名称	保存文件夹	备　注
. enz	数据库连接文件	Connections	用于连接远程数据库。
. enf	过滤器文件	Filters	用于从 TXT 数据文件中导入数据。
. ens	参考文献格式文件	Styles	设置文档中的参考文献格式用。
. clx			
. tlx	拼写核对文件	Spell	用于检查数据库中的词汇拼写。
. dot	投稿模板文件	Templates	也是 Word 模板文件，包含宏代码。
. txt	术语列表文件	Terms Lists	初次使用一共有三文件，分别罗列着化学、人类学、医学等期刊。多次使用后文件数目会自动增加，会记录 Author、Journal 和 Keyword 等信息。可以用记事本工具编辑。
. enl			
. lib	数据库文件	自定义	. enl 数据库文件是 EndNote 的默认格式，必须与一个同名数据文件夹（. Data）配合使用。
. enw	数据库导入文件	自定义	双击此类文件，其文件内容就导入到一数据库文件中。
. enlx	数据库压缩文件	自定义	是数据库文件的压缩格式。
. enq	数据检索文件	自定义	保存数据检索条件。

EndNote X4 安装好后，会在桌面上产生一个快捷图标，在系统（Microsoft Windows）程序的开始菜单中也有快捷方式。启动 EndNote X4，进入到 EndNote X4 程序的主界面。图 1-1

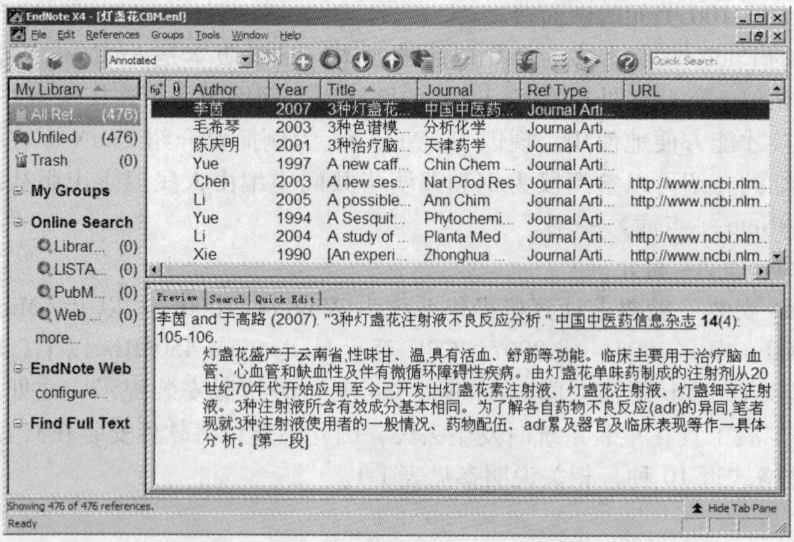

图 1-1

为打开一个数据库文件后的界面，从上到下依次为顶部状态栏、下拉式菜单栏、快捷工具栏、文献浏览区、文献内容预览区和底部状态栏，在快捷工具栏下面的左边是数据库提示区，各栏的操作与 Word 编辑器的风格相似。惟一不同的是 EndNote X4 尚无官方中文版本，在使用过程中要慢慢熟悉纯英文界面。

必要说明的是，参考文献浏览区显示记录（参考文献）的简略内容；默认状态下，文献浏览区显示的参考文献字段有“作者（Author）”、“年（Year）”、“题目（Tile）”、“期刊名（Journal）”、“参考文献类型（Ref Type）”和“链接（URL）”。反复点击记录显示区的字段名，EndNote X4 会根据此字段的内容进行从大到小或从小到大排序。

EndNote X4 的下拉菜单栏一共有“File”、“Edit”、“References”、“Groups”、“Tools”、“Windows”和“Help”等7个，各菜单除了一级菜单外，有的还有二级菜单，有的命令在使用过程中还会有新的对话框。这些风格与 MS Office 办公软件相似。与以前版本不同的是 EndNote X4 的快捷工具栏采用了 Windows Vista 风格，并对相关快捷工具做了调整。

EndNote X4 安装后，在 Word 编辑器的“工具”下拉菜单栏中会出现一项 EndNote X4 工具，同时在 Word 编辑器的快捷工具栏中也会出现 EndNote X4 工具条如图 1-2 所示。Word 中的 EndNote X4 快捷工具图标功能与 Word 下拉“工具”菜单中的 EndNote X4 工具在功能上完全等同，只是使用更为方便。

图 1-2

（二）用 EndNote X4 建立自己的参考文献数据库

为了在论文中插入编辑参考文献，必须先建立自己的参考文献数据库。

1. PubMed 直接检索

连接到网络后，打开 EndNote X4 程序，选择菜单“Tools/Online Search…”，在弹出的对话框中选择“PubMed（NLM）”后点击“Choose”按钮，如图 1-3 所示。随后，EndNote X4 即与 PuMed 数据库进行远程连接，同时图 1-1 下方的预览（preview）窗口切换到“Online Search…”窗口，显示一个检索对话框如图 1-4 所示。

在检索框内输入相应的检索词，调节检索词后面的有关参数，点击“Search”按钮即进行远程检索，如果检索到文献，会返回一个对话框并显示命中的文献数，并可以选择拟下载的文献范围（默认是全部下载），点击对话框中的“OK”按钮（图 1-5），EndNote X4 即把检索到的文献下载到临时数据库文件中。值得注意的是一定要把临时数据库文件中的文献转移到自己的本地数据库文件中，可以选中已下载的参考文献，然后点击“References/Copy to References To”命令把参考文献复制到相应的本地数据库中。有意思的是，如果在检索 PubMed 数据时，已经打开了一个（且只有一个）本地数据库，EndNote X4 会自动把下载的参考文献复制到此数据库中。另外 EndNote X4 在检索时没有括号运算和优先级，从上而下进行检索运算。

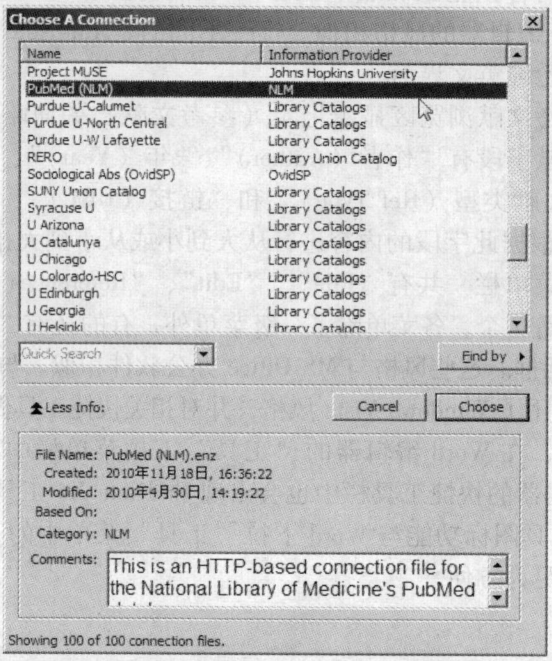
Choose A Connection
Name
Information Provider
Project MUSE
Johns Hopkins University
PubMed (NLM)
NLM
Purdue U-Calumet
Library Catalogs
Purdue U-North Central
Library Catalogs
Purdue U-W Lafayette
Library Catalogs
RERO
Library Union Catalog
Sociological Abs (OvidSP)
OvidSP
SUNY Union Catalog
Library Catalogs
Syracuse U
Library Catalogs
U Arizona
Library Catalogs
U Catalunya
Library Catalogs
U Chicago
Library Catalogs
U Colorado-HSC
Library Catalogs
U Edinburgh
Library Catalogs
U Georgia
Library Catalogs
Quick Search
Find by
Less Info:
Cancel
Choose
File Name: PubMed (NLM).enz
Created: 2010年11月18日, 16:36:22
Modified: 2010年4月30日, 14:19:22
Based On:
Category: NLM
Comments:
This is an HTTP-based connection file for the National Library of Medicine's PubMed
Showing 100 of 100 connection files.

图 1-3

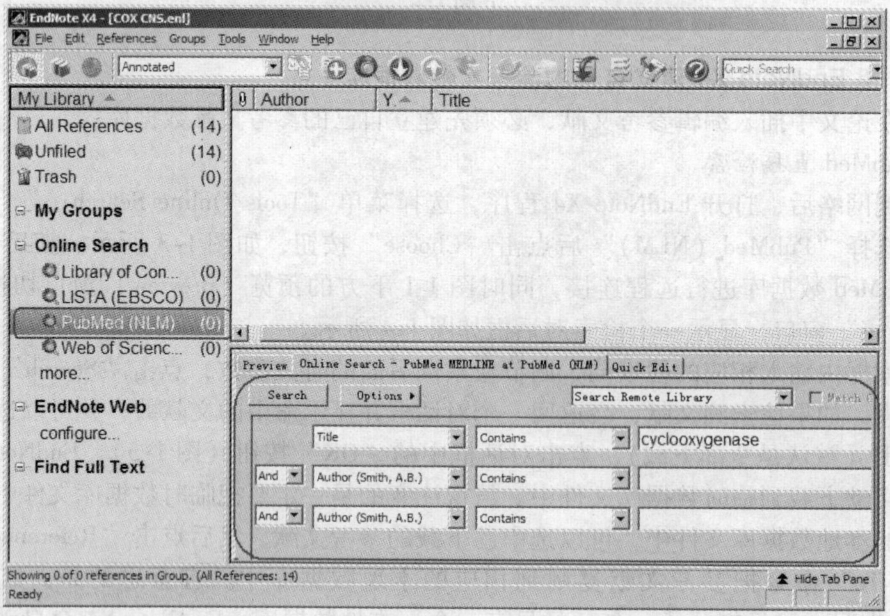
EndNote X4 - [COX CNS.enl]
File Edit References Groups Tools Window Help
Annotated
Quick Search
My Library
Author
Y.
Title
All References (14)
Unfiled (14)
Trash (0)
My Groups
Online Search
Library of Con... (0)
LISTA (EBSCO) (0)
PubMed (NLM) (0)
Web of Scienc... (0)
more...
EndNote Web
configure...
Find Full Text
Preview
Online Search - PubMed MEDLINE at PubMed (NLM)
Quick Edit
Search
Options
Search Remote Library
Title
Contains
cyclooxygenase
And
Author (Smith, A.B.)
Contains
And
Author (Smith, A.B.)
Contains
Showing 0 of 0 references in Group. (All References: 14)
Hide Tab Pane
Ready

图 1-4

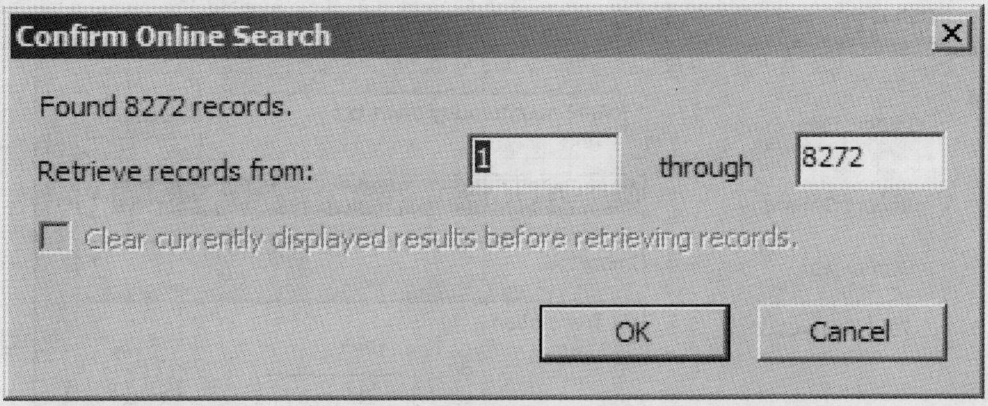

图 1-5

这样就从 PubMed 建立了自己的参考文献数据库了。除此之外，还可以通过网络浏览的方式下载 PubMed 数据。在网络浏览器的地址栏输入 http://www.ncbi.nlm.nih.gov/pubmed/，登录 PubMed 网站，检索数据后，在“Display”下拉栏中选择“MEDLINE”，然后在“Send to”下拉栏中选择“File”，即把检索到的文献下载到本地计算机中，操作参见图 1-6。然后可将数据导入 EndNote X4 数据库文件中，即选择菜单“File/Import…”，然后在弹出的新窗口中参照图 1-7 选择相应的参数，点击“Import”按钮即可将下载的 PubMed 数据导入到 EndNote X4 数据库中。

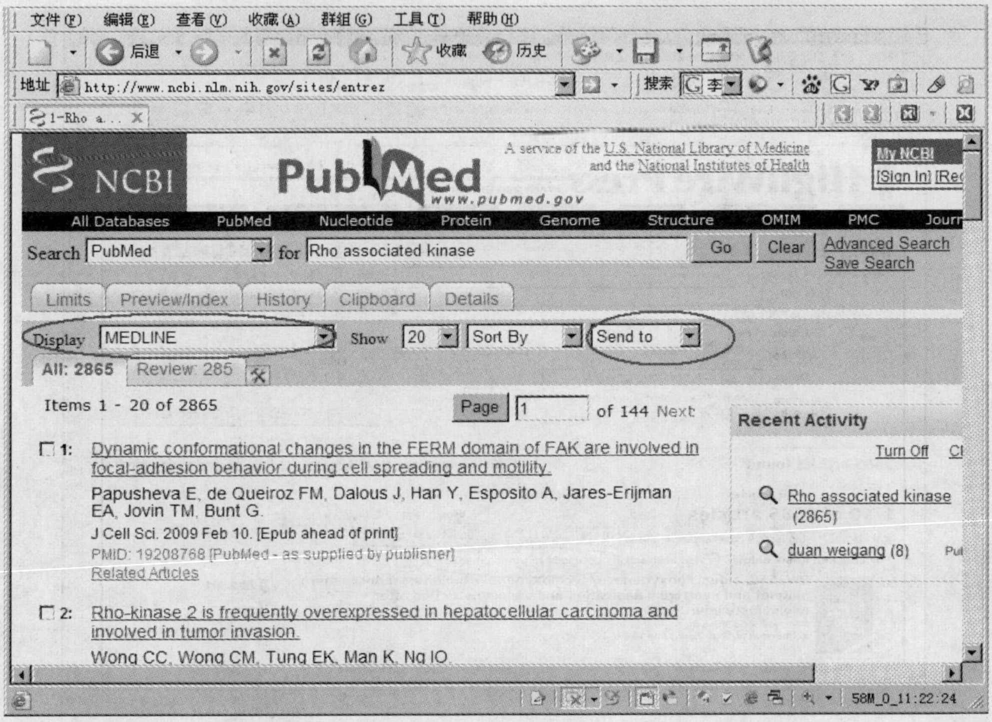

图 1-6

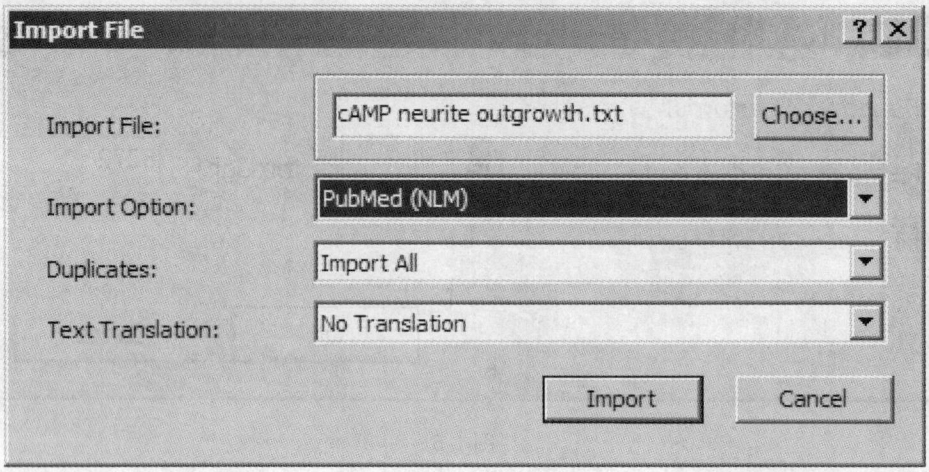

图 1-7

2. HighWire 检索和导入

HighWire 数据库是美国斯坦福大学建立的数据库，也是最常用的数据库之一。

在地址栏输入http://highwire.stanford.edu/回车即进入斯坦福大学的 HighWire 数据库的检索界面，输入相关的检索词和参数点击“Search”按钮即进行文献检索。

在检索结果中先选择感兴趣的文献，然后选中“download to citation manager”，随后点

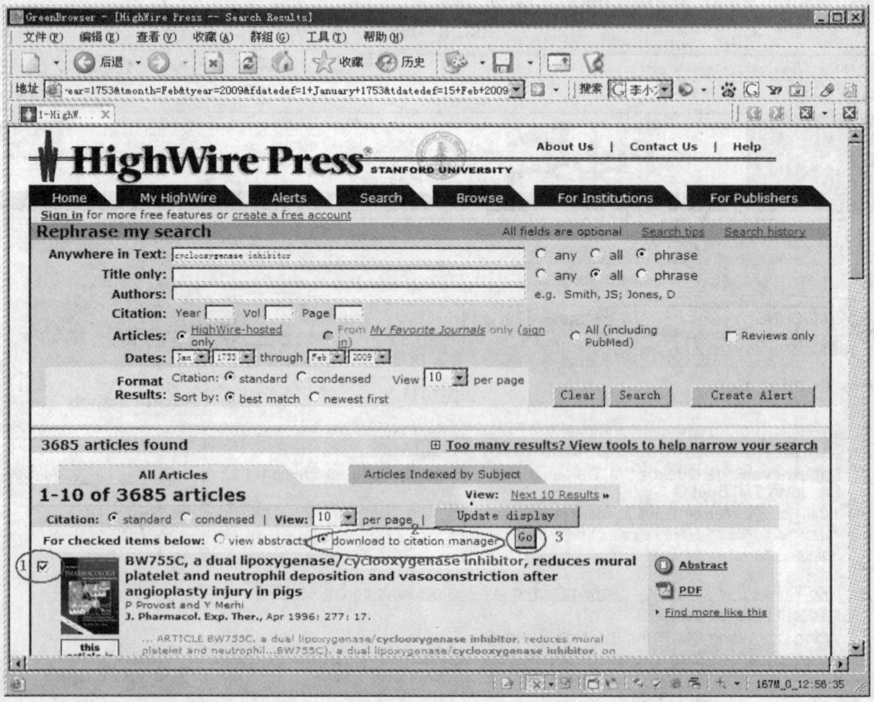

图 1-8

击“Go”按钮（图 1-8），随后在弹出窗口中（图 1-9）点击“download citations to Citation Manager”，最后在新弹出的窗口（图 1-10）中点击“EndNote”即将选中的文献摘要下载到本地计算机，默认的文件名为“citmgr. enw”，是一个压缩的 EndNote 文件。

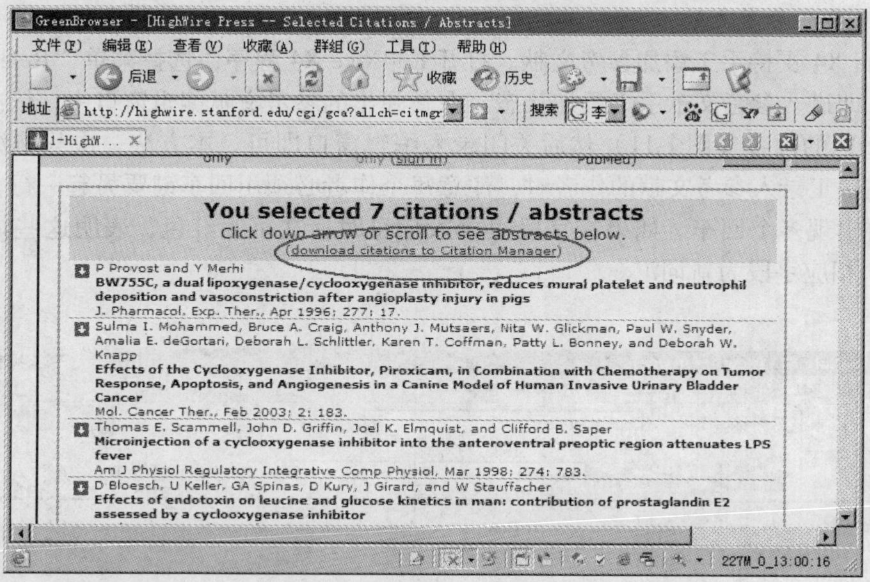

图 1-9

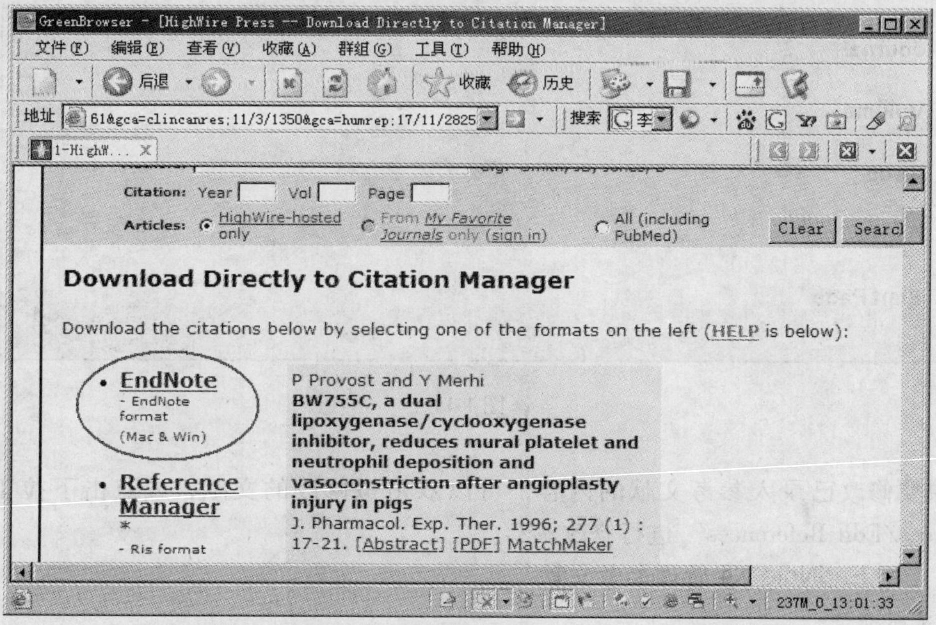

图 1-10

双击文件名，按照提示即可将刚才下载的数据导入到指定的 EndNote 文献库中。

类似地我们还可以在 Google 学术搜索（http://scholar. google. cn）下载 EndNote 格式的参考文献（必须先设置使用偏好），也可以在其他网络数据库如，重庆维普、CNKI 等数据库中检索下载支持 EndNote 的数据。

3. 手工添加参考文献

EndNote X4 支持手工添加参考文献。打开 EndNote X4 程序，选择菜单“References/New Reference”即进入参考文献手工添加状态。在新弹出的参考文献编辑窗口中，依次录入相关字段（Field）的内容（图 1-11）然后关闭录入编辑窗口即可。本方法一次只能添加一条参考文献。在手工录入参考文献的作者时，注意每个作者必须用回车键要另起一行，但其他字段最好不要出现多个回车。如果在字段里录入信息时，文字为红色，表明这些词汇在当前 EndNote X4 相应字段为新词汇。

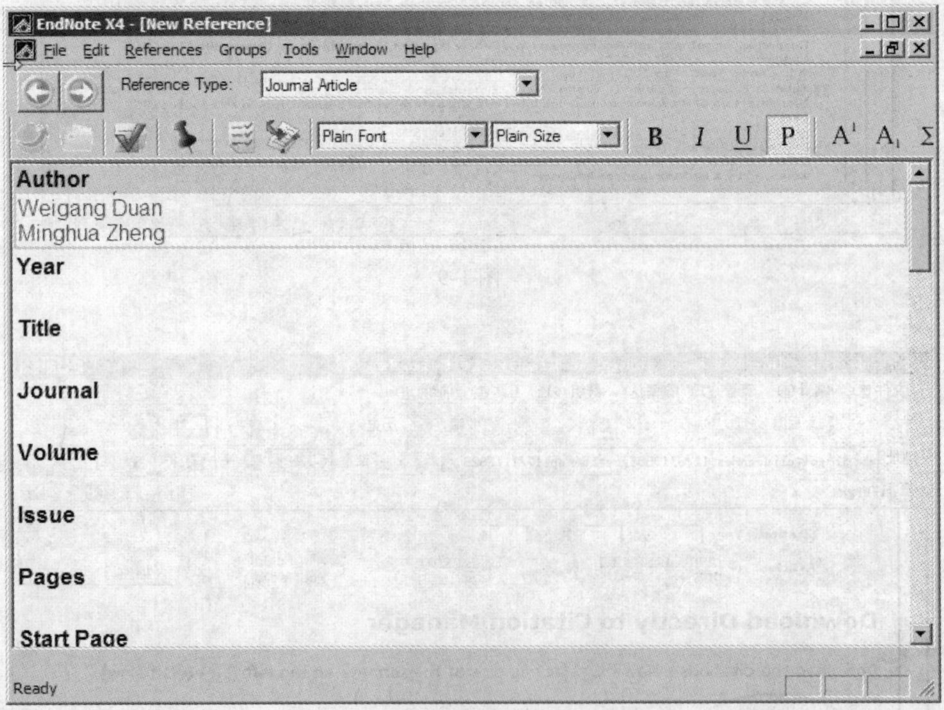

图 1-11

如果要修改已录入参考文献的内容，可以双击拟修改的文献，或点击下拉工具菜单“References/Edit References”进行修改。

（三）用 EndNote X4 管理参考文献

1. 文献查重

由于 EndNote X4 管理的参考文献数没有上限，在录入或导入数据时可能出现重复文献，重复文献应该删除。选择菜单“References/Find Duplicates”，EndNote X4 执行文献查重操作，如果 EndNote X4 检索到重复文献，则会在新打开的窗口显示并对比重复的参考文献（图 1-12），选择“Keep This Record”按钮，则会把其他的重复参考文献进行删除。此时也可以点“Skip”按钮跳过，直接在文献浏览区按“Delete”键删除之（图 1-13）。

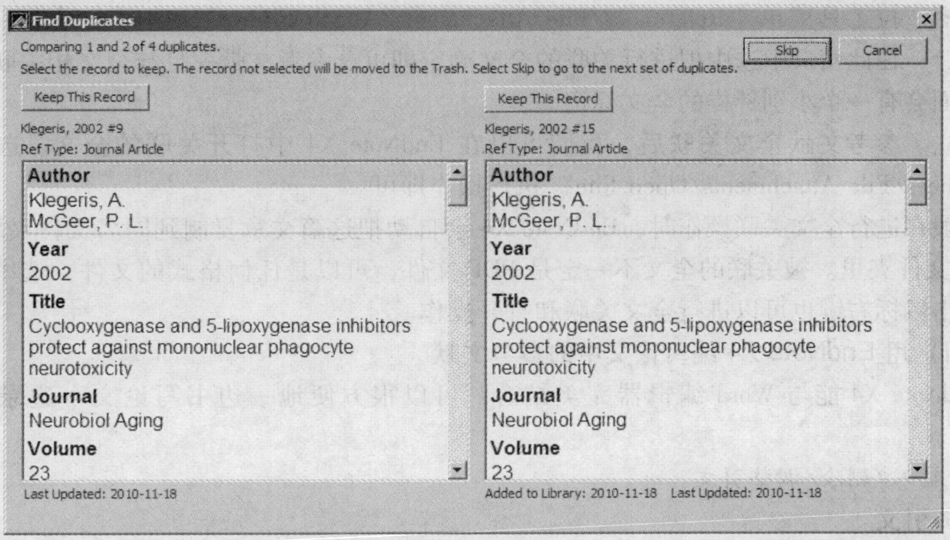

图 1-12

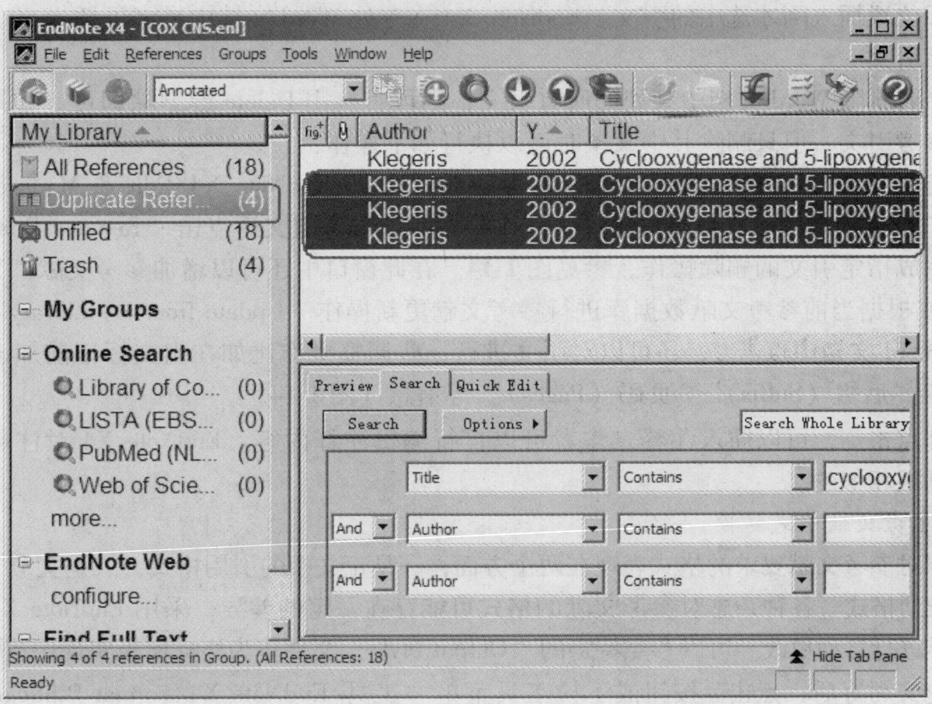

图 1-13

为了能彻底完成文献查重，建议在执行文献查重时先选择菜单“References/Show All References”显示所有文献。

2. 全文关联

EndNote X4 可以将参考文献和下载的全文进行关联。先选中拟进行关联的参考文献，然后选择下拉工具菜单“References/File Attachments/Attach File…”，这时会弹出一个文件打开窗口，在此窗口中选中拟进行关联的全文确定即可。参考文献一旦与全文相关联，在题录的前面会有一个小别针样的全文标记。

建立了参考文献全文关联后，我们可以在 EndNote X4 中打开关联的全文。选择菜单“References/File Attachments/Open File”执行操作即可。

一般在进行全文关联操作时，EndNote X4 会自动把这篇文章复制到同名文件夹. Data 下的 PDF 文件夹里。被关联的全文不一定是 PDF 文件，可以是任何格式的文件。选中参考文献后点击鼠标右键也可以进行全文关联和打开操作。

（四）用 EndNote X4 编写论文中的参考文献

EndNote X4 能与 Word 编辑器完美结合。可以很方便地一边书写论文一边录入参考引文。

1. 插入/删除/调整引文

插入引文

打开拟用的 EndNote 数据文件，然后选中拟插入的引文（一条或多条），切换到 Word 编辑器，点击 EndNote X4 快捷图标或“工具/EndNote X4/Insert Selected Citation（s）”，即可在光标位置插入刚才选中的引文。EndNote X4 在一处 Word 文档中最多可插入 50 条引文。

删除引文

如果要删除 Word 文档中某处的所有引文，则可直接用 Delete 键删除即可。如果某处插有多条参考引文，但只删除其中某条时可以执行如下操作：

先将光标置于拟删除的引文前，点击或“工具/EndNote X4/Edit & Manage Citation（s）…”则进入参考引文编辑的窗口，选中拟删除的参考引文后点击“Remove Citation”按钮即可完成指定引文的删除操作，参见图 1-14。在此窗口中还可以增加参考文献“Insert Citation”或根据当前参考文献数据库进行参考文献更新操作“Update from My Library”。

在 Word 文档中点击，还可以对引文进行一些调整操作比如在引文标记前加上“前缀（Prefix）”“后缀（Suffix）”“页码（Pages）”等信息（图 1-14）。

另外点击，可以插入注释，作者可以自行编辑注释内容。EndNote X4 对注释的管理和引文是很相似的。

2. 参考文献格式转换

杂志对参考文献要求的格式表现在两个方面，一是正文中的引用格式，二是文章末尾参考文献的排列格式。各种杂志对参考文献的格式可能存在一定的差异，采用 EndNote X4 可以将这些差异进行自动更改。可以参照特定的“Output Style”文件作为格式模板实现快速修改。

当论文写好后，点击按钮或下拉工具菜单“工具/EndNote X4/Format Bibliography…”即进参考文献格式编排，参见图 1-15。

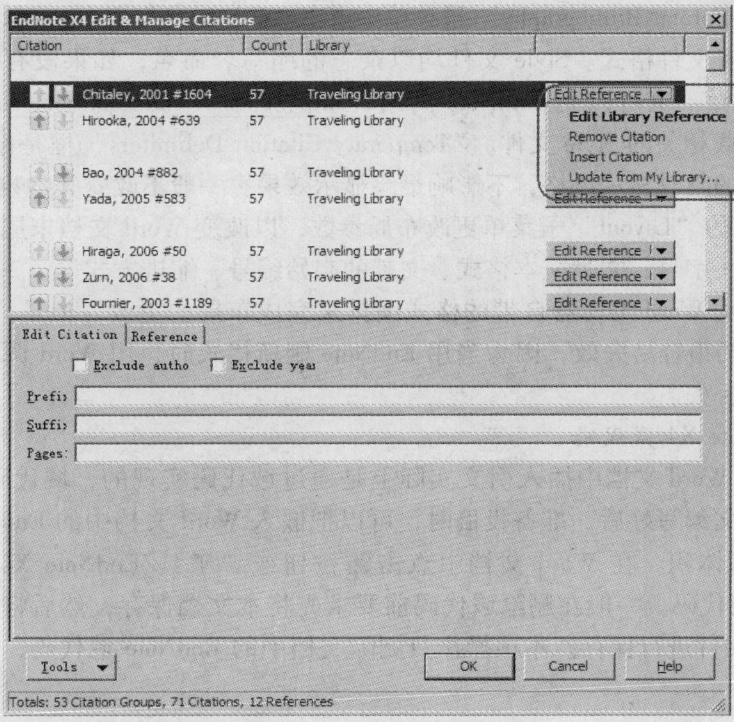
EndNote X4 Edit & Manage Citations
Citation
Count
Library
Chitaley, 2001 #1604　57　Traveling Library
Hirooka, 2004 #639　57　Traveling Library
Bao, 2004 #882　57　Traveling Library
Yada, 2005 #583　57　Traveling Library
Hiraga, 2006 #50　57　Traveling Library
Zurn, 2006 #38　57　Traveling Library
Fournier, 2003 #1189　57　Traveling Library
Edit Reference
Edit Library Reference
Remove Citation
Insert Citation
Update from My Library...
Edit Citation
Reference
Exclude autho
Exclude yea
Prefix
Suffix
Pages:
Tools
OK
Cancel
Help
Totals: 53 Citation Groups, 71 Citations, 12 References

图 1-14

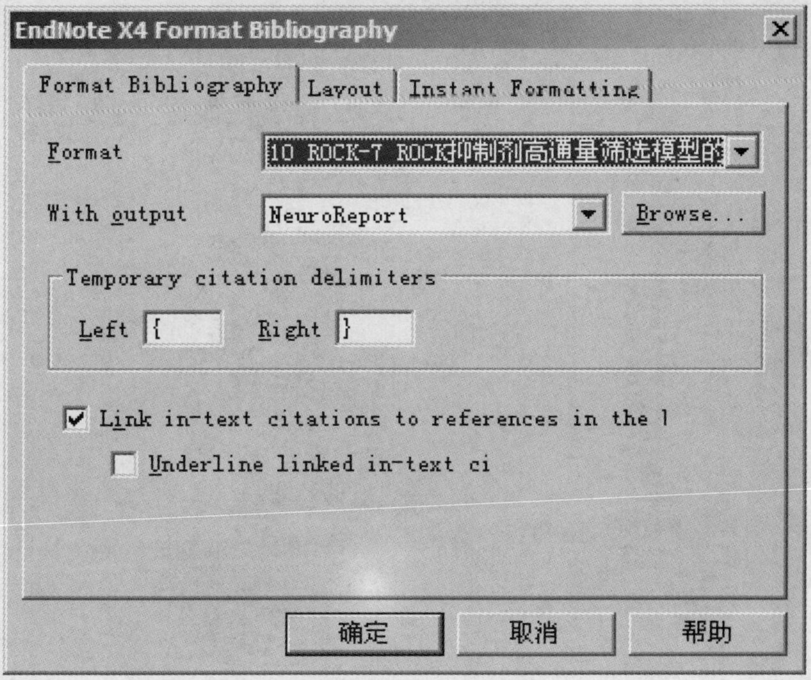
EndNote X4 Format Bibliography
Format Bibliography
Layout
Instant Formatting
Format
10 ROCK-7 ROCK抑制剂高通量筛选模型的
With output
NeuroReport
Browse...
Temporary citation delimiters
Left {
Right }
Link in-text citations to references in the l
Underline linked in-text ci
确定
取消
帮助

图 1-15

在图 1-15 的“Format Bibliography”子菜单中点击“Browse…”按钮，可以在 Style 文件库中选择相应的参考文件格式。Style 文件均以杂志的缩写名命名，如果没有想要的参考文件格式，需自己定做，也可以到 EndNote 网站（http://www.endnote.com/support/enstyles-terms.asp）上去下载相关的 Style 文件。“Temporary Citation Delimiters”框是设定在 Word 文档中插入参考文献的临时显示风格，不影响最终显示效果，一般不改变其参数。

可以在图 1-15 的“Layout”子菜单更改布局参数，以改变 Word 文档末尾参考文献的排版风格，包括字体、字号、文献文本格式、文献的起始编号、缩进方式等。一般可以采用默认参数。也可以使用 Word 编辑器自带的格式编排来完成布局的更改。但是，用 Word 更改的 EndNote 格式布局很容易失效，因为当用 EndNote 刷新格式时，用 Word 调整的引文或参考文献布局格式将丢失。

3. 删除 EndNote X4 域代码

EndNote X4 在 Word 文档中插入引文实际上是通过域代码实现的，域代码会占用 Word 文档的体积。当论文编写好后，准备投稿时，可以把嵌入 Word 文档中的 EndNote 域代码进行删除以减少文档体积。在 Word 文档中点击按钮或“工具/EndNote X4/Remove Field Codes”即可删除域代码。一般在删除域代码前要求先将本文档保存，然后将删除域代码的文档以新的 Word 文件进行保存。本项操作只删除文档中的 EndNote 域代码，对其他域代码无影响。

第二章　图表制作及软件应用

表格（table）常用于整理和展示成组数据，科技论文中的表格形式较为简洁，但不同杂志对表格的要求稍有差别，另外由于部分杂志的排版风格在美观方面的要求越来越精致，这类表格的制作则稍微复杂，本节主要介绍常见表格的绘制。

一、表格制作

（一）表格制作的一般要求

表格一般由标题（title）、表头（heading）、主体（body）组成，有些表格还有注释（note），各部分的位置如图 2-1 所示。科技论文中的表格一般是以“三线表”为基础进行绘制，其中“三线”是指表格的上下边框各一条横线外加表头的下边框一条横线。当然有时表头部分会超过两条横线，但仍然通俗称呼为“三线表”，一般情况下，表格的上下边框线较表头的下边框线要粗一个等级。值得注意的是，科技论文中无论表格的内容多么复杂，都不会出现竖线或斜线。

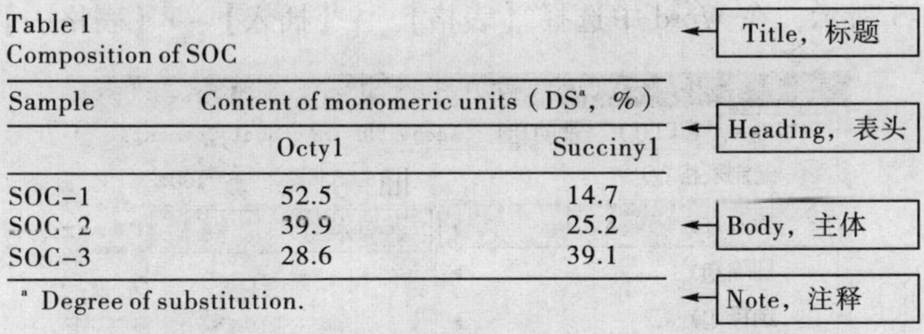

图 2-1

（二）表格制作实例

1．精简型表格

以图 2-2 中所示的表格为例，介绍绘制精简型表格的绘制过程。

Table 2. TS net release and absorption.

	Net release（%）	Net absorption（%）	
		1Day	4Day
STT 1 37.5	66.3	1.14	4.56
STT 1 50	62.5	1.15	4.62
STT 1 75	61.5	1.14	4.57
STT 2 25	1.7	1.25	5.00
STT 2 50	1.5	1.25	5.00
STT 2 100	3.4	1.25	5.00
STT 3 25	96.1	3.33	13.33
STT 3 50	99.3	3.33	13.33
STT 3 100	93.1	3.33	13.33
STT 4 25	76.8	1.25	5.00
STT 4 50	74.3	1.25	5.00
STT 4 100	73.5	1.25	5.00
STT 5	98.2	0.64	2.56

图 2-2

（1）如图 2-3 所示，在 Word 中选择【表格】→【插入】→【表格…】；

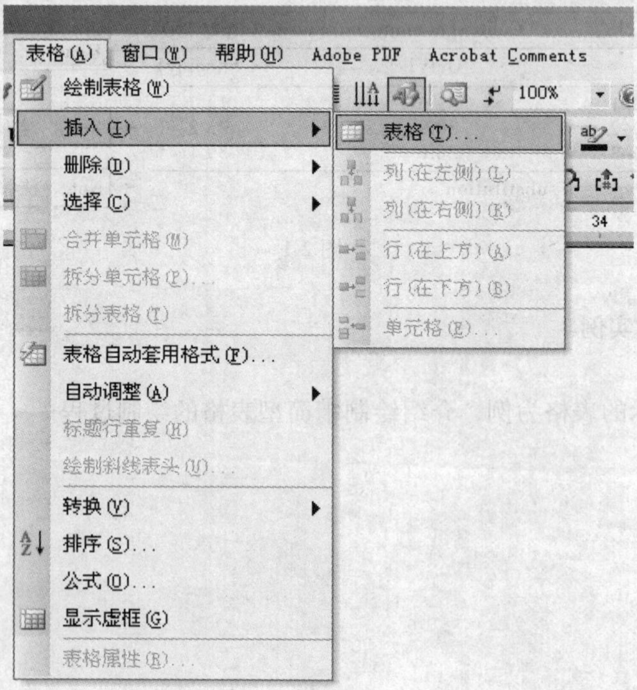

图 2-3

（2）如图 2-4 所示，分别输入表格的行数为 15，列数为 4；

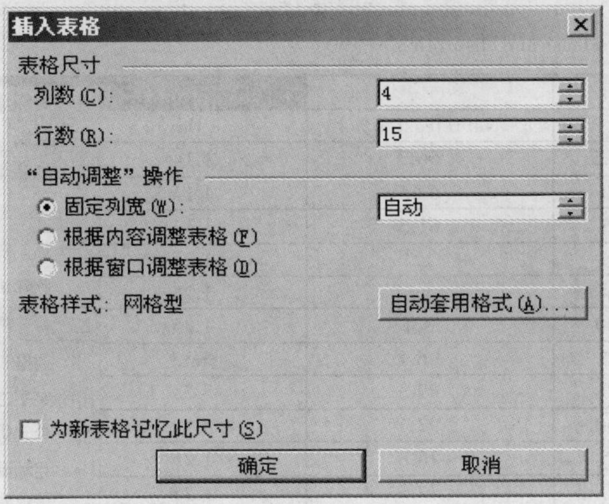

图 2-4

（3）如图 2-5 所示，输入题头和表格数据，并将所有单元格内容居中；

Table 2. TS net release and absorption.

		Net absorption (%)	
	Net release (%)	1 Day	4 Days
STT 1 37.5	66.3	1.14	4.56
STT 1 50	62.5	1.15	4.62
STT 1 75	61.5	1.14	4.57
STT 2 25	1.7	1.25	5.00
STT 2 50	1.5	1.25	5.00
STT 2 100	3.4	1.25	5.00
STT 3 25	96.1	3.33	13.33
STT 3 50	99.3	3.33	13.33
STT 3 100	93.1	3.33	13.33
STT 4 25	76.8	1.25	5.00
STT 4 50	74.3	1.25	5.00
STT 4 100	73.5	1.25	5.00
STT 5	98.2	0.64	2.56

图 2-5

（4）如图 2-6 所示，选中最右上角的两个单元格后，右键选择【合并单元格】；

（5）选中整个表格，右键选择【边框和底纹】，出现【边框和底纹】对话框，如图 2-7 所示，设置表格的上、下边框成宽度为 1.5 磅的粗线，其余部分的线条均设置成无线条；

（6）如图 2-8 所示，仅选中表格的第一和第二行，右键选择【边框和底纹】，出现【边框和底纹】对话框，按图 2-9 所示设置选中部分的单元格表格的下边框成宽度为 0.5 磅的细线，其余部分的线条不做设置；

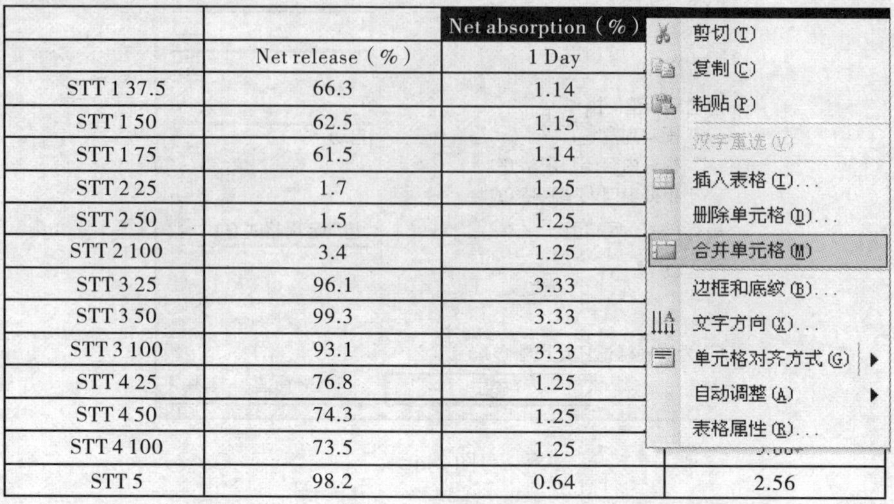

Table 2.TS net release and absorption.

	Net release（%）	Net absorption（%） 1 Day	
STT 1 37.5	66.3	1.14	
STT 1 50	62.5	1.15	
STT 1 75	61.5	1.14	
STT 2 25	1.7	1.25	
STT 2 50	1.5	1.25	
STT 2 100	3.4	1.25	
STT 3 25	96.1	3.33	
STT 3 50	99.3	3.33	
STT 3 100	93.1	3.33	
STT 4 25	76.8	1.25	
STT 4 50	74.3	1.25	
STT 4 100	73.5	1.25	
STT 5	98.2	0.64	2.56

图 2-6

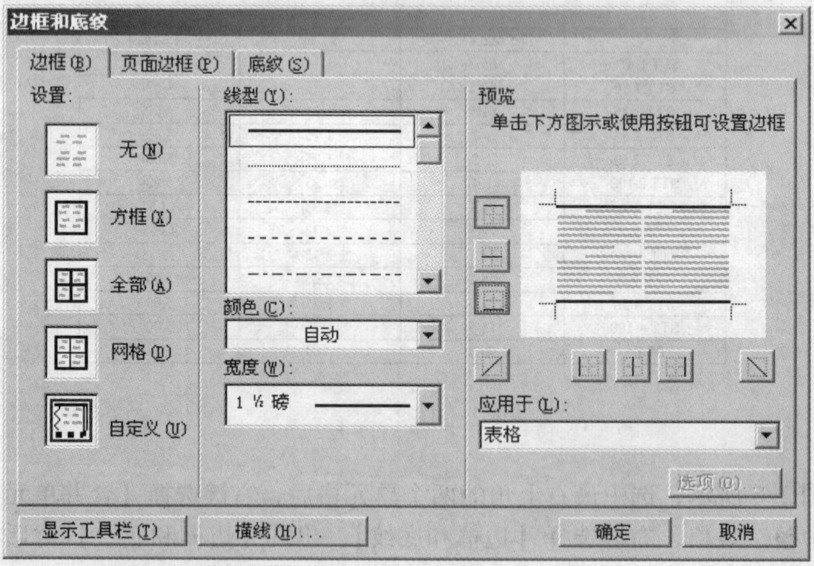

图 2-7

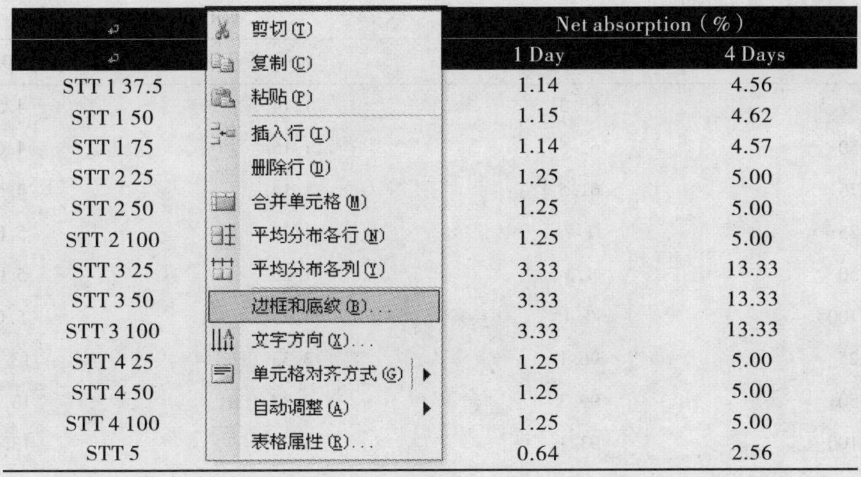

图 2-8

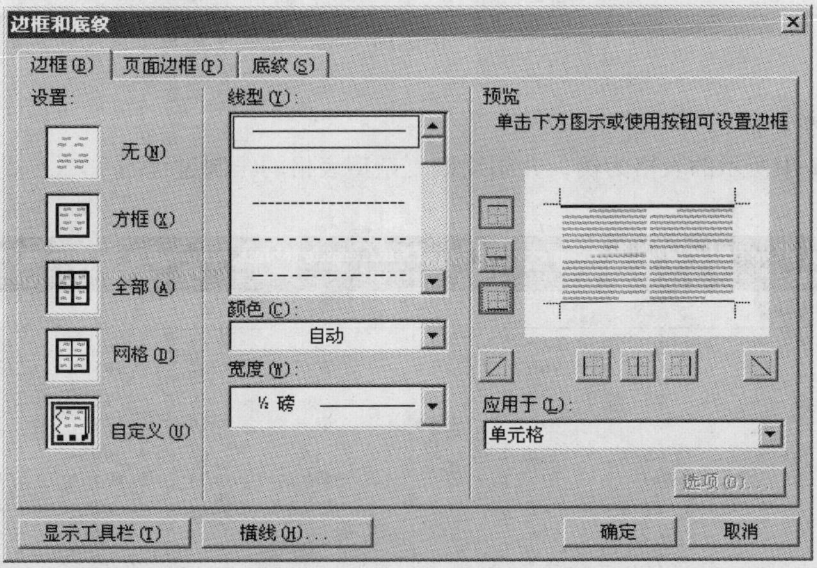

图 2-9

（7）与上一步类似的操作，设置表格最右上角的单元格的下边框成宽度为 0.5 磅的细线，其余部分的线条不做设置，最终制作完成的表格如图 2-10 所示；

Table 2. TS net release and absorption

	Net release（%）	Net absorption（%）	
		1Day	4Day
STT 1 37. 5	66. 3	1. 14	4. 56
STT 1 50	62. 5	1. 15	4. 62
STT 1 75	61. 5	1. 14	4. 57
STT 2 25	1. 7	1. 25	5. 00
STT 2 50	1. 5	1. 25	5. 00
STT 2 100	3. 4	1. 25	5. 00
STT 3 25	96. 1	3. 33	13. 33
STT 3 50	99. 3	3. 33	13. 33
STT 3 100	93. 1	3. 33	13. 33
STT 4 25	76. 8	1. 25	5. 00
STT 4 50	74. 3	1. 25	5. 00
STT 4 100	73. 5	1. 25	5. 00
STT 5	98. 2	0. 64	2. 56

图 2-10

2. 复杂型表格

以图 2-11 中所示的表格为例，介绍绘制复杂型表格的绘制过程。

Table 1 – Results of the pairwise comparison of eight lots of Furosemide tablets, employing the difference (f_1) and similarity (f_2) criteria[a]

Lot	*f*-Criterion	A_1	A_2	A_3	B_1	B_2	B_3	C_1	C_2
A_1	f_1		2.7	2.8	4.0	3.7	6.5	11.3	8.9
	f_2		78.0	78.4	77.0	70.7	63.5	53.7	59.2
A_2	f_1	2.8		1.0	5.0	6.6	9.4	8.8	6.4
	f_2	78.0		94.5	67.4	64.6	58.2	57.7	64.6
A_3	f_1	2.9	1.0		4.3	5.9	8.7	9.4	7.0
	f_2	78.4	94.5		68.5	67.1	60.1	55.8	61.9
B_1	f_1	4.0	4.8	4.2		4.8	6.1	11.6	9.2
	f_2	77.0	67.4	68.5		74.1	67.4	51.3	56.2
B_2	f_1	3.6	6.2	5.6	4.7		2.6	14.5	12.1
	f_2	70.7	64.6	67.1	74.1		84.1	46.9	51.1
B_3	f_1	6.1	8.6	8.0	5.7	2.6		16.7	14.4
	f_2	63.5	58.2	60.1	67.4	84.1		43.9	47.4
C_1	f_1	12.7	9.7	10.4	13.1	16.9	20.0		2.7
	f_2	53.7	57.7	55.8	51.3	46.9	43.9		81.1
C_2	f_1	9.7	6.8	7.5	10.1	13.8	16.8	2.6	
	f_2	59.2	64.6	61.9	56.2	51.1	47.4	81.1	

[a] Letters designate different brands; numbers differentiate between different lots of the same brand. Non-complying figures are shown in italics.

图 2-11

（1）在 Word 中选择【表格】→【插入】→【表格…】，分别输入表格的行数为 19，列数为 10，如图 2-12 所示，选中表格的第一行上的所有单元格后，右键选择【合并单元格】；

图 2-12

（2）如图 2-13 所示，选中表格的最底部一行内的所有单元格后，右键选择【合并单元格】；

图 2-13

（3）仔细输入表格的题头、主体数据和标注文字，并设置相应内容的对齐格式和个别文字的下标字体，输入完成后效果如图 2-14 所示；

Table 1 – Results of the pairwise comparison of eight lots of Furosemide tablets, employing the difference (f_1) and similarity (f_2) criteria[a]

Lot	f-Criterion	A1	A2	A3	B1	B2	B3	C1	C2
A1	f_1		2.7	2.8	4.0	3.7	6.5	11.3	8.9
	f_2		78.0	78.4	77.0	70.7	63.5	53.7	59.2
A2	f_1	2.8		1.0	5.0	6.6	9.4	8.8	6.4
	f_2	78.0		94.5	67.4	64.6	58.2	57.7	64.6
A3	f_1	2.9	1.0		4.3	5.9	8.7	9.4	7.0
	f_2	78.4	94.5		68.5	67.1	60.1	55.8	61.9
B1	f_1	4.0	4.8	4.2		4.8	6.1	11.6	9.2
	f_2	77.0	67.4	68.5		74.1	67.4	51.3	56.2
B2	f_1	3.6	6.2	5.6	4.7		2.6	14.5	12.1
	f_2	70.7	64.6	67.1	74.1		84.1	46.9	51.1
B3	f_1	6.1	8.6	8.0	5.7	2.6		16.7	14.4
	f_2	63.5	58.2	60.1	67.4	84.1		43.9	47.4
C1	f_1	12.7	9.7	10.4	13.1	16.9	20.0		2.7
	f_2	53.7	57.7	55.8	51.3	46.9	43.9		81.1
C2	f_1	9.7	6.8	7.5	10.1	13.8	16.8	2.6	
	f_2	59.2	64.6	61.9	56.2	51.1	47.4	81.1	

[a] Letters designate different brands; numbers differentiate between different lots of the same brand. Non-complying figures are shown in italics.

图 2-14

（4）如图 2-15 所示，选中表格第一行后，右键选择【边框和底纹】；

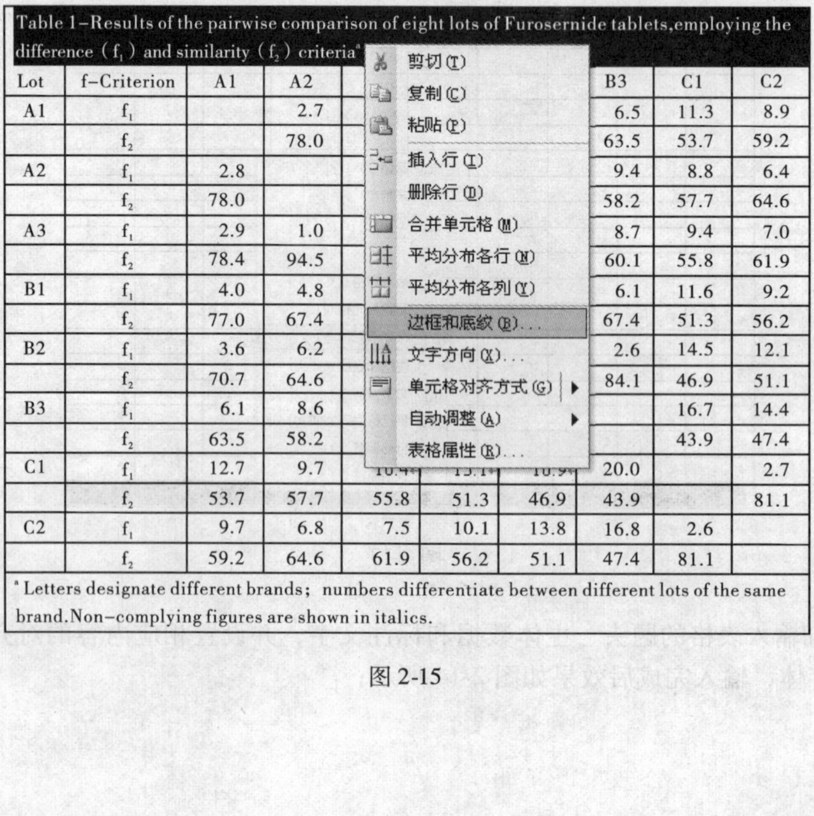

图 2-15

（5）如图 2-16 所示，在【边框和底纹】对话框下的【边框】选项卡下设置选择“无”；

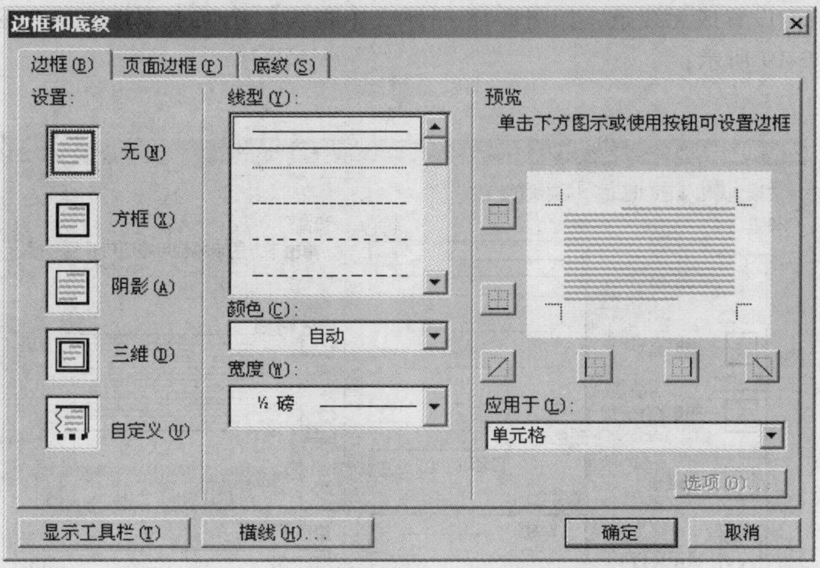

图 2-16

（6）如图 2-17 所示，在【边框和底纹】对话框下的【底纹】选项卡下填充颜色选择“黑色”；

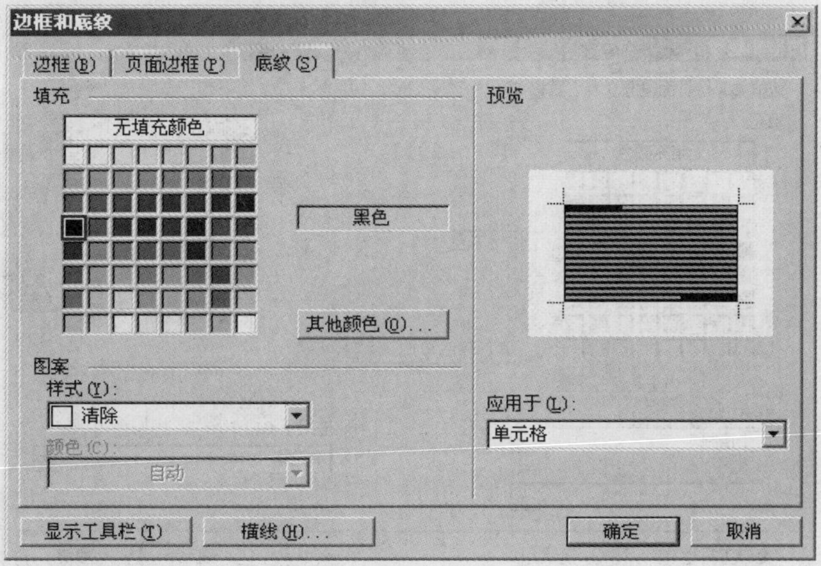

图 2-17

（7）选中表格的第二行，右键选择【边框和底纹】，在【边框和底纹】对话框下的【边框】选项卡下设置选择“自定义”，设置表格的上、下边框成宽度为0.5磅的细线，其余部分的线条均设置成无线条，如图2-18所示，【底纹】选项卡下填充颜色选择“灰色－10%”，如图2-19所示；

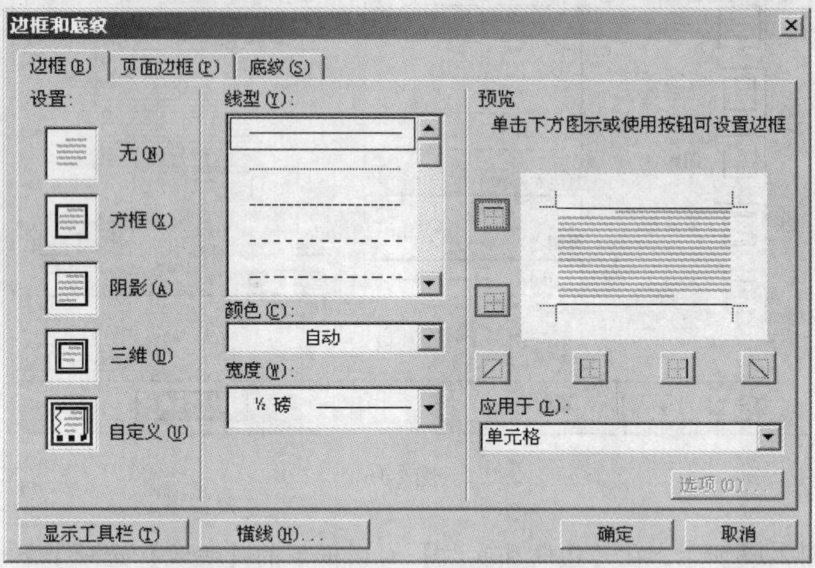

图2-18

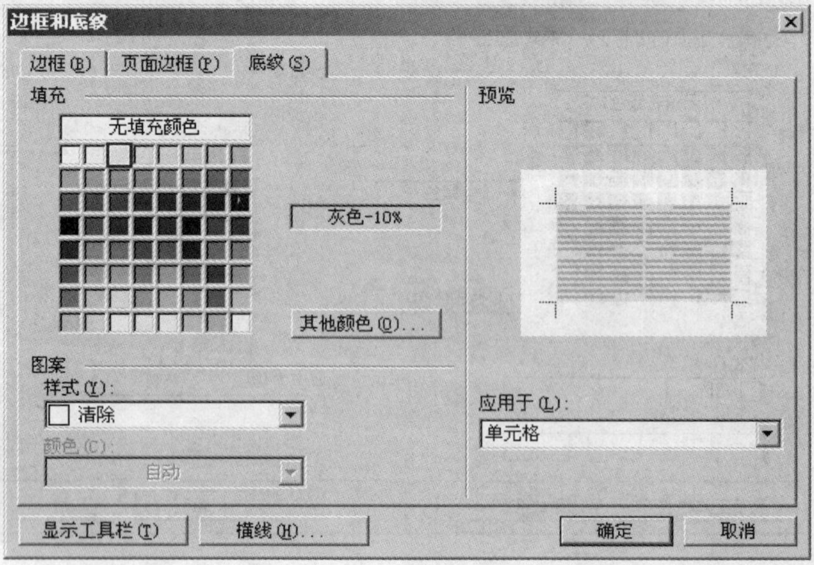

图2-19

（8）选中表格的主体数据单元格，即除了第一、二行和最后一行外的中间部分的所有单元格，进行上述步骤中的同样操作；再选择表格的最后一行也进行上述步骤中的同样操作，完成后点击 Word 工具栏上的【打印预览】，最终的表格效果如图 2-20 所示。

Table 1 – Results of the pairwise comparison of eight lots of Furosemide tablets, employing the difference (f_1) and similarity (f_2) criteria[a]

Lot	f-Criterion	A1	A2	A3	B1	B2	B3	C1	C2
A1	f_1		2.7	2.8	4.0	3.7	6.5	11.3	8.9
	f_2		78.0	78.4	77.0	70.7	63.5	53.7	59.2
A2	f_1	2.8		1.0	5.0	6.6	9.4	8.8	6.4
	f_2	78.0		94.5	67.4	64.6	58.2	57.7	64.6
A3	f_1	2.9	1.0		4.3	5.9	8.7	9.4	7.0
	f_2	78.4	94.5		68.5	67.1	60.1	55.8	61.9
B1	f_1	4.0	4.8	4.2		4.8	6.1	11.6	9.2
	f_2	77.0	67.4	68.5		74.1	67.4	51.3	56.2
B2	f_1	3.6	6.2	5.6	4.7		2.6	14.5	12.1
	f_2	70.7	64.6	67.1	74.1		84.1	46.9	51.1
B3	f_1	6.1	8.6	8.0	5.7	2.6		16.7	14.4
	f_2	63.5	58.2	60.1	67.4	84.1		43.9	47.4
C1	f_1	12.7	9.7	10.4	13.1	16.9	20.0		2.7
	f_2	53.7	57.7	55.8	51.3	46.9	43.9		81.1
C2	f_1	9.7	6.8	7.5	10.1	13.8	16.8	2.6	
	f_2	59.2	64.6	61.9	56.2	51.1	47.4	81.1	

[a] Letters designate different brands; numbers differentiate between different lots of the same brand. Non-complying figures are shown in italics.

图 2-20

（三）表格的保存

由于一般英文期刊的投稿系统中每一个表格均需要单独上传，因此建议将每一个设计完成的表格单独保存为一个 Word 文档，同时为了便于审稿人方便地解读该表格内的内容，建议表格的题头和标注等信息一起保存在一个 Word 文档中。

二、图形绘制

（一）图形绘制的一般要求

图形（Chart）一般由 X 轴（X-axis）、Y 轴（Y-axis）、图形（Plot）和数据标志（Legend）组成，其中 X 轴和 Y 轴部分还分别包括标题（Title）、标签（Label）和刻度线（Ticks）等，各部分的位置如图 2-21 所示，稍复杂的图形，在 Y 轴上还有间断标志（Break）或参考线（Grid line）等。

图形的绘制并无统一的格式规定，用户可以根据自己的喜好自由设计美观的图形，但也有一些公认审美学上的“潜规则”需要遵守，比如单个图形整体横竖比尽量保持在 4∶3 左右，这样的比例在视觉上较为舒服，否则会略显别扭。由于图形的设计涉及到大量的细节操作，这超出了本节的重点所在，下面以实例形式做简要介绍。

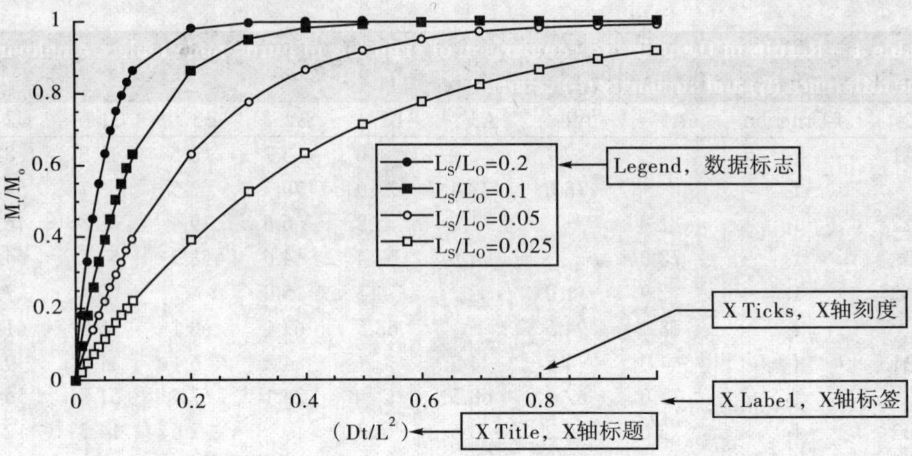

图 2-21

（二）常见科技论文图形

常见科技论文中的图形种类并不多，最常用的是点线图（scatter-line chart）、柱形图（column chart）以及在此基础上衍生的带误差线（error bar）的点线图、带误差线的柱形图、成组数据的散点图、成组数据的柱形图等等。另外还有一类图形，称为“统计绘图”，如盒状图（box plot）、直方图（histogram）以及生存曲线图（survival line plot）等，这类图的绘制常常和特定的统计过程联系在一起，需要借助具有统计功能的软件才能完成。

（三）Excel 在图形绘制中的应用

Microsoft Office Excel 是使用最为广泛的数据表格处理软件，严格意义上说，Excel 的绘图种类并不算丰富，但却具有简单而很实用的绘图功能。另外，尽管 Excel 绘制的图片不能直接保存为单独的图片文件，但用户可以通过拷贝的方式将图片“转移”到任意其他程序中，而进行再编辑和存储，下面将以实例形式简单介绍 Excel 的绘图功能。Office 软件目前最新的版本是 2010 版，但实际上 2003 版的使用仍最为广泛，本部分仍以 2003 版为例进行介绍。

1. Excel 图形绘制实例

（1）简单折线图

以图 2-22 中所示的折线图为例，介绍简单折线图的制作过程。

1）如图 2-23 所示，在 Excel 程序中输入数据后，选中数据区域单元格，然后选择菜单【插入】→【图表】；

2）如图 2-24 所示，图表向导第一步，“标准类型”下选择“XY 散点图”后，选择“折线散点图”，点击【下一步】；

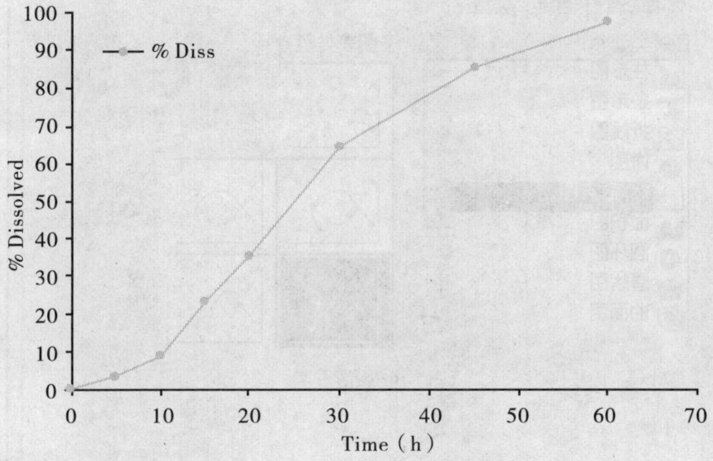

图 2-22

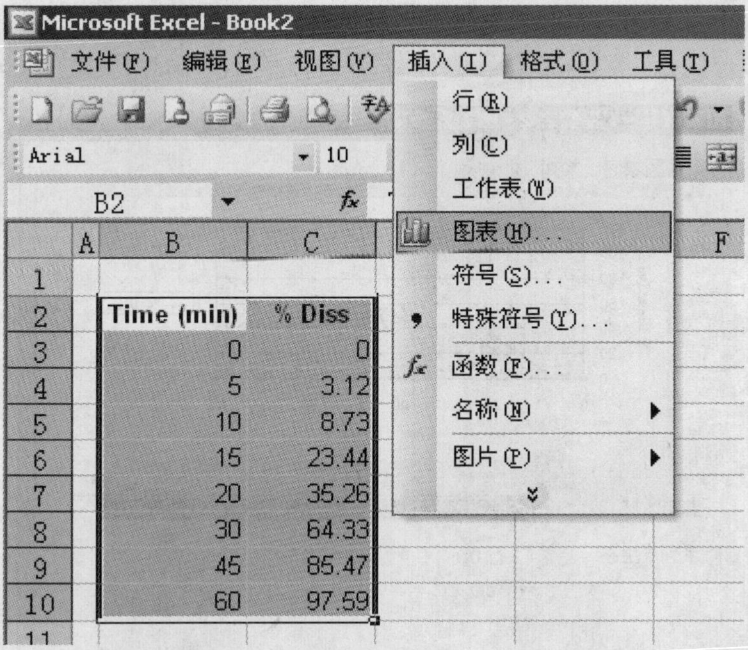

图 2-23

3）如图 2-25 所示，图表向导第二步，“数据区域”选项卡下，“系列产生在”下默认选项为“列”，点击【下一步】；

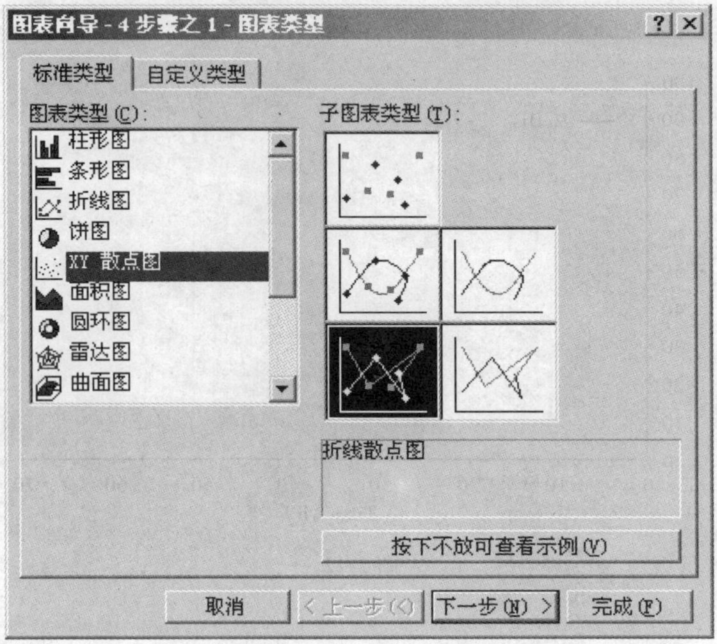
图表向导 - 4 步骤之 1 - 图表类型
标准类型
自定义类型
图表类型(C):
柱形图
条形图
折线图
饼图
XY 散点图
面积图
圆环图
雷达图
曲面图
子图表类型(T):
折线散点图
按下不放可查看示例(V)
取消
< 上一步(<)
下一步(N) >
完成(F)

图 2-24

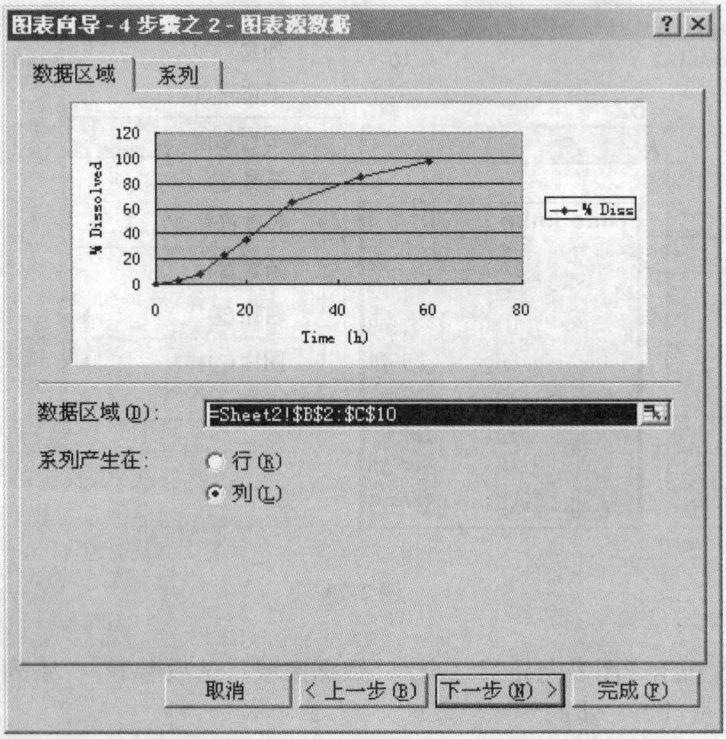
图表向导 - 4 步骤之 2 - 图表源数据
数据区域
系列
120
100
80
60
40
20
0
% Dissolved
0
20
40
60
80
Time (h)
% Diss
数据区域(D):
=Sheet2!$B$2:$C$10
系列产生在:
行(R)
列(L)
取消
< 上一步(B)
下一步(N) >
完成(F)

图 2-25

4）如图 2-26 所示，图表向导第三步，在“标题”选项卡下输入数值（X）轴和（Y）轴的标题；

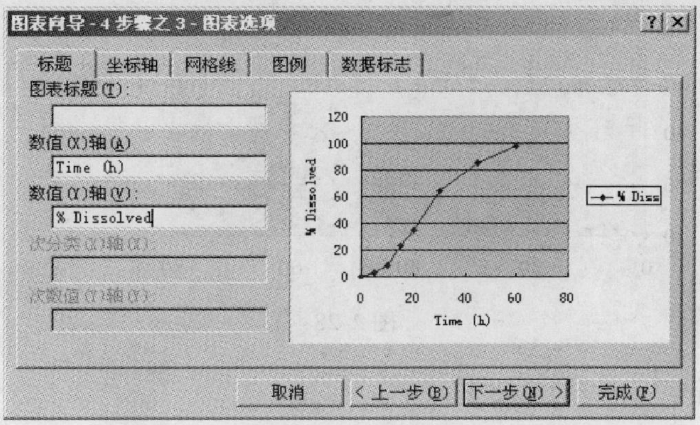

图 2-26

5）如图 2-27 所示，图表向导第三步，在“网格线”选项卡下，设置隐藏所有网格线，即不勾选 X 轴和 Y 轴的所有主次网格线，点击【完成】；

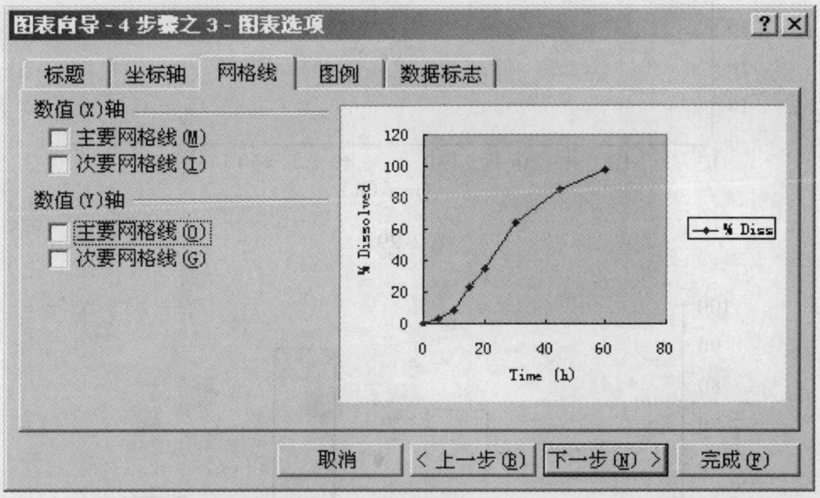

图 2-27

6）如图 2-28 所示，是 Excel 默认生成的简单折线图，经简单调整和设置，便可获得较为美观的最终效果，如图 2-29 所示。

（2）简单柱形图

以图 2-30 中所示的柱形图为例，介绍简单柱形图的制作过程。

1）如图 2-31 所示，在 Excel 程序中输入数据后，选中数据区域单元格，然后选择菜单【插入】→【图表】；

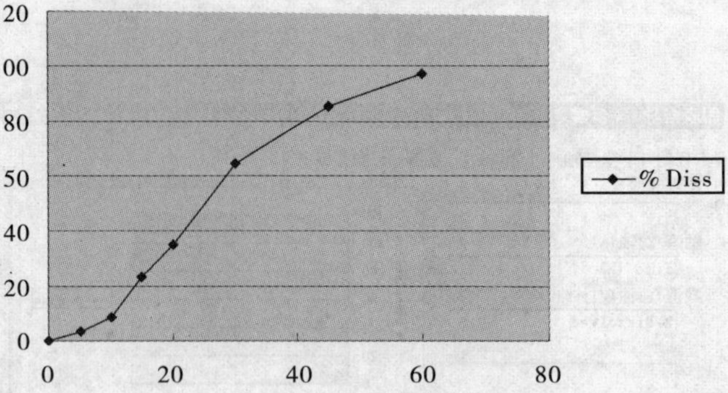

图 2-28

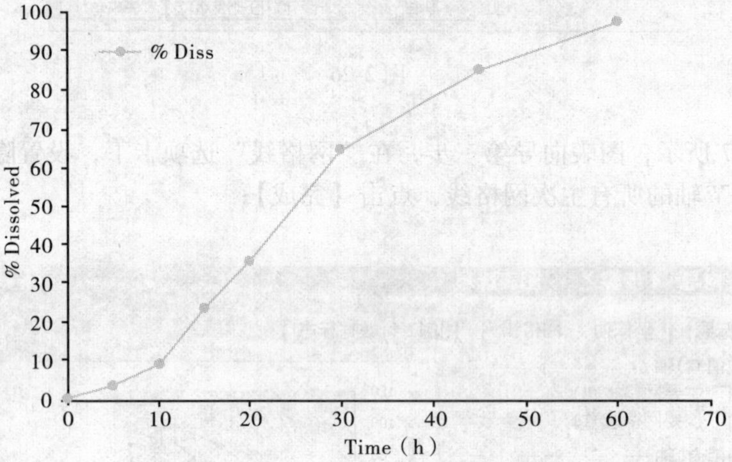

图 2-29

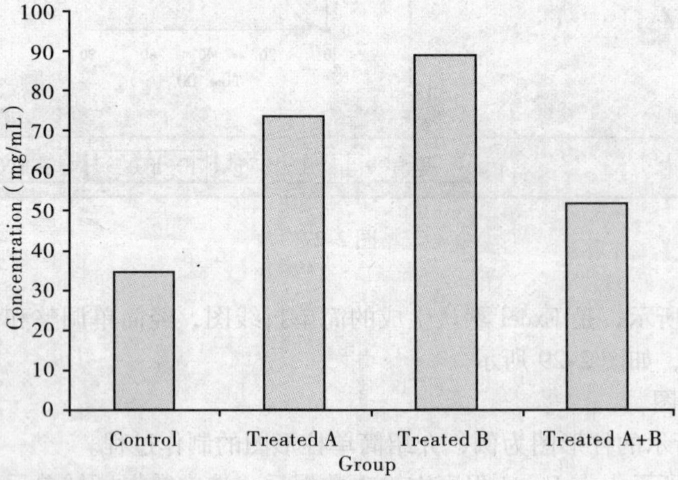

图 2-30

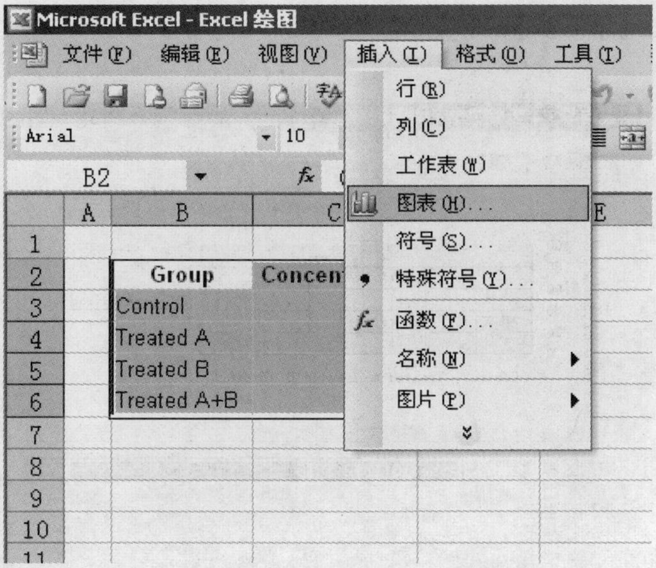

图 2-31

2）如图 2-32 所示，图表向导第一步，“标准类型”下选择“柱形图”后，选择“簇状柱形图”，点击【下一步】；

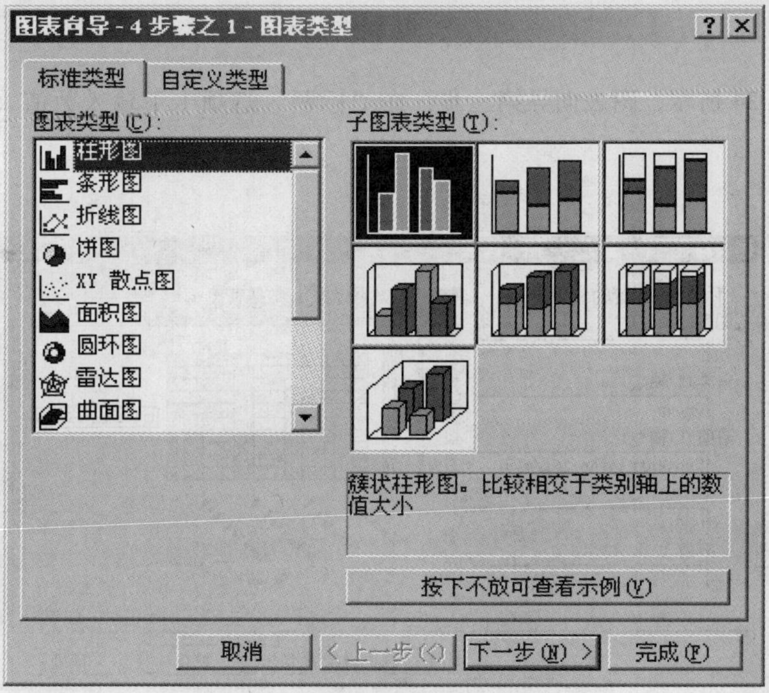

图 2-32

3）如图 2-33 所示，图表向导第二步，“数据区域”选项卡下，“系列产生在”下默认选项为“列”，点击【下一步】；

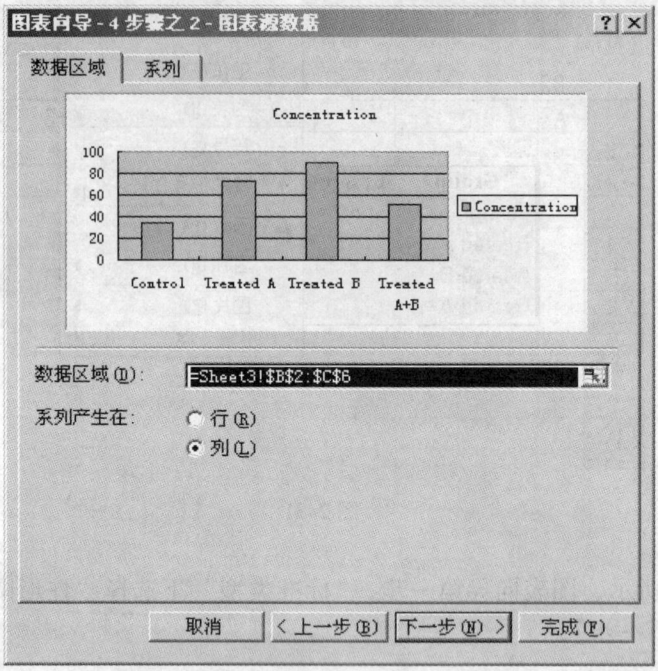

图 2-33

4）如图 2-34 所示，图表向导第三步，在“标题”选项卡下输入数值（X）轴和（Y）轴的标题；

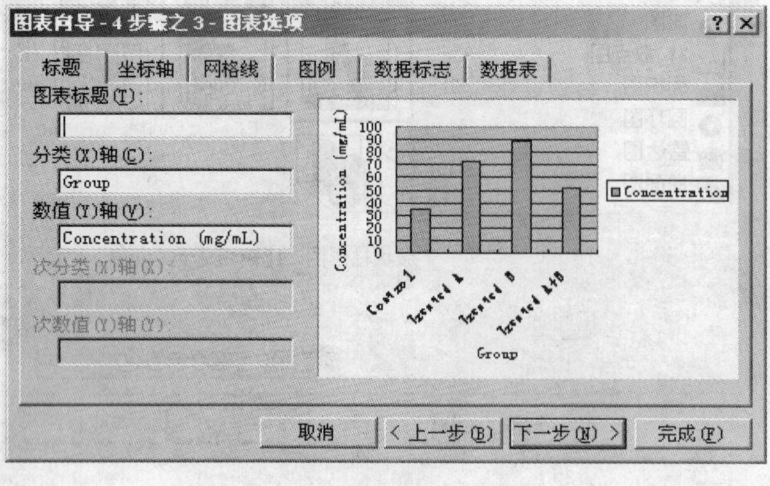

图 2-34

5）如图 2-35 所示，图表向导第三步，在“网格线”选项卡下，设置隐藏所有网格线，即不勾选 X 轴和 Y 轴的所有主次网格线；

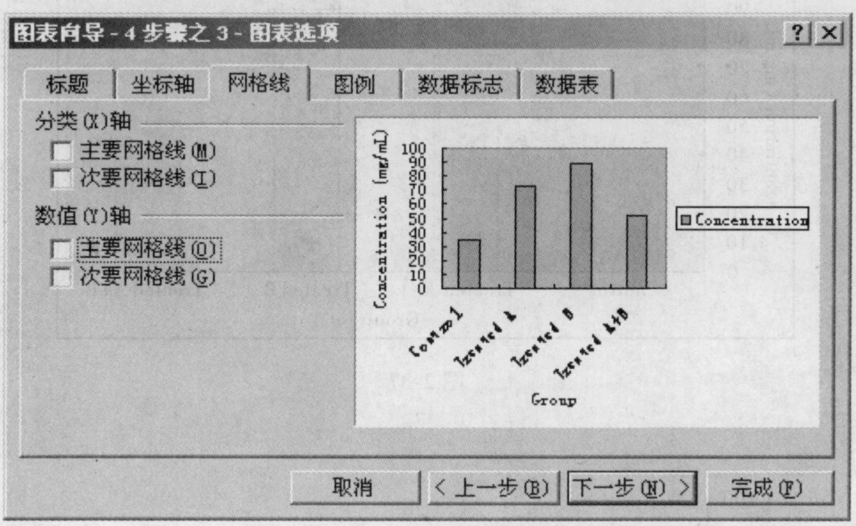

图 2-35

6）如图 2-36 所示，图表向导第三步，在“图例”选项卡下，设置隐藏图例，因为简单柱形图一般不显示图例，点击【完成】；

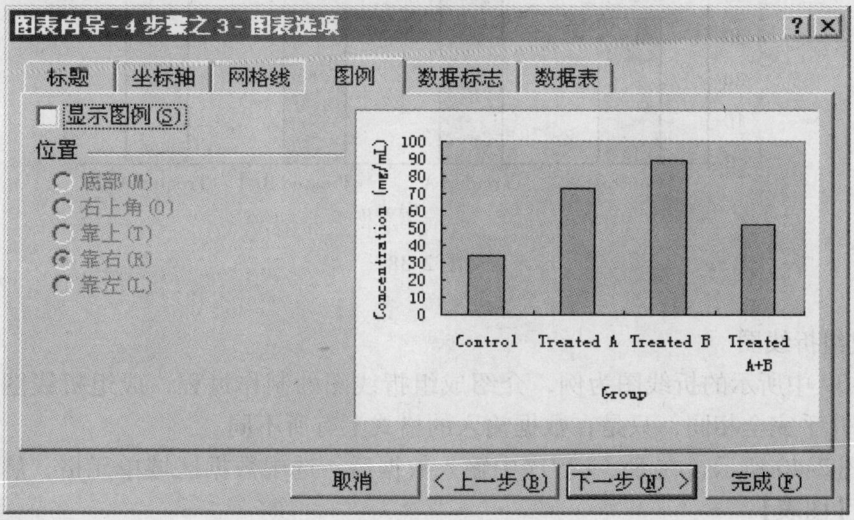

图 2-36

7）如图 2-37 所示，是 Excel 默认生成的简单柱形图，经简单调整和设置，便可获得较为美观的最终效果，如图 2-38 所示。

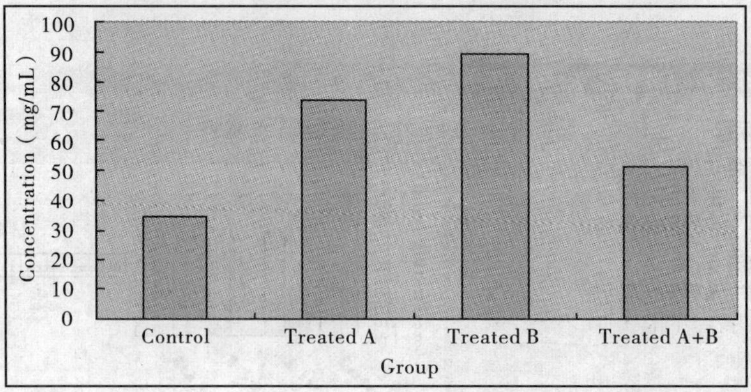

图 2-37

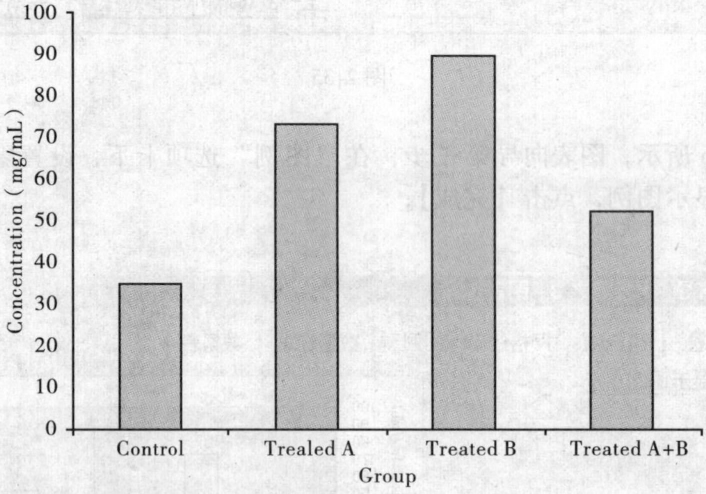

图 2-38

（3）成组折线图

以图 2-39 中所示的折线图为例，介绍成组折线图的制作过程，成组折线图的和简单折线图的制作几乎完全相同，只是在数据输入的格式上有所不同。

1）如图 2-40 所示，在 Excel 程序中输入数据后，选中数据区域单元格，然后选择菜单【插入】→【图表】；

2）图表向导第一步，“标准类型”下选择“XY 散点图”后，选择“折线散点图”，点击【下一步】；

3）图表向导第二步，“数据区域”选项卡下，“系列产生在”下默认选项为“列”，点击【下一步】；

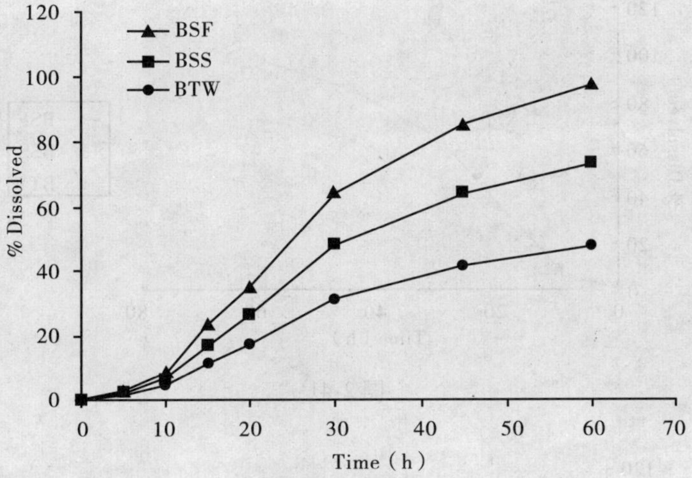

图 2-39

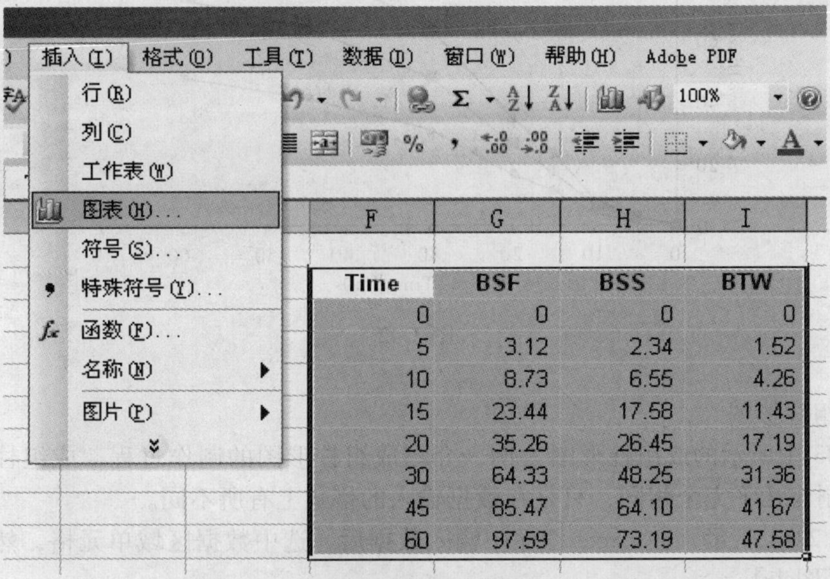

Time	BSF	BSS	BTW
0	0	0	0
5	3.12	2.34	1.52
10	8.73	6.55	4.26
15	23.44	17.58	11.43
20	35.26	26.45	17.19
30	64.33	48.25	31.36
45	85.47	64.10	41.67
60	97.59	73.19	47.58

图 2-40

4）图表向导第三步，在“标题”选项卡下输入数值（X）轴和（Y）轴的标题；

5）图表向导第三步，在“网格线”选项卡下，设置隐藏所有网格线，即不勾选 X 轴和 Y 轴的所有主次网格线，点击【完成】；

6）如图 2-41 所示，是 Excel 默认生成的成组折线图，经简单调整和设置，便可获得较为美观的最终效果，如图 2-42 所示。

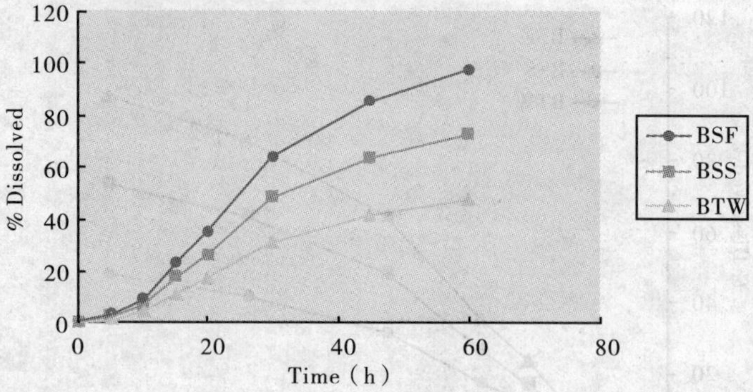

图 2-41

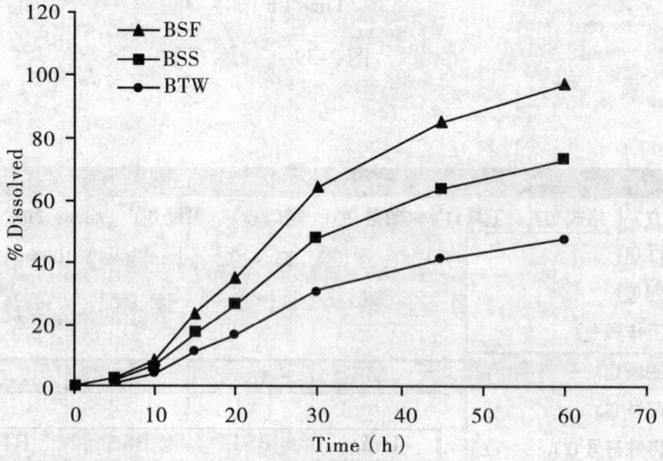

图 2-42

（4）成组柱形图

以图 2-43 中所示的成组柱形图为例，介绍成组柱形图的制作过程，成组柱形图的和简单柱形图的制作几乎完全相同，只是在数据输入的格式上有所不同。

1）如图 2-44 所示，在 Excel 程序中输入数据后，选中数据区域单元格，然后选择菜单【插入】→【图表】；

2）图表向导第一步，“标准类型”下选择“柱形图”后，选择“簇状柱形图”，点击【下一步】；

3）图表向导第二步，“数据区域”选项卡下，“系列产生在”下默认选项为“列”，点击【下一步】；

4）图表向导第三步，在“标题”选项卡下输入数值（X）轴和（Y）轴的标题；

5）图表向导第三步，在“网格线”选项卡下，设置隐藏所有网格线，即不勾选 X 轴和 Y 轴的所有主次网格线；

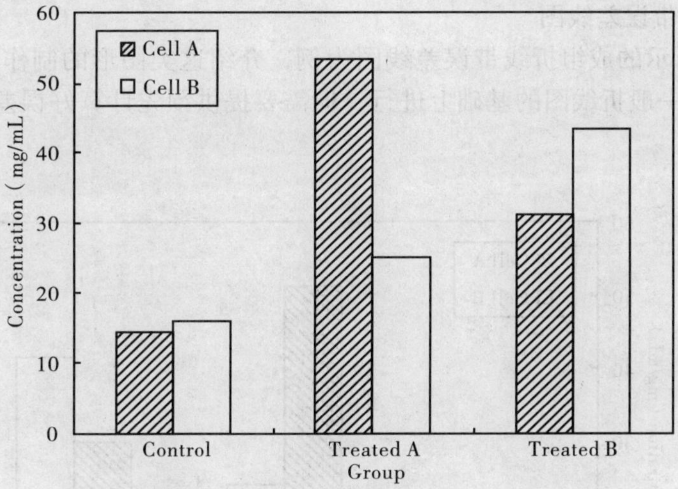

图 2-43

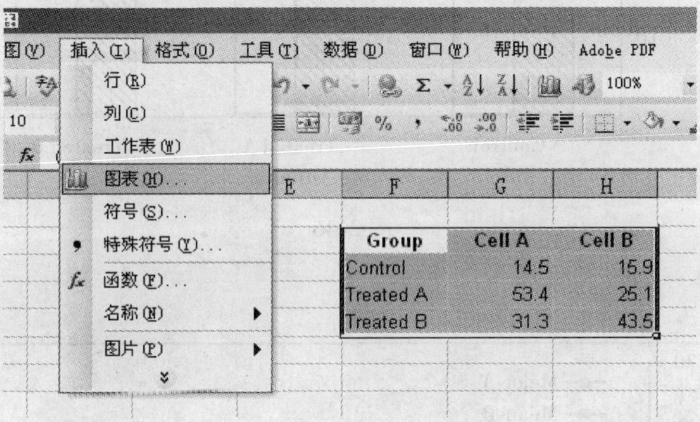

图 2-44

6）如图 2-45 所示，是 Excel 默认生成的成组柱形图，经简单调整和设置，便可获得较为美观的最终效果，如图 2-46 所示。

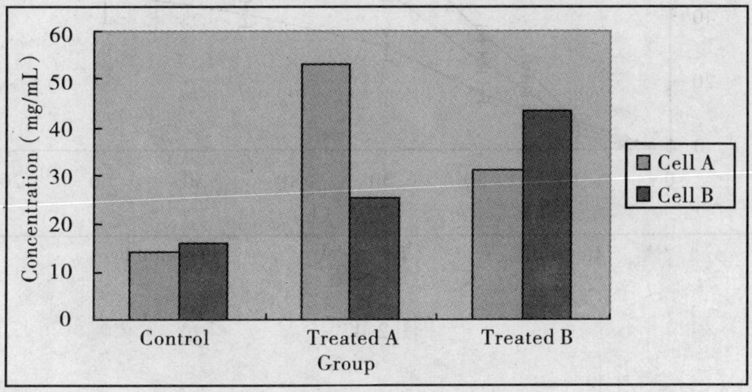

图 2-45

（5）成组折线带误差线图

以图 2-47 中所示的成组折线带误差线图为例，介绍这类图形的制作过程，带误差线的折线图可以在绘制一般折线图的基础上进行，但需要提供预先计算好误差数据，如 SD 或者 SE 数据。

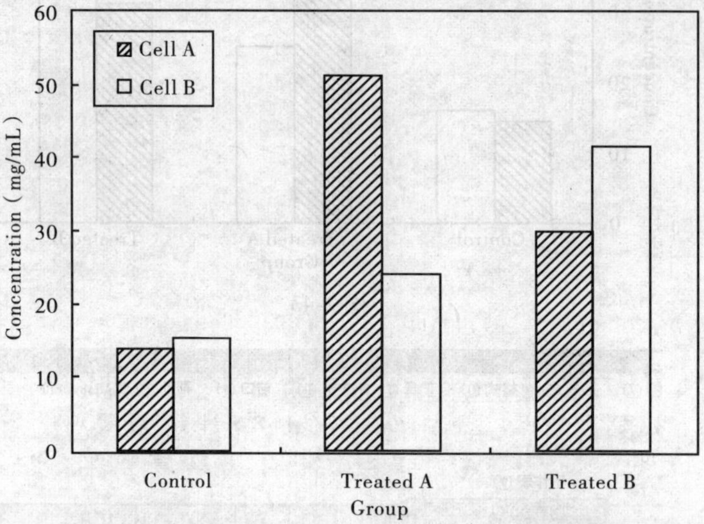

图 2-46

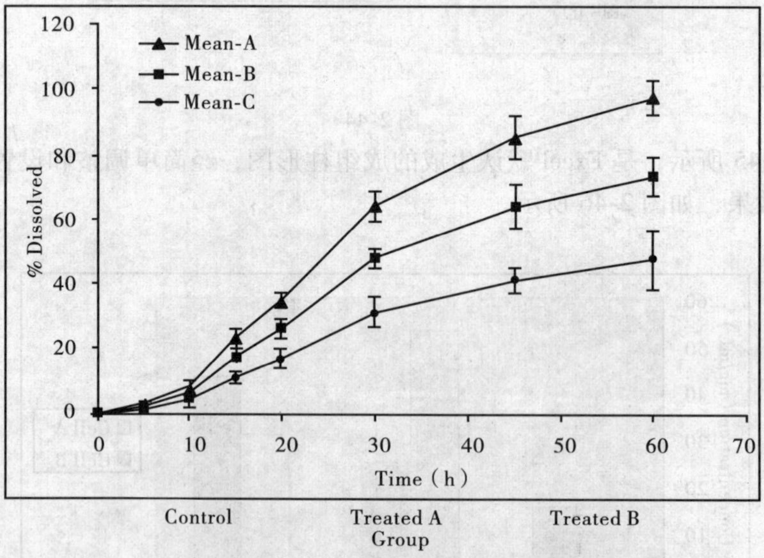

图 2-47

1）输入均值数据和误差数据，按照前述成组折线图的绘制方法，首先绘制不带误差线的成组折线图，绘制完成后的效果如图 2-48 所示；

2）如图 2-49 所示，在绘图区选中第一组数据曲线，右键选择【数据系列格式】；

3）如图 2-50 所示，在“数据系列格式”对话框下选择点击“误差线 Y”选项卡，“误差量”类型选择为“自定义”，用鼠标拖选误差数据区域，选择正负误差量，点击【确定】；

4）重复上步操作，依次为第二组数据和第三组数据添加误差线，完成后，最终效果如图 2-51 所示。

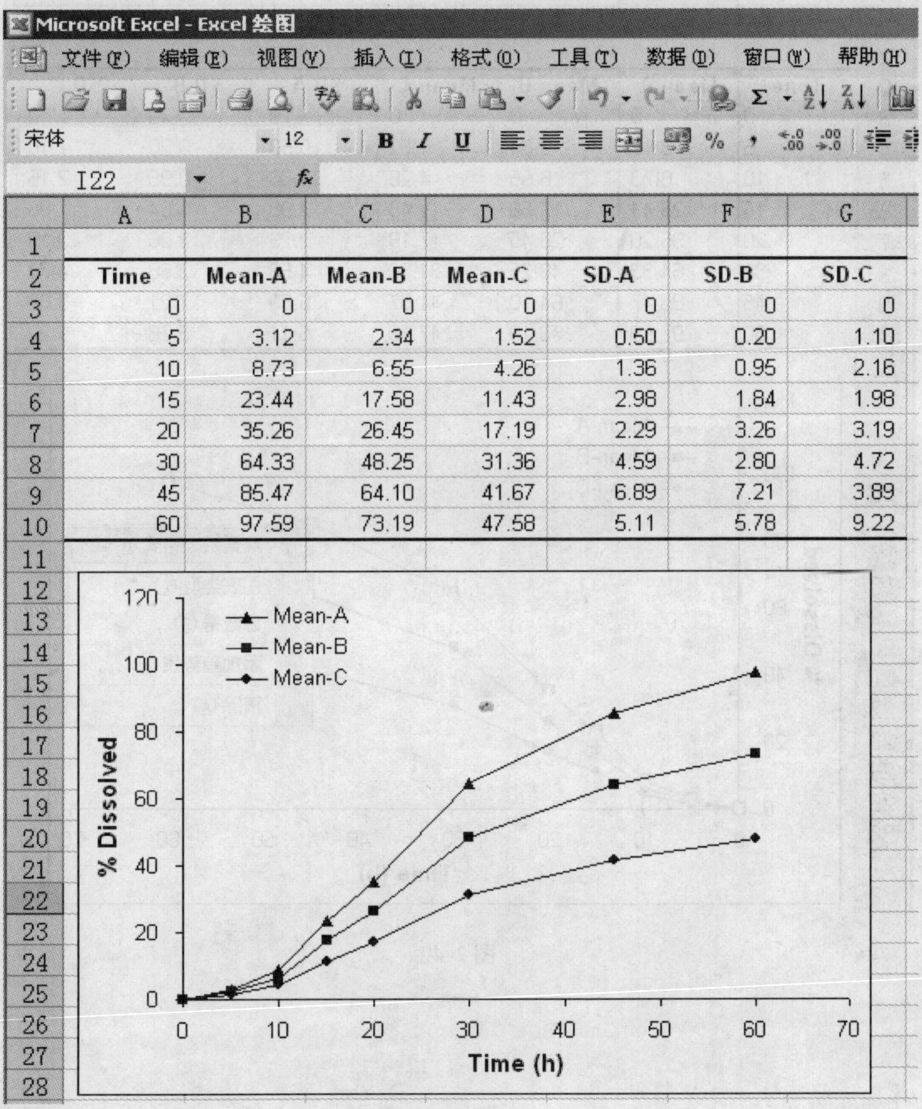

Time	Mean-A	Mean-B	Mean-C	SD-A	SD-B	SD-C
0	0	0	0	0	0	0
5	3.12	2.34	1.52	0.50	0.20	1.10
10	8.73	6.55	4.26	1.36	0.95	2.16
15	23.44	17.58	11.43	2.98	1.84	1.98
20	35.26	26.45	17.19	2.29	3.26	3.19
30	64.33	48.25	31.36	4.59	2.80	4.72
45	85.47	64.10	41.67	6.89	7.21	3.89
60	97.59	73.19	47.58	5.11	5.78	9.22

图 2-48

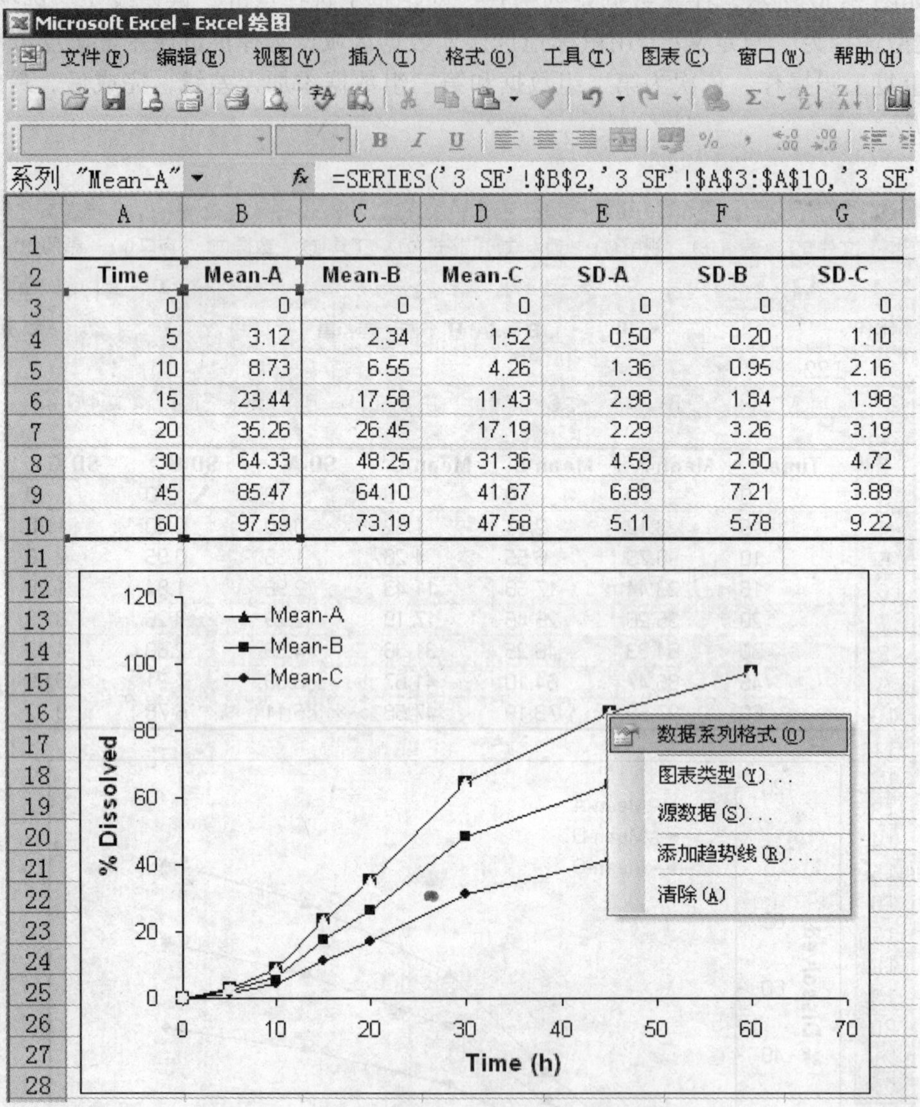

Time	Mean-A	Mean-B	Mean-C	SD-A	SD-B	SD-C
0	0	0	0	0	0	0
5	3.12	2.34	1.52	0.50	0.20	1.10
10	8.73	6.55	4.26	1.36	0.95	2.16
15	23.44	17.58	11.43	2.98	1.84	1.98
20	35.26	26.45	17.19	2.29	3.26	3.19
30	64.33	48.25	31.36	4.59	2.80	4.72
45	85.47	64.10	41.67	6.89	7.21	3.89
60	97.59	73.19	47.58	5.11	5.78	9.22

图 2-49

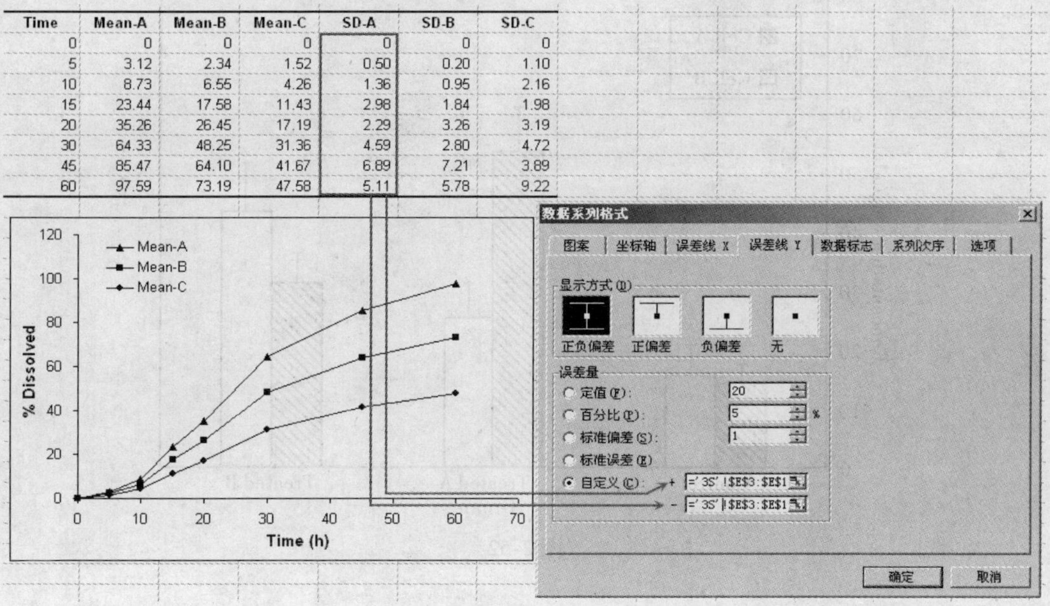

Time	Mean-A	Mean-B	Mean-C	SD-A	SD-B	SD-C
0	0	0	0	0	0	0
5	3.12	2.34	1.52	0.50	0.20	1.10
10	8.73	6.55	4.26	1.36	0.95	2.16
15	23.44	17.58	11.43	2.98	1.84	1.98
20	35.26	26.45	17.19	2.29	3.26	3.19
30	64.33	48.25	31.36	4.59	2.80	4.72
45	85.47	64.10	41.67	6.89	7.21	3.89
60	97.59	73.19	47.58	5.11	5.78	9.22

图 2-50

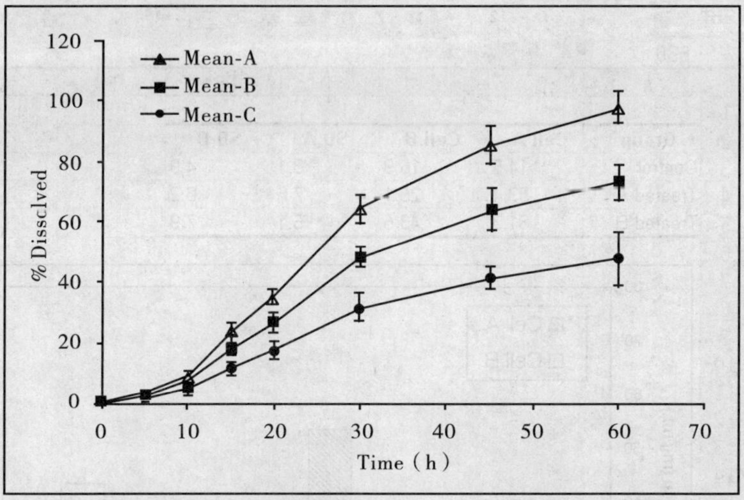

图 2-51

（6）成组柱形带误差线图

以图 2-52 中所示的成组柱形带误差线图为例，介绍这类图形的制作过程，带误差线的柱形图可以在绘制一般柱形图的基础上进行，但需要提供预先计算好误差数据，如 SD 或者 SE 数据。

1）输入均值数据和误差数据，按照前述成组折线图的绘制方法，首先绘制不带误差线的成组折线图，绘制完成后的效果如图 2-53 所示；

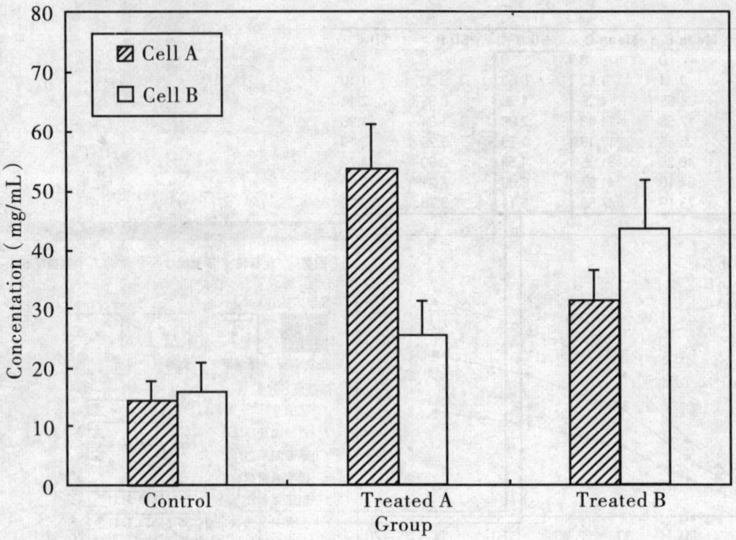
Cell A
Cell B
Concentation（mg/mL）
0
10
20
30
40
50
60
70
80
Control
Treated A
Treated B
Group

图 2-52

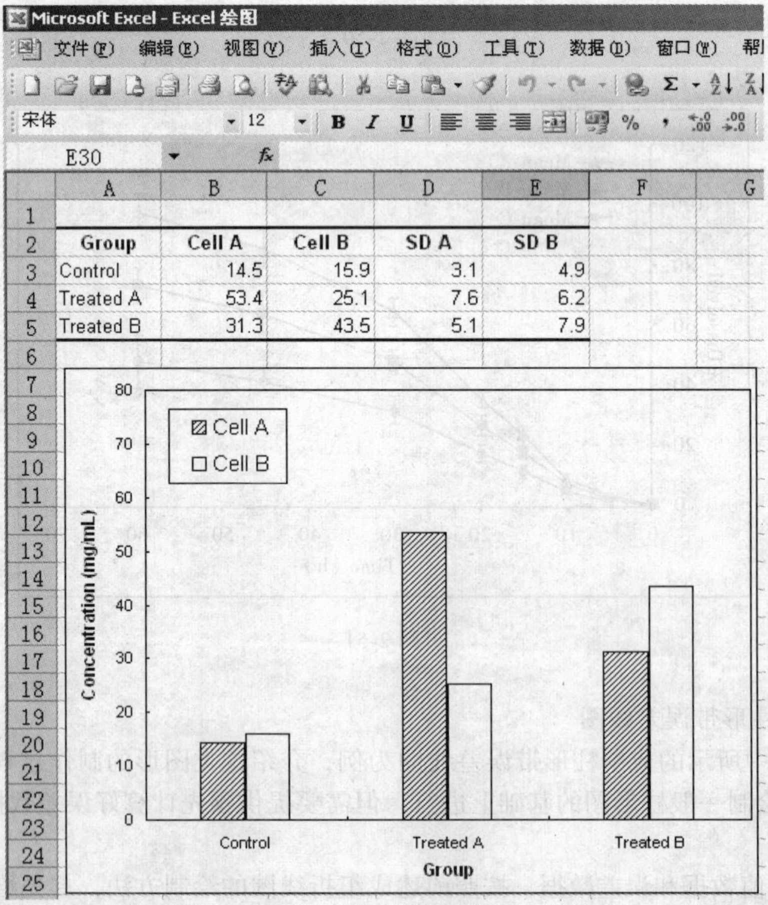
Microsoft Excel - Excel 绘图
文件(F) 编辑(E) 视图(V) 插入(I) 格式(O) 工具(T) 数据(D) 窗口(W) 帮
宋体
12
E30
A B C D E F G
Group Cell A Cell B SD A SD B
Control 14.5 15.9 3.1 4.9
Treated A 53.4 25.1 7.6 6.2
Treated B 31.3 43.5 5.1 7.9
Cell A
Cell B
Concentration (mg/mL)
0
10
20
30
40
50
60
70
80
Control
Treated A
Treated B
Group

图 2-53

2）如图 2-54 所示，在绘图区选中第一个数据的柱形，右键选择【数据系列格式】；

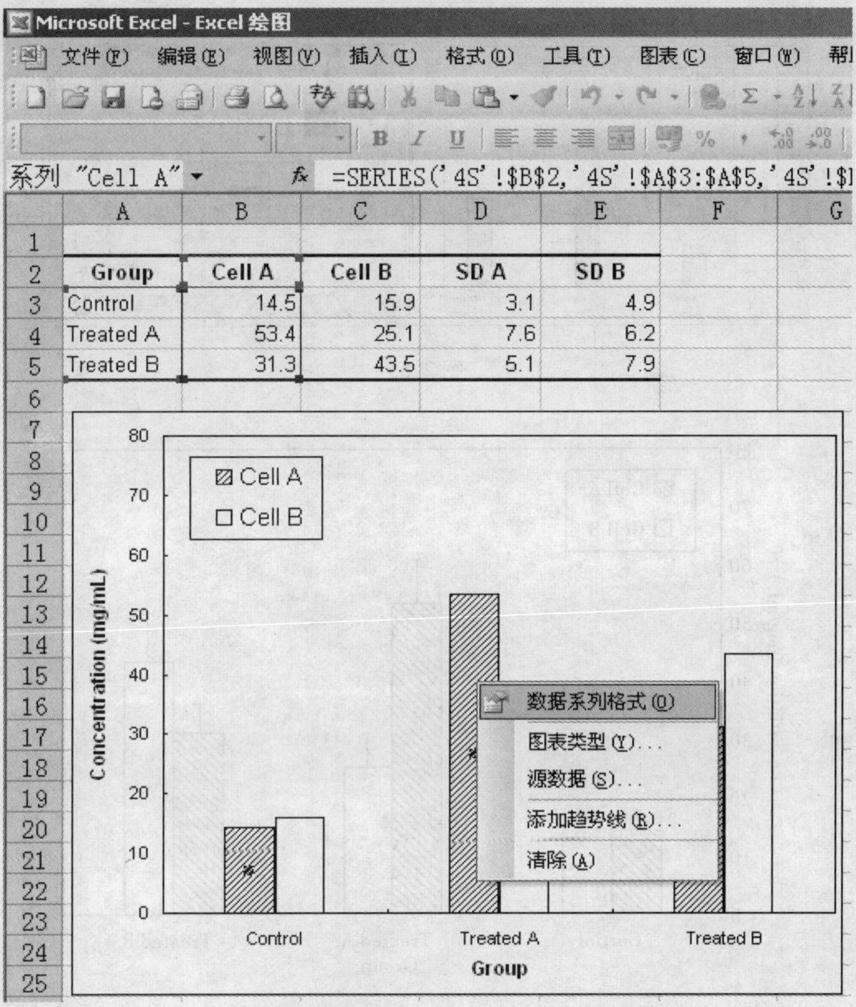

图 2-54

3）如图 2-55 所示，在“数据系列格式”对话框下选择点击“误差线 Y”选项卡，“误差量”类型选择为“自定义”，用鼠标拖选误差数据区域，仅选择正误差量，点击【确定】；

4）重复上步操作，为第二组数据添加误差线，完成后，最终效果如图 2-56 所示。

2. Excel 中图形的保存

在 Excel 中绘制好的图形不能利用 Excel 程序导出，必须经过拷贝的方法“转移”到其他程序中才能保存为单独的文件，这里介绍三种常用的方法。

（1）“画图”程序法

利用 Windows 自带的“画图”程序可将图片保存为 TIFF、JPEG、GIF 等格式的独立文件，由于“画图”程序本身的功能有限，当保存为 JPEG、GIF 等格式文件时，图片的质量

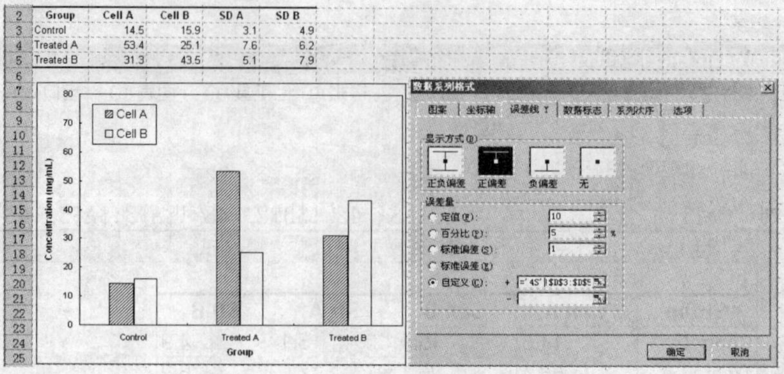

图 2-55

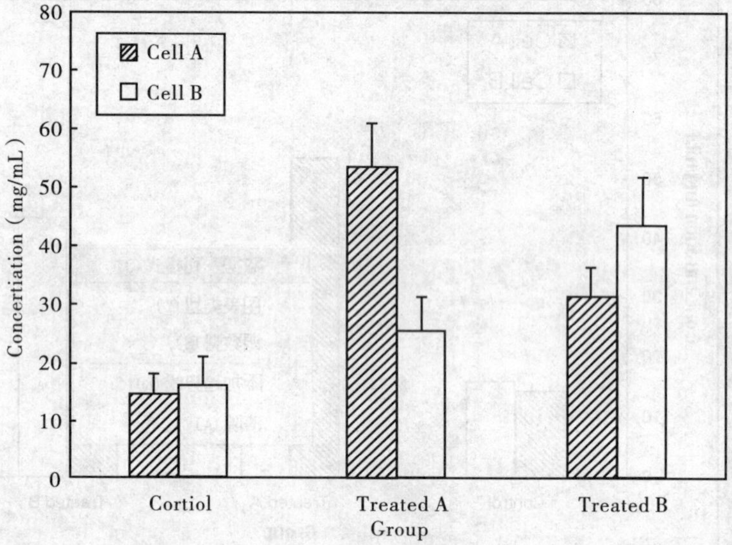

图 2-56

会有较明显的下降，因此建议保存为 TIFF 格式为佳。保存为 TIFF 格式后，还可以方便地利用“Windows 图片和传真查看器”对图片进行简单编辑，如添加标记或标签等操作。

首先打开“画图”程序，在 Excel 中绘制好图片后，选中图片，右键选择【复制】后，回到“画图”程序窗口，适当调整绘图区大小，选择菜单【编辑】→【粘贴】，然后选择菜单【文件】→【保存】，如图 2-57 所示，在保存对话框中选择文件格式为“TIFF”格式，为文件设置文件名后，点击【确定】即可。

如上所述，利用“Windows 图片和传真查看器”保存图片为 TIFF 格式后，还可以对图片进行简单编辑，如添加标记或标签等操作，用“Windows 图片和传真查看器”程序打开保存的 TIFF 格式图片后，程序下方会显示编辑功能，如图 2-58 所示，对图片进行添加星号、连接线后，点击下方的【复制到】按钮，即可保存多添加的标记。

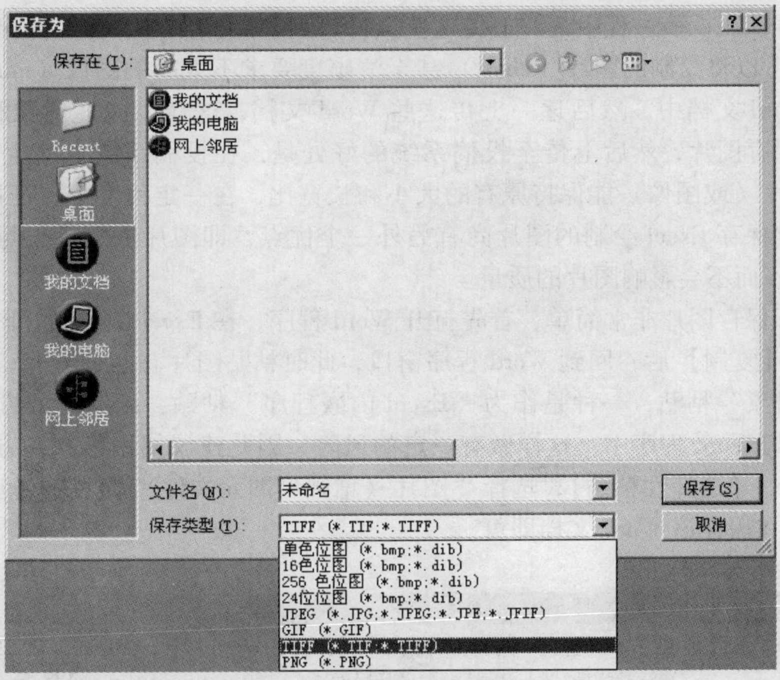
保存为
保存在(I): 桌面
我的文档
我的电脑
网上邻居
Recent
桌面
我的文档
我的电脑
网上邻居
文件名(N): 未命名
保存类型(T): TIFF (*.TIF;*.TIFF)
保存(S)
取消
单色位图 (*.bmp;*.dib)
16色位图 (*.bmp;*.dib)
256 色位图 (*.bmp;*.dib)
24位位图 (*.bmp;*.dib)
JPEG (*.JPG;*.JPEG;*.JPE;*.JFIF)
GIF (*.GIF)
TIFF (*.TIF;*.TIFF)
PNG (*.PNG)

图 2-57

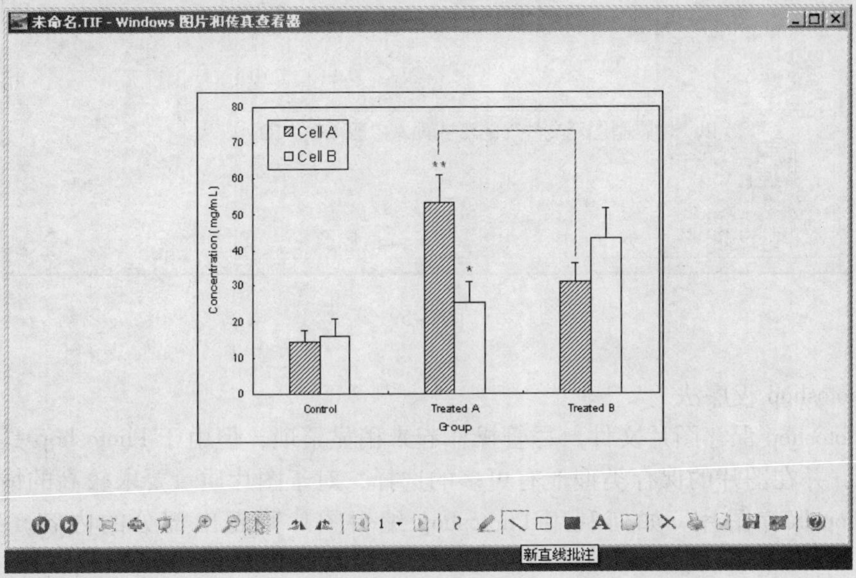
未命名.TIF - Windows 图片和传真查看器
Cell A
Cell B
Concentration (mg/mL)
Control
Treated A
Treated B
Group
新直线批注

图 2-58

(2) Word 程序法

尽管大部分国外期刊的投稿系统均需要将图片制备成单独的文件(如 TIFF、JPEG 等格式的图片文件),在投稿过程中逐一上传这些文件,但实际操作时,在部分出版社的投稿系统中,投稿人可以将绘制的图片(chart)甚至清晰度要求不太高的图像(image)逐一地保存在许多个 Word 文档中,然后逐一上传这些 Word 文档,这样也能达到顺利投稿的目的。用 Word 程序保存图片,然后上传至投稿系统的好处是,在投稿系统自动生成的 PDF 文档中,单独的图片(或图像)能保持原有的大小和长宽比,在一定程度上保证的图片的美观。利用 Word 文档保存 Excel 绘制的图片尚有另外一个优点,即图片依然是矢量图格式,可以任意放大缩小,而不会影响图片的质量。

利用 Word 保存图片非常简单,首先打开 Word 程序,在 Excel 中绘制好图片后,选中图片,右键选择【复制】后,回到 Word 程序窗口,此时粘贴图片有两种方式,一种是所谓的"仅作为图片对象"粘贴,一种是作为"Excel 内嵌程序"粘贴,以后者的方式粘贴则会将原始数据带进到 Word 程序中,这样做有一定的风险,因此建议使用第一种方式保存。点击菜单【编辑】→【选择性粘贴】,选择"图片(增强型图元文件)",点击【确定】,如图 2-59 所示,然后在保存该 Word 文档即可。

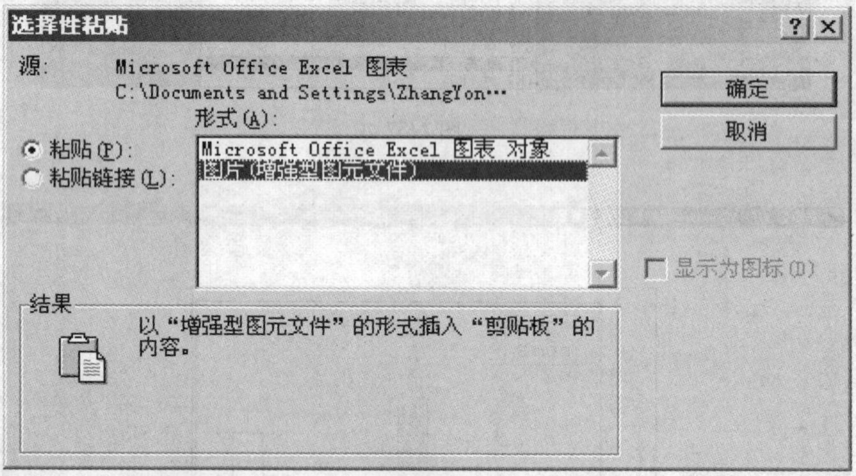

图 2-59

(3) Photoshop 程序法

利用 Photoshop 保存图片文件,尽管操作起来稍显繁琐,但由于 Photoshop 具有强大的图片编辑功能,并在图片的保存类型上有更多的选择,对于图片质量要求较高的情况下可以考虑用 Photoshop 保存图片。如何利用 Photoshop 编辑图片则超出部分的内容,在此暂不做介绍。

首先打开 Photoshop 程序,在 Excel 中绘制好图片后,选中图片,右键选择【复制】后,回到 Photoshop 程序窗口,选择菜单【文件】→【新建】,如图 2-60 所示,设置分辨率,常用为 300,图片的高度和宽度默认设置即可,点击【确定】;

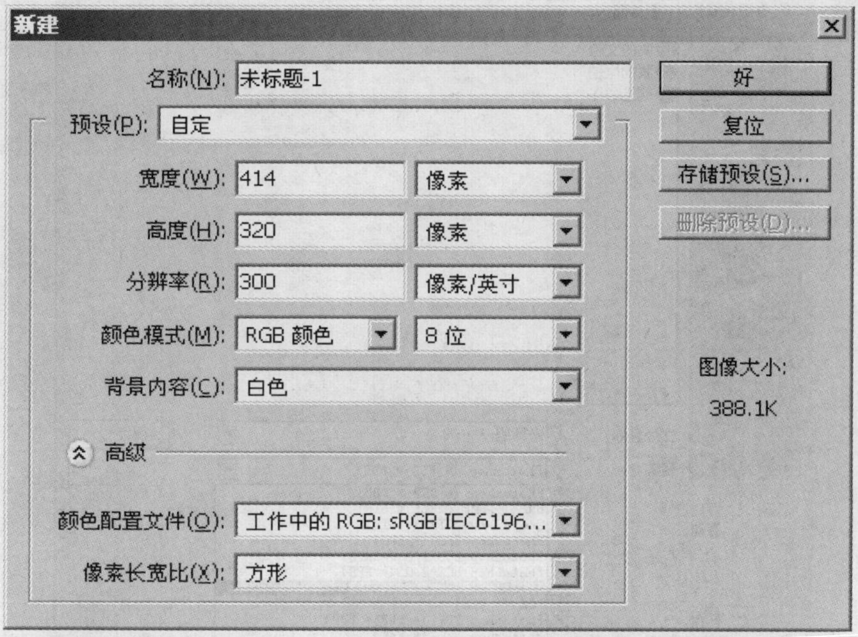

图 2-60

选择菜单【编辑】→【粘贴】后，选择菜单【文件】→【保存】，如图 2-61 所示，选择需要保存的文件格式后，点击【保存】即可。

（四）SigmaPlot 在图形绘制中的应用

1．SigmaPlot 软件简介

SigmaPlot 是美国 Systat Software 公司推出的数据分析和制图软件，是公认的简单易学、操作灵活、功能强大的软件，众多国外顶级知名期刊如《Science》、《Nature》等的发表论文中的精致细腻的统计图形大多出自 SigmaPlot 之手。SigmaPlot 尽管在统计方面的功能有限，但借助其兄弟产品 SigmaStat，便增加强大的统计模块，从简单的统计描述到复杂的回归分析，从简单的假设检验到复杂重复测量方差分析，从医学统计中的 ROC 分析到生物研究中的酶促动力学分析，SigmaPlot 还内置了超过 100 种拟合方程便于进行回归分析。

与最为常用的 Excel 软件的绘图功能相比，SigmaPlot 绘图最大的优势在于其绘制的图形几乎不需要做任何细节上的调整即可用于论文投稿，并可直接导出为单独的图片文件用于投稿系统上传。

2．SigmaPlot 图形绘制实例

（1）简单折线图

以图 2-62 中所示的折线图为例，介绍简单折线图的制作过程。

1）如图 2-63 所示，按图中格式输入数据，即在第 1 列中输入 X 数据，第 2 列中输入 Y 数据，选中第 1 列和第 2 列，在界面左侧的“2D Graph”工具条中选择【Line/Scatter Plot】→【Simple Straight Line & Scatter】；

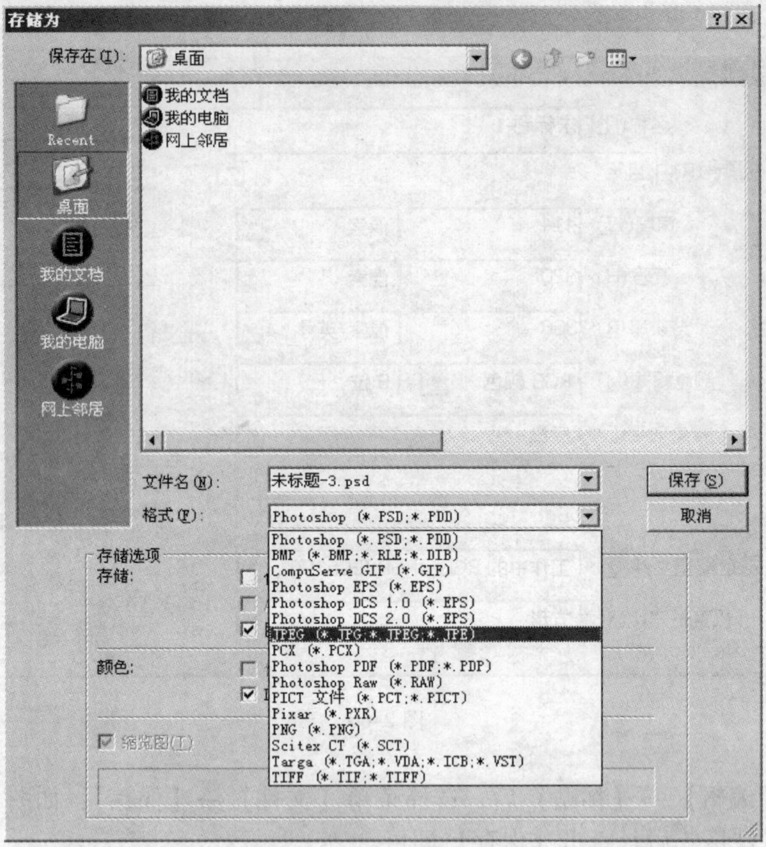
存储为
保存在(I): 桌面
Recent
桌面
我的文档
我的电脑
网上邻居
我的文档
我的电脑
网上邻居
文件名(N): 未标题-3.psd
保存(S)
格式(F): Photoshop (*.PSD;*.PDD)
取消
Photoshop (*.PSD;*.PDD)
BMP (*.BMP;*.RLE;*.DIB)
CompuServe GIF (*.GIF)
Photoshop EPS (*.EPS)
Photoshop DCS 1.0 (*.EPS)
Photoshop DCS 2.0 (*.EPS)
JPEG (*.JPG;*.JPEG;*.JPE)
PCX (*.PCX)
Photoshop PDF (*.PDF;*.PDP)
Photoshop Raw (*.RAW)
PICT 文件 (*.PCT;*.PICT)
Pixar (*.PXR)
PNG (*.PNG)
Scitex CT (*.SCT)
Targa (*.TGA;*.VDA;*.ICB;*.VST)
TIFF (*.TIF;*.TIFF)
存储选项
存储:
颜色:
缩览图(T)

图 2-61

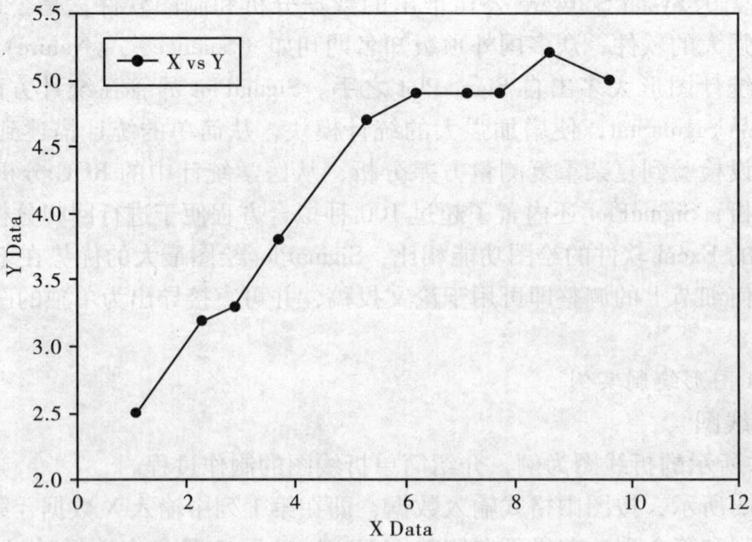
X vs Y
Y Data
X Data
5.5
5.0
4.5
4.0
3.5
3.0
2.5
2.0
0
2
4
6
8
10
12

图 2-62

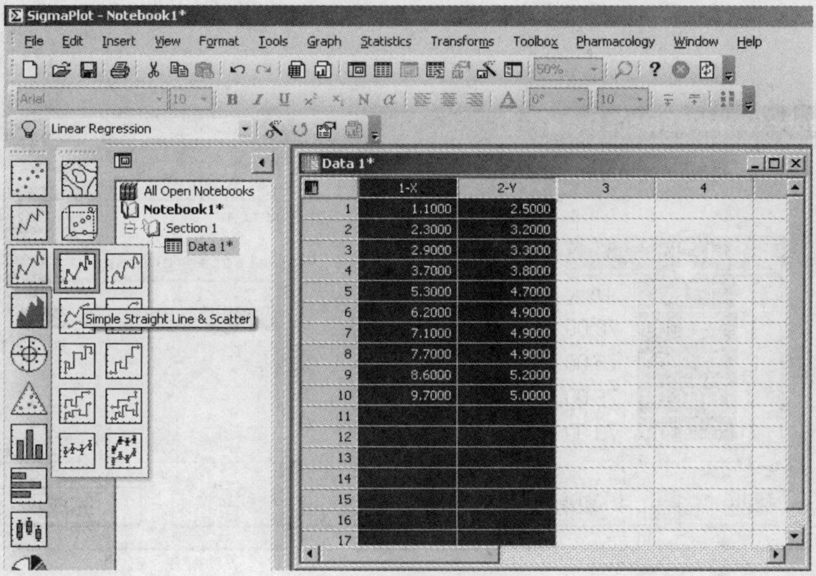

图 2-63

2）如图 2-64 所示，在“Data format”下选择“XY Pair”，点击【下一步】；

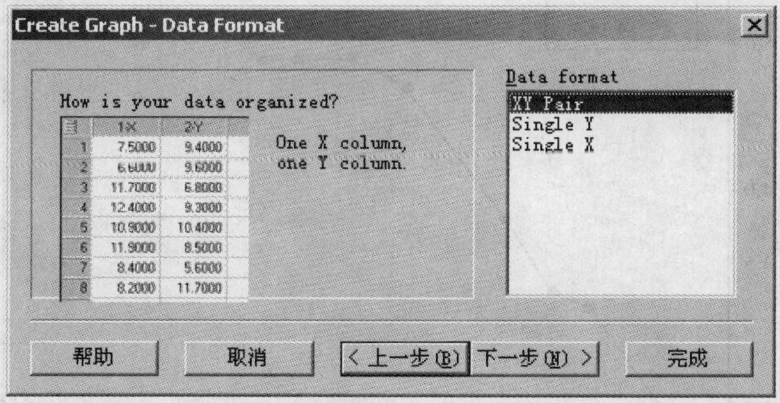

图 2-64

3）如图 2-65 所示，依次选择 X 数据和 Y 数据，即在“Data for X”下选择“1-X”，在“Data for Y”下选择“2-Y”，点击【完成】；

4）如图 2-66 所示，即可生成简单折线图。

（2）简单柱形图

以图 2-67 中所示的柱形图为例，介绍简单柱形图的制作过程。

1）如图 2-68 所示，按图中格式输入数据，即在第 1 列中输入 X 数据即分组数据，第 2 列中输入 Y 数据，选中第 1 列和第 2 列，在界面左侧的“2D Graph”工具条中选择【Vertical Bar Chart】→【Simple Vertical Bar】；

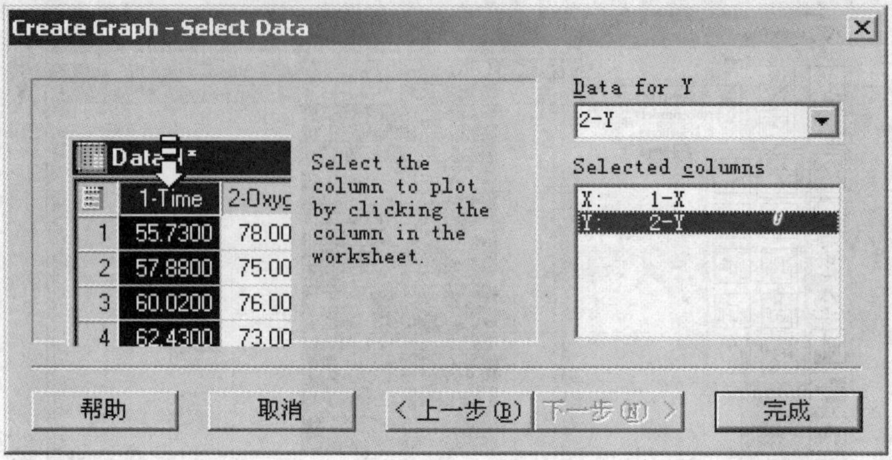
Create Graph - Select Data
Data1*
1-Time
2-Oxyg
1 55.7300 78.00
2 57.8800 75.00
3 60.0200 76.00
4 62.4300 73.00
Select the column to plot by clicking the column in the worksheet.
Data for Y
2-Y
Selected columns
X: 1-X
Y: 2-Y
帮助
取消
< 上一步(B)
下一步(N) >
完成

图 2-65

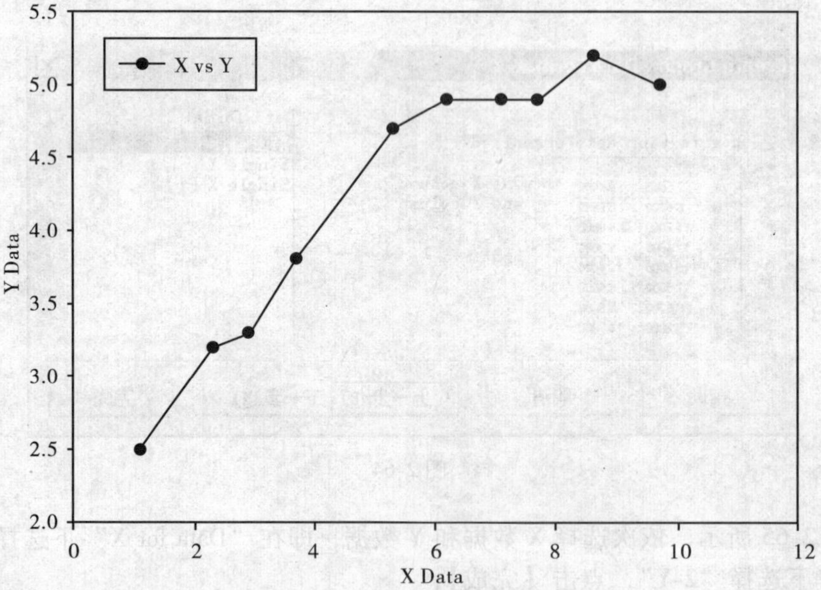
X vs Y
Y Data
X Data
5.5
5.0
4.5
4.0
3.5
3.0
2.5
2.0
0
2
4
6
8
10
12

图 2-66

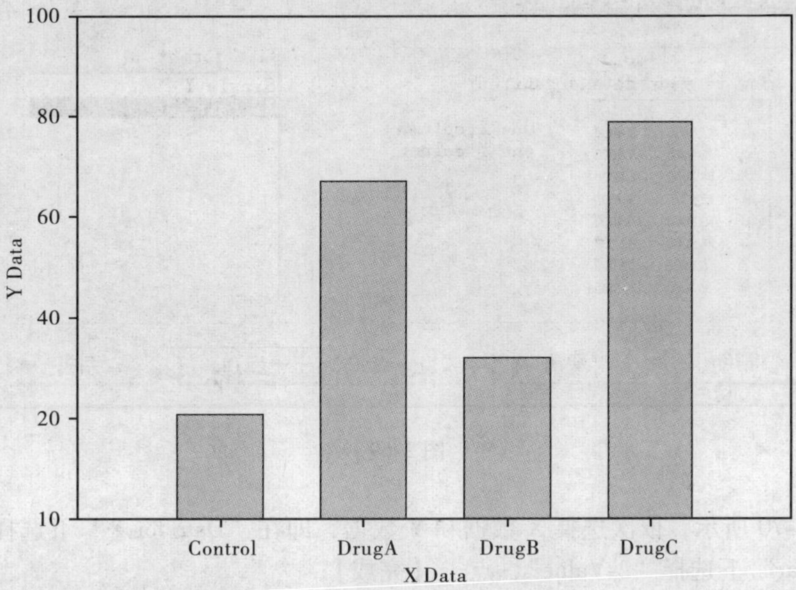
100
80
60
40
20
10
Y Data
Control
DrugA
DrugB
DrugC
X Data

图 2-67

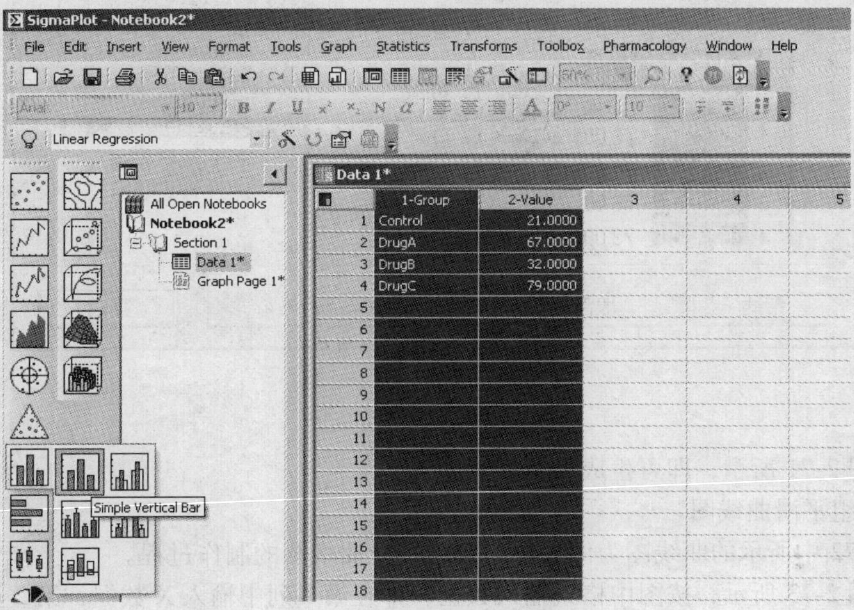
SigmaPlot - Notebook2*
File Edit Insert View Format Tools Graph Statistics Transforms Toolbox Pharmacology Window Help
Linear Regression
All Open Notebooks
Notebook2*
Section 1
Data 1*
Graph Page 1*
Data 1*
1-Group
2-Value
Control 21.0000
DrugA 67.0000
DrugB 32.0000
DrugC 79.0000
Simple Vertical Bar

图 2-68

2）如图 2-69 所示，在“Data format”下选择“XY Pair”，点击【下一步】；

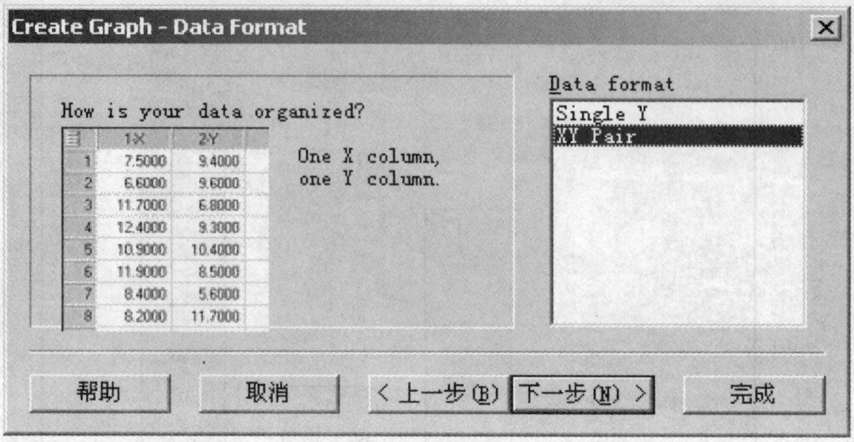

图 2-69

3）如图 2-70 所示，依次选择 X 数据和 Y 数据，即在“Data for X”下选择“1-Group”，在“Data for Bar”下选择“2-Value”，点击【完成】；

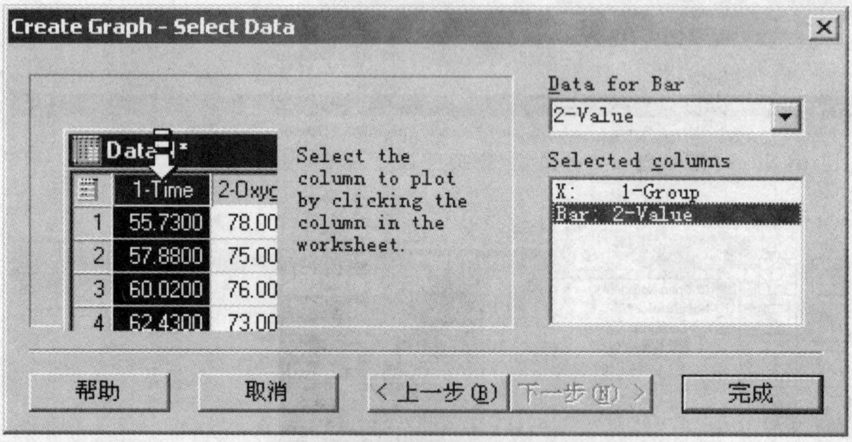

图 2-70

4）如图 2-71 所示，即可生成简单柱形图。

（3）成组平滑曲线图

以图 2-72 中所示的曲线图为例，介绍成组平滑曲线图的制作过程。

1）如图 2-73 所示，按图中格式输入数据，即在第 1 列中输入 X 数据，第 2 至 4 列分别输入不同组别的 Y 数据，选中第 1 列至第 4 列，在界面左侧的“2D Graph”工具条中选择【Line/Scatter Plot】→【Multiple Spline Curve Lines & Scatter】；

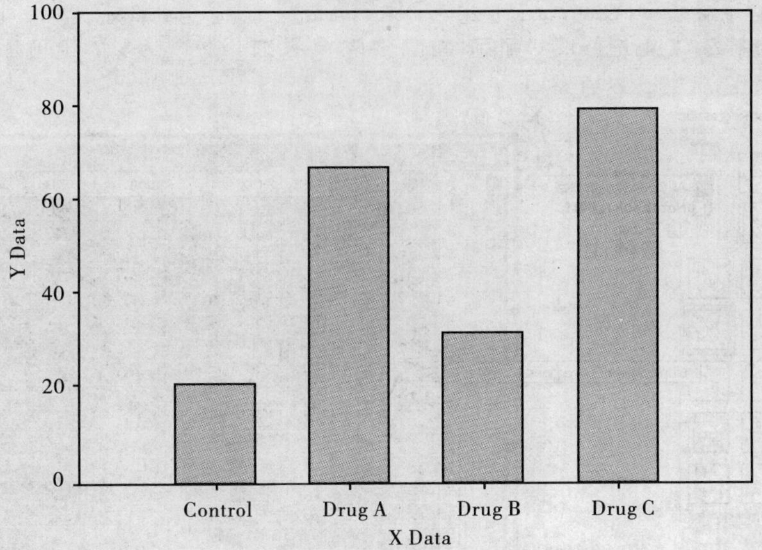
100
80
60
40
20
0
Y Data
Control
Drug A
Drug B
Drug C
X Data

图 2-71

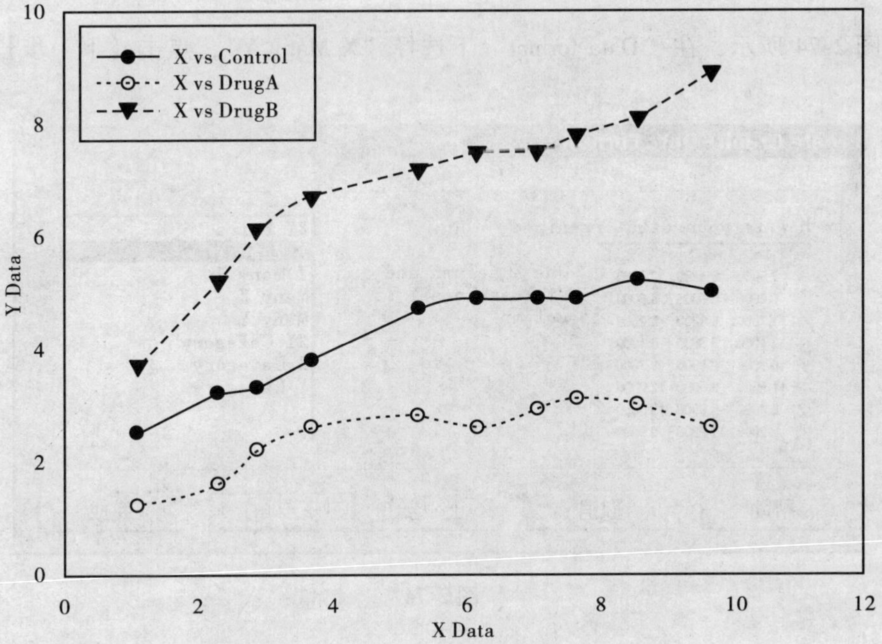
X vs Control
X vs DrugA
X vs DrugB
10
8
6
4
2
0
Y Data
0
2
4
6
8
10
12
X Data

图 2-72

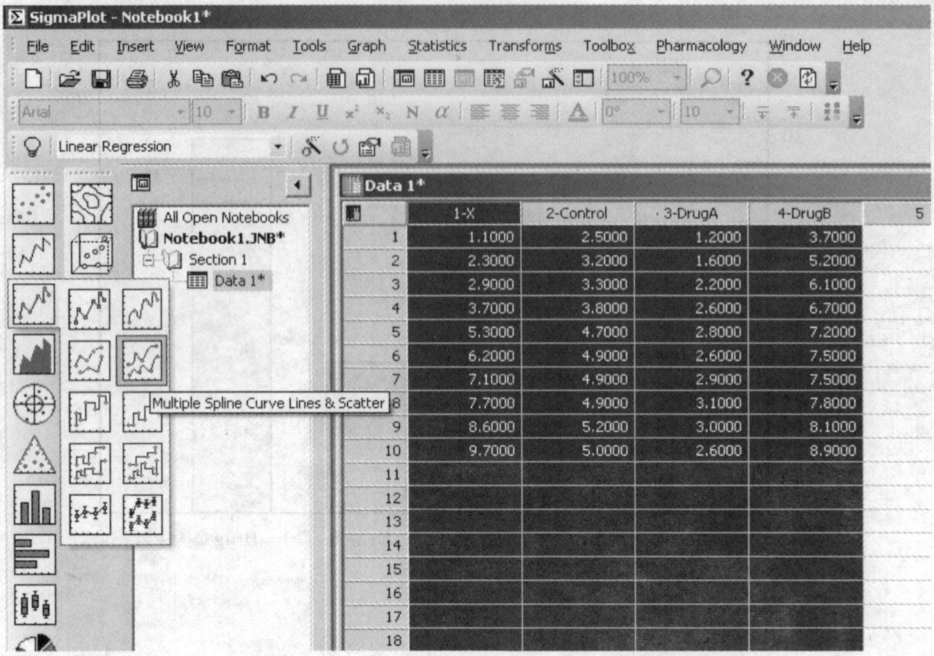

图 2-73

2）如图 2-74 所示，在“Data format”下选择“X Many Y”，点击【下一步】；

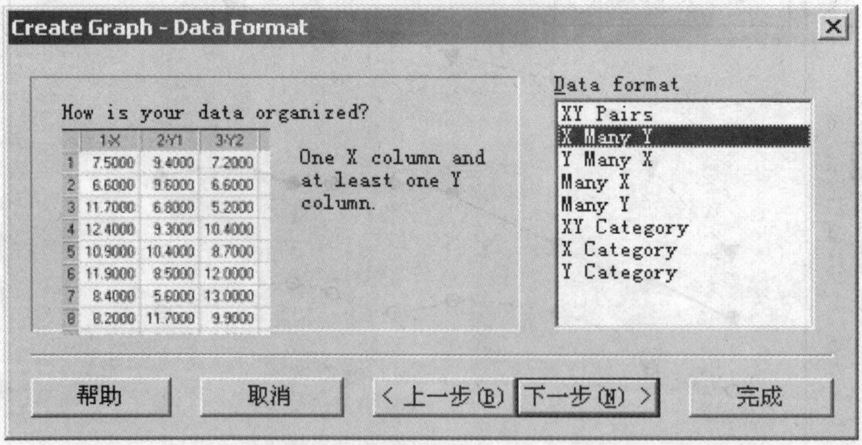

图 2-74

3）如图 2-75 所示，依次选择 X 数据和 Y 数据，即在“Data for X”下选择“1-X”，在“Data for Y1”下选择“2-Control”，在“Data for Y2”下选择“3-DrugA”，在“Data for Y3”下选择“4-DrugB”，点击【完成】；

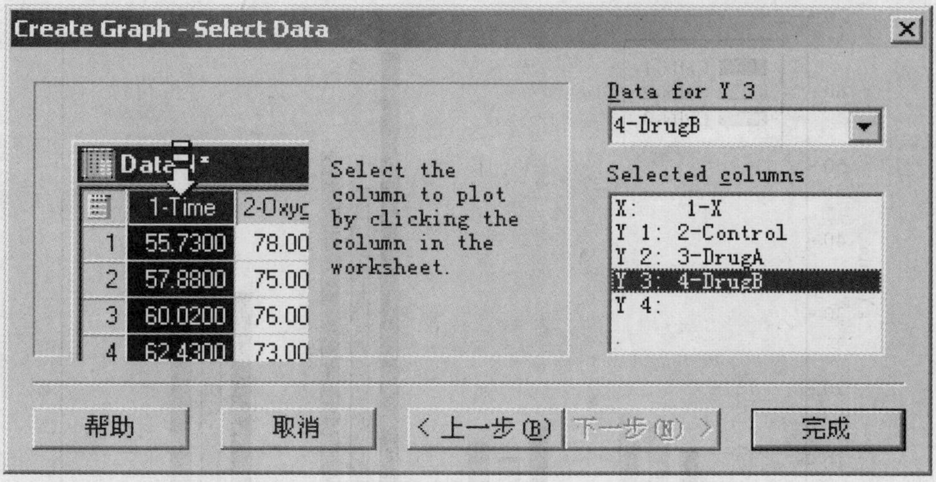

图 2-75

4）如图 2-76 所示，即可生成成组平滑曲线图。

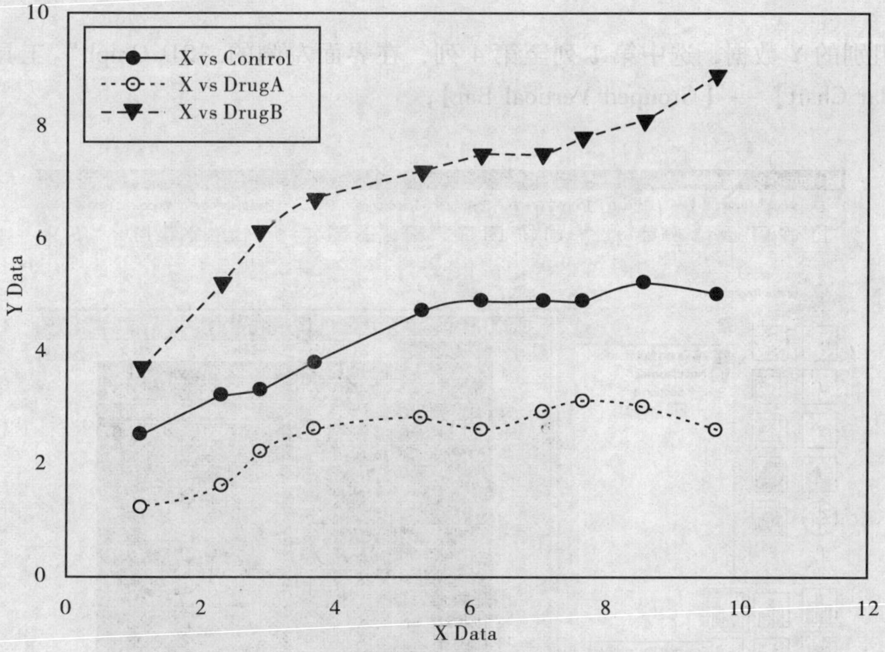

图 2-76

(4) 成组柱形图

以图 2-77 中所示的柱形图为例，介绍成组柱形图的制作过程。

1）如图 2-78 所示，按图中格式输入数据，即在第 1 列中输入 X 数据，第 2 至 4 列分别

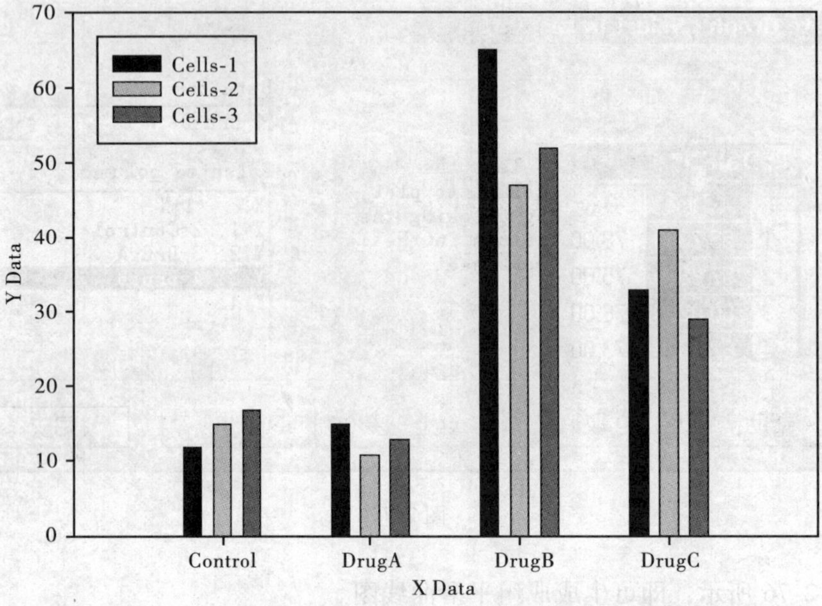

图 2-77

输入不同组别的 Y 数据，选中第 1 列至第 4 列，在界面左侧的“2D Graph”工具条中选择【Vertical Bar Chart】→【Grouped Vertical Bar】；

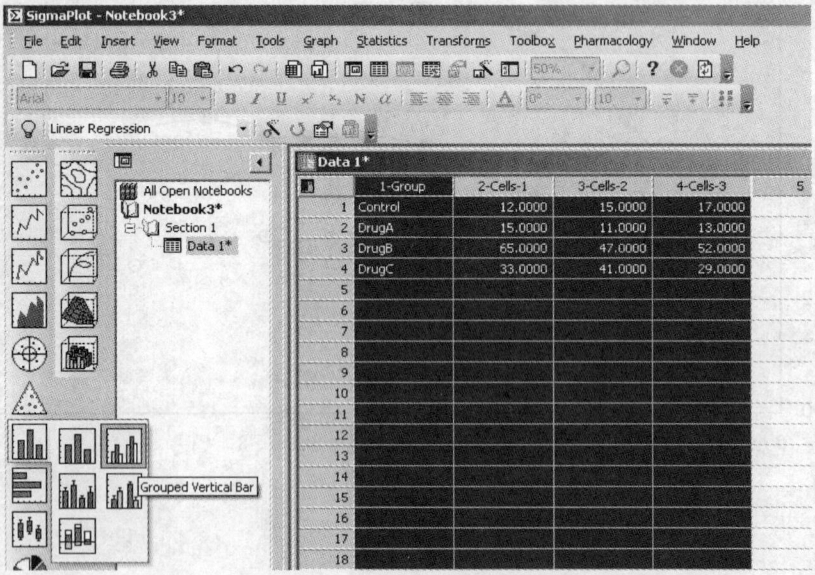

图 2-78

2）如图 2-79 所示，在“Data format”下选择“X Many Y”，点击【下一步】；

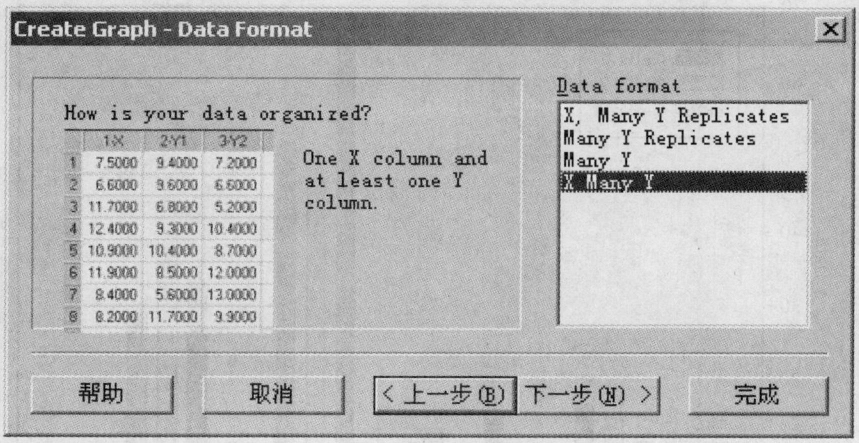

图 2-79

3）如图 2-80 所示，依次选择 X 数据和 Y 数据，即在“Data for X”下选择“1-Group”，在“Data for Set 1”下选择“2-Cells-1”，在“Data for Set 2”下选择“3-Cells-2”，在“Data for Set 3”下选择“4-Cells-3”，点击【完成】；

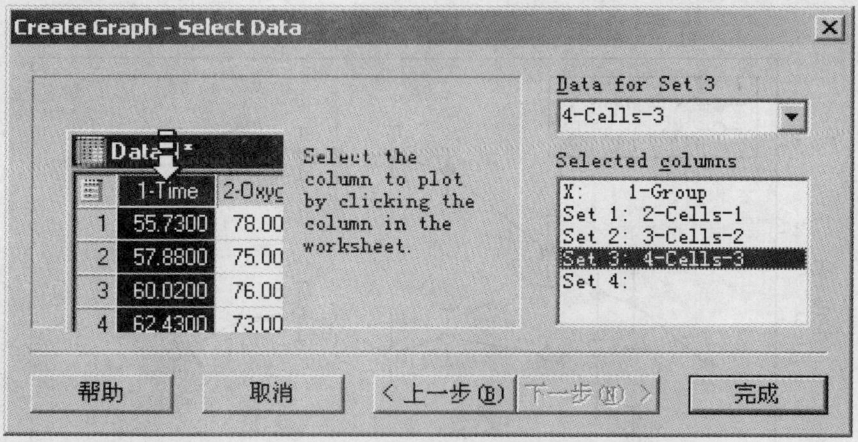

图 2-80

4）如图 2-81 所示，即可生成成组柱形图。

（5）成组折线带误差线图

以图 2-82 中所示的折线图为例，介绍成组折线带误差线图的制作过程。

1）如图 2-83 所示，按图中格式输入数据，即在第 1 列中输入 X 数据，第 2、3 列分别输入第一组的均值数据和 SD 数据，第 4、5 列分别输入第二组的均值数据和 SD 数据，选中第 1 列至第 5 列，在界面左侧的“2D Graph”工具条中选择【Line/Scatter Plot】→【Multiple Lines & Scatter-Error Bars】；

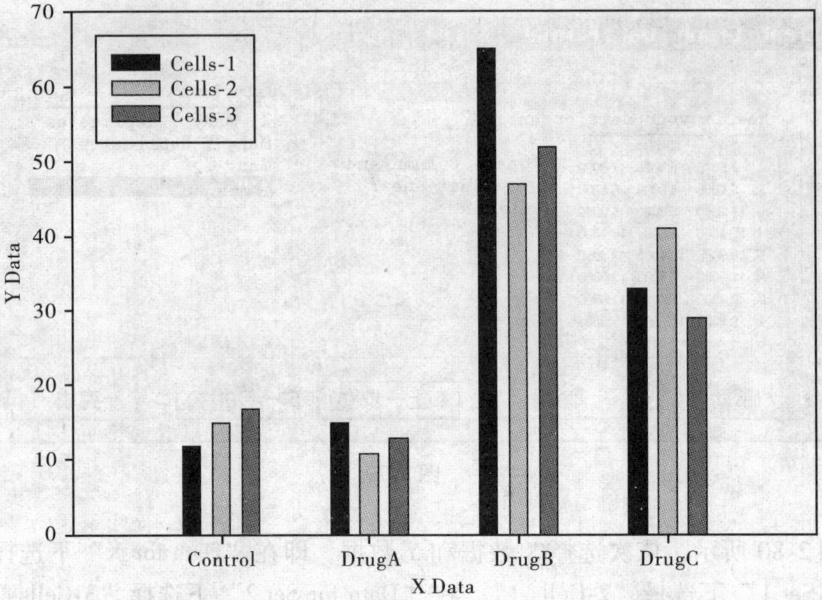
Cells-1
Cells-2
Cells-3
Y Data
X Data
Control
DrugA
DrugB
DrugC
0
10
20
30
40
50
60
70

图 2-81

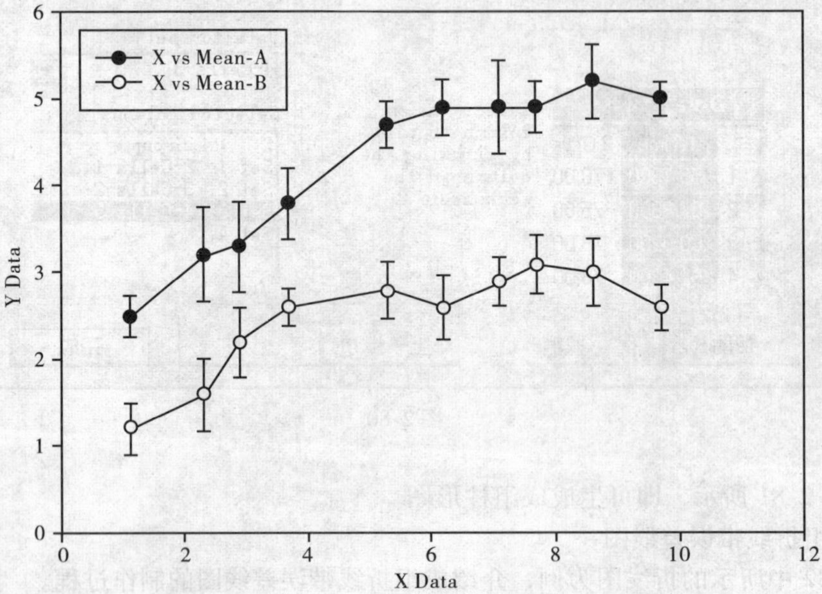
X vs Mean-A
X vs Mean-B
Y Data
X Data
0
2
4
6
8
10
12
1
3
5

图 2-82

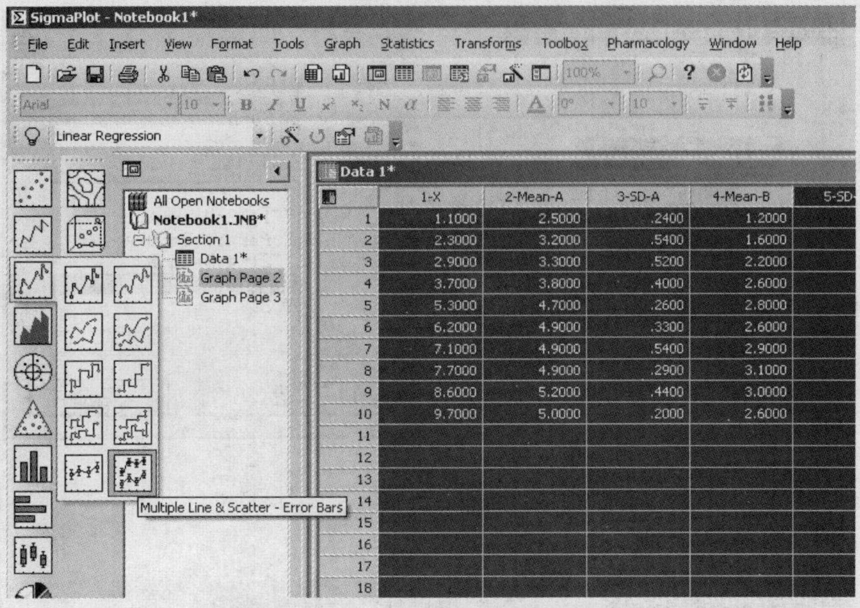

图 2-83

2）如图 2-84 所示，在“Symbol values”下选择“Worksheet Columns”，点击【下一步】；

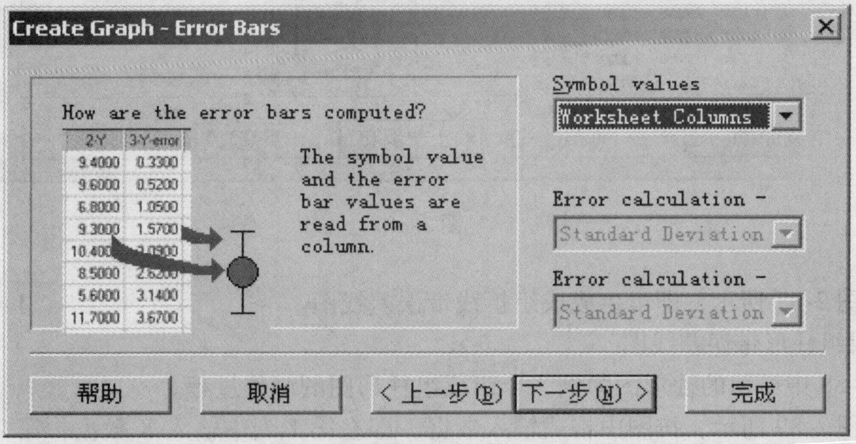

图 2-84

3）如图 2-85 所示，在“Data format”下选择“X Many Y”，点击【下一步】；

4）如图 2-86 所示，依次选择 X 数据和 Y 数据，即在“Data for X”下选择“1-X”，在“Data for Y 1”下选择“2-Mean-A”，在“Data for Error 1”下选择“3-SD-A”，在“Data for Y 2”下选择“4-Mean-B”，在“Data for Error 2”下选择“5-SD-B”，点击【完成】；

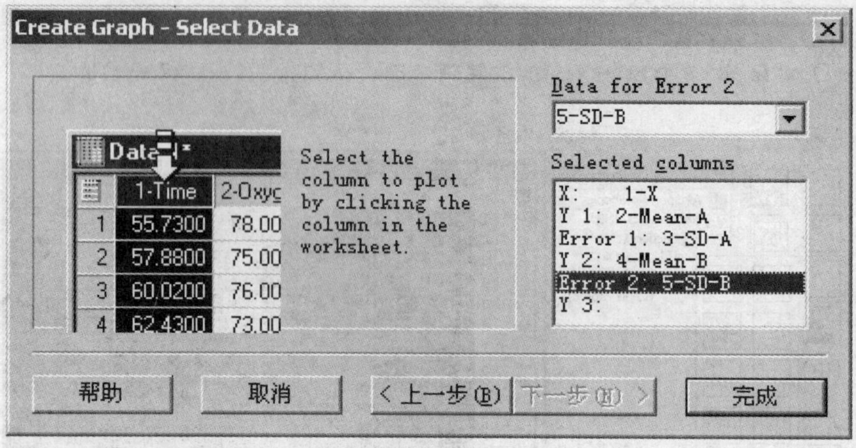

图 2-85

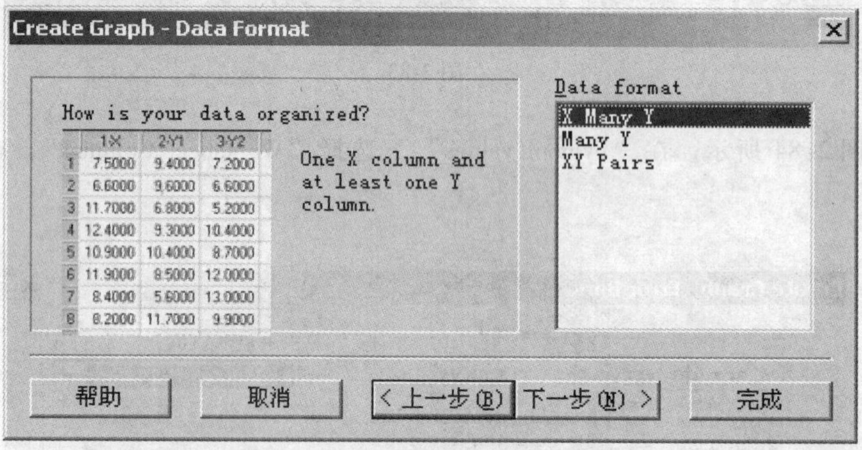

图 2-86

5）如图 2-87 所示，即可生成成组折线带误差线图。

（6）成组柱形带误差线图

以图 2-88 中所示的柱形图为例，介绍成组柱形图的制作过程。

1）如图 2-89 所示，按图中格式输入数据，即在第 1 列中输入 X 数据，第 2、3 列分别输入第一组的均值数据和 SD 数据，第 4、5 列分别输入第二组的均值数据和 SD 数据，第 6、7 列分别输入第三组的均值数据和 SD 数据，选中第 1 列至第 7 列，在界面左侧的“2D Graph”工具条中选择【Vertical Bar Chart】→【Grouped Vertical Bar-Error Bars】；

2）如图 2-90 所示，在“Symbol values”下选择“Worksheet Columns”，点击【下一步】；

3）如图 2-91 所示，在“Data format”下选择“X Many Y”，点击【下一步】；

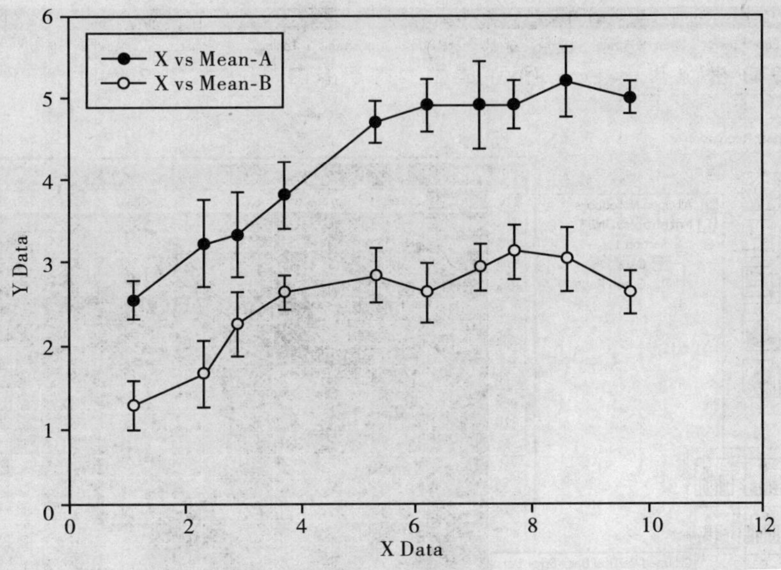
X vs Mean-A
X vs Mean-B
Y Data
X Data
0
1
2
3
4
5
6
0
2
4
6
8
10
12

图 2-87

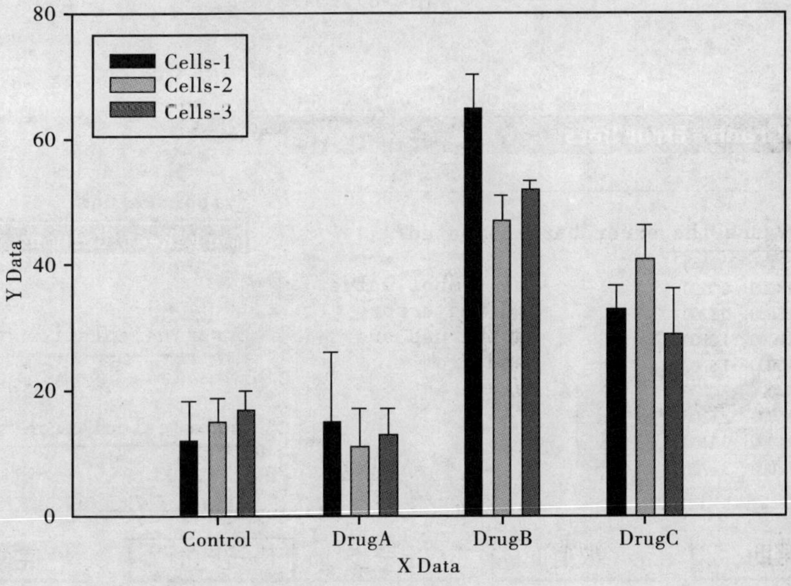
Cells-1
Cells-2
Cells-3
Y Data
X Data
0
20
40
60
80
Control
DrugA
DrugB
DrugC

图 2-88

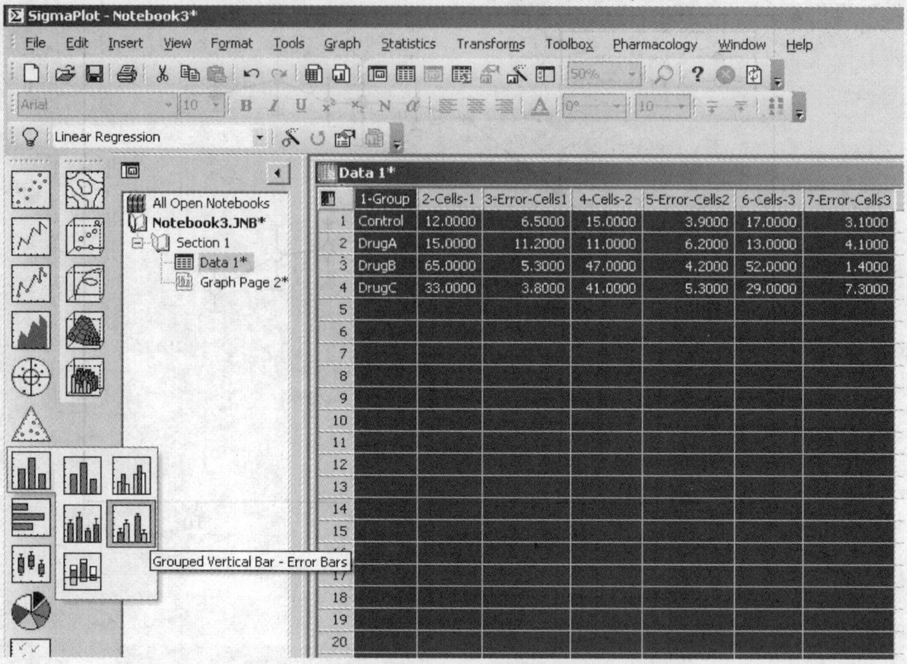
SigmaPlot - Notebook3*
File Edit Insert View Format Tools Graph Statistics Transforms Toolbox Pharmacology Window Help
Linear Regression
All Open Notebooks
Notebook3.JNB*
Section 1
Data 1*
Graph Page 2*
Grouped Vertical Bar - Error Bars
Data 1*
1-Group 2-Cells-1 3-Error-Cells1 4-Cells-2 5-Error-Cells2 6-Cells-3 7-Error-Cells3
1 Control 12.0000 6.5000 15.0000 3.9000 17.0000 3.1000
2 DrugA 15.0000 11.2000 11.0000 6.2000 13.0000 4.1000
3 DrugB 65.0000 5.3000 47.0000 4.2000 52.0000 1.4000
4 DrugC 33.0000 3.8000 41.0000 5.3000 29.0000 7.3000

图 2-89

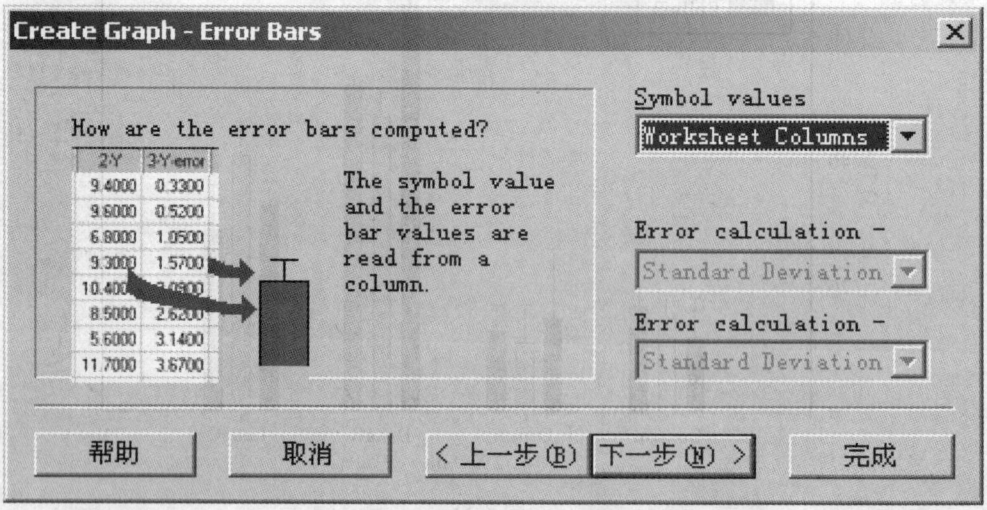
Create Graph - Error Bars
How are the error bars computed?
2-Y 3-Y-error
9.4000 0.3300
9.6000 0.5200
6.8000 1.0500
9.3000 1.5700
8.5000 2.6200
5.6000 3.1400
11.7000 3.6700
The symbol value and the error bar values are read from a column.
Symbol values
Worksheet Columns
Error calculation -
Standard Deviation
Error calculation -
Standard Deviation
帮助
取消
< 上一步(B)
下一步(N) >
完成

图 2-90

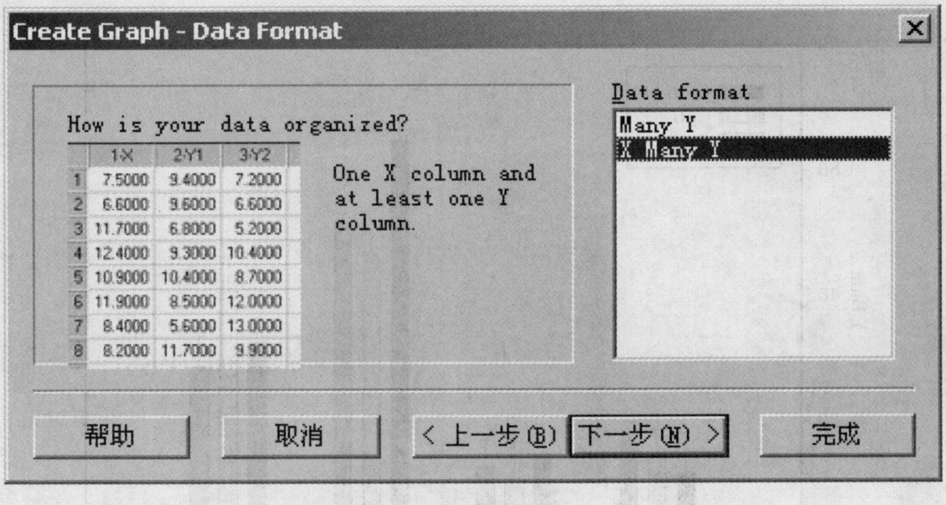

图 2-91

4）如图 2-92 所示，依次选择 X 数据和 Y 数据和相应的误差数据，点击【完成】；

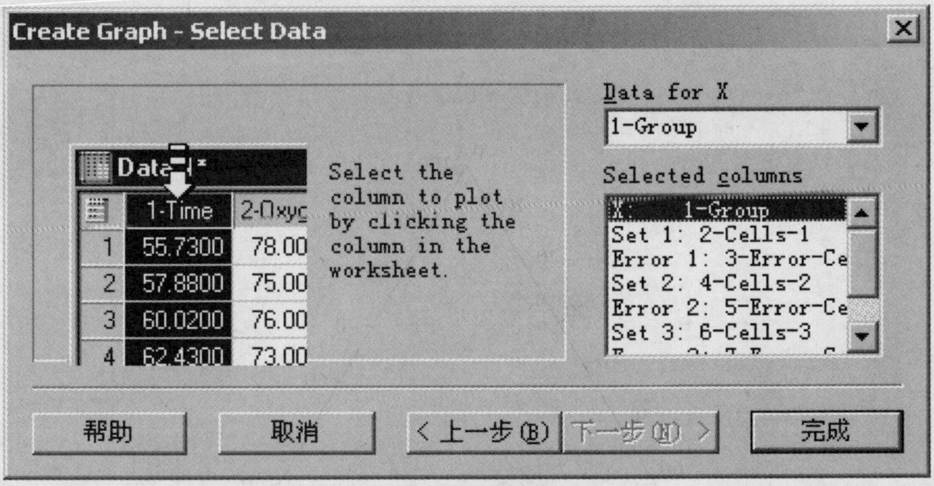

图 2-92

5）如图 2-93 所示，即可生成成组柱形带误差线图。

（7）三角图

以图 2-94 中所示的三角图为例，介绍三角图的制作过程。

1）如图 2-95 所示，按图中格式输入数据，即在第 1、2、3 列中分别输入 X、Y、Z 数据，由于三角图的特殊性，注意在每一行的 XYZ 数据之和必须等于 1 或者 100，选中第 1 列至第 3 列，在界面左侧的“2D Graph”工具条中选择【Ternary Plot】→【Ternary Scatter & Line】；

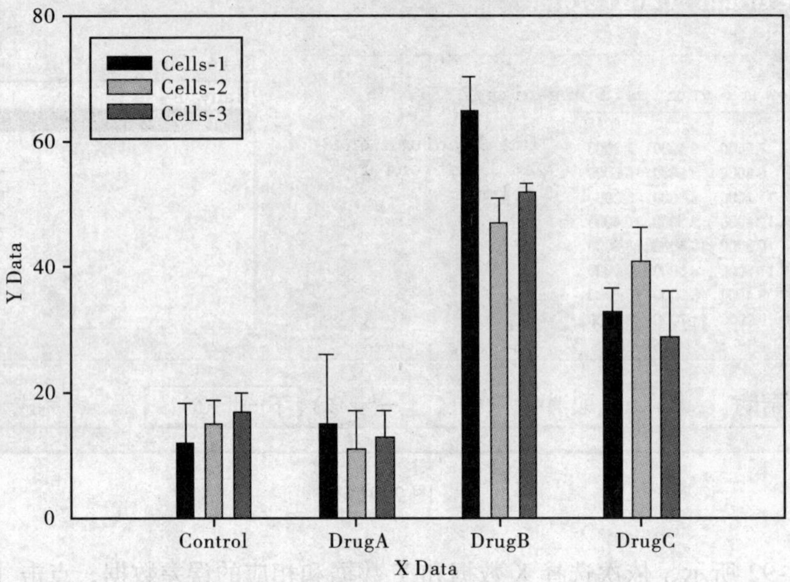

Cells-1
Cells-2
Cells-3
Y Data
X Data
Control
DrugA
DrugB
DrugC
0
20
40
60
80

图 2-93

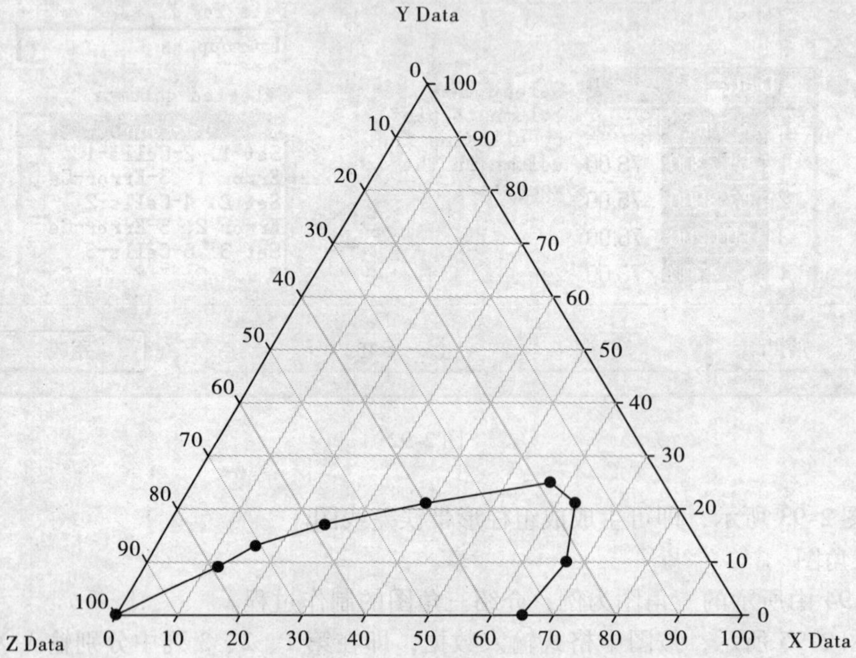

Y Data
Z Data
X Data
0
10
20
30
40
50
60
70
80
90
100

图 2-94

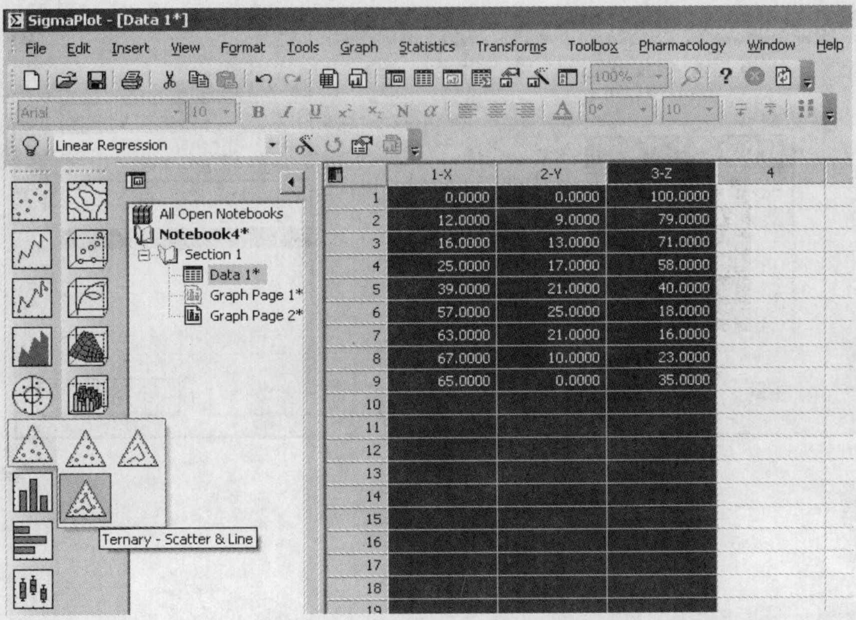

图 2-95

2）如图 2-96 所示，在“Data format”下选择“Ternary Triplets”，点击【下一步】；

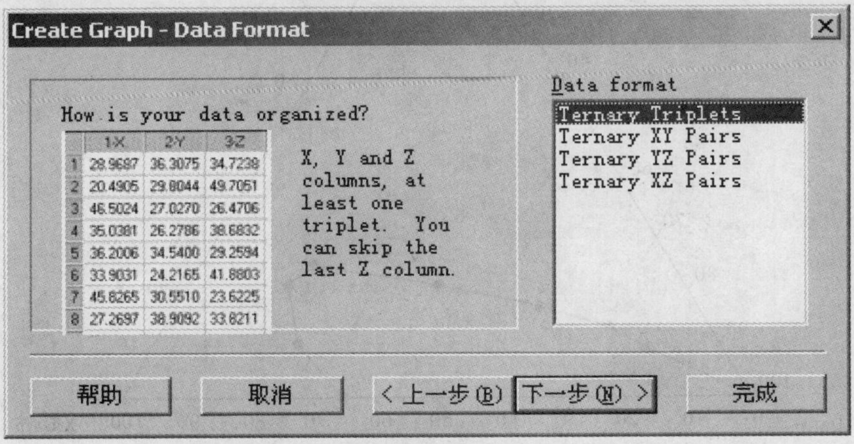

图 2-96

3）如图 2-97 所示，依次选择 X 数据和 Y 数据和相应的误差数据，点击【完成】；

4）如图 2-98 所示，即可生成三角图。

（8）带断轴的柱形图

以图 2-99 中所示的柱形图为例，介绍带断轴的柱形图的制作过程。

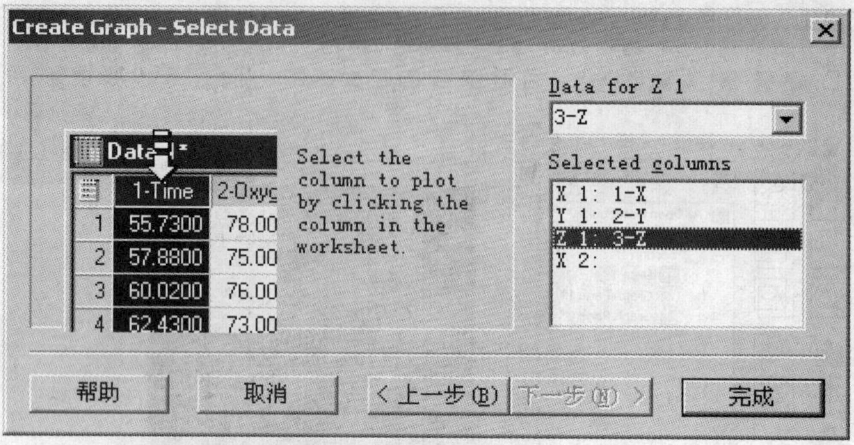

图 2-97

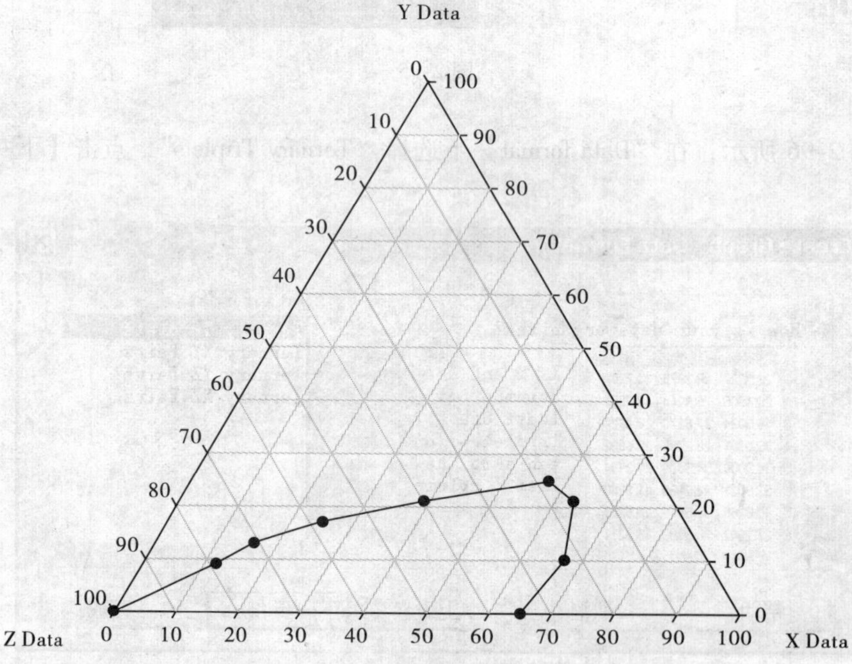

图 2-98

1）如图 2-100 所示，输入数据后，首先按照前述“成组柱形带误差线图”中的方法，绘制默认的柱形图；

2）如图 2-101 所示，在绘制好的柱形图上选中 Y 轴，右键选择【Graph Properties】；

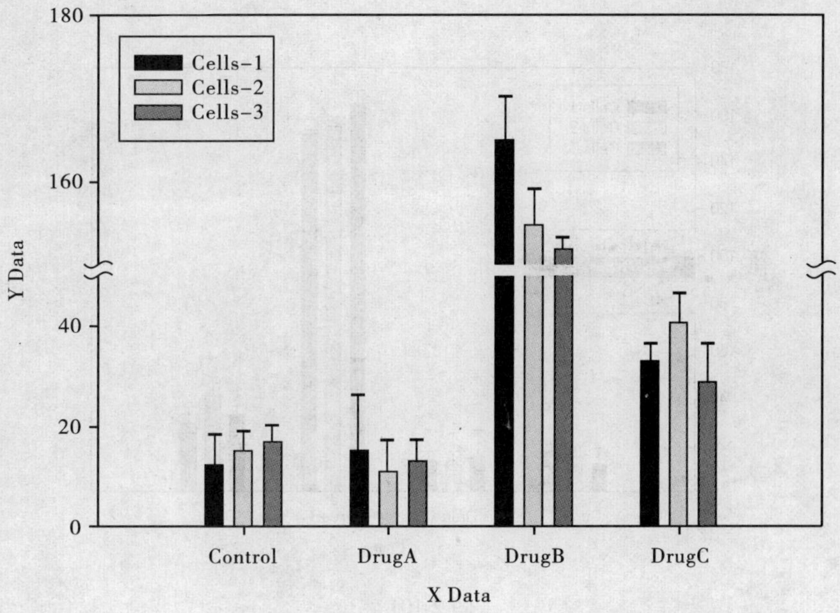
Cells-1
Cells-2
Cells-3
180
160
40
20
0
Y Data
Control
DrugA
DrugB
DrugC
X Data

图 2-99

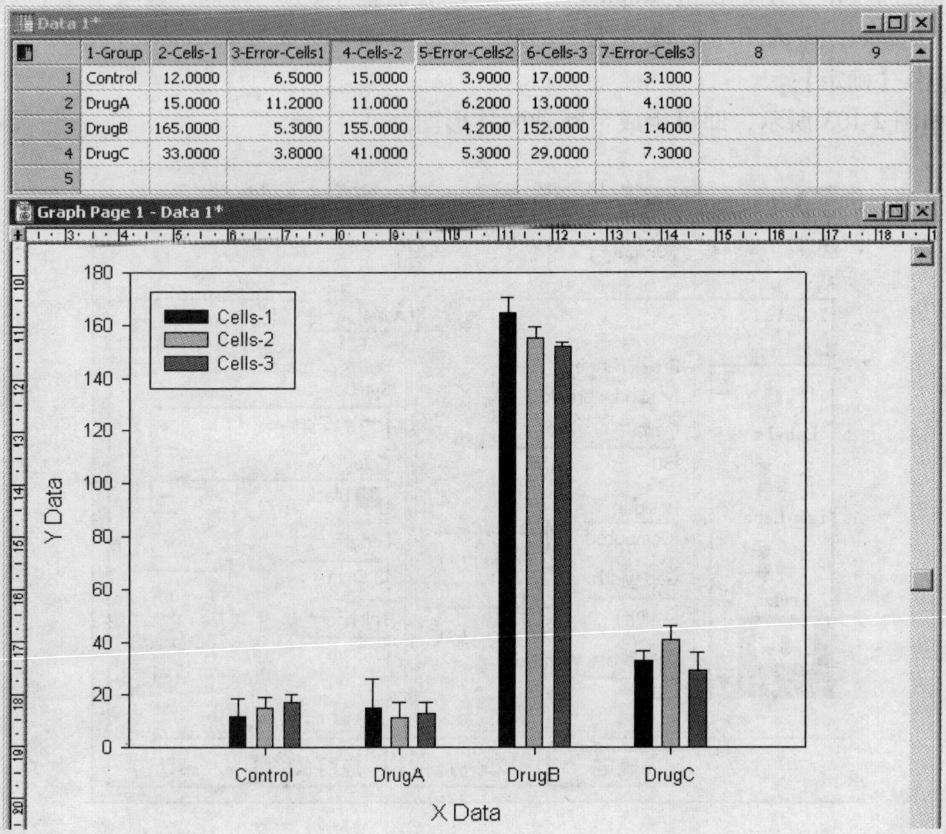
Data 1*
1-Group
2-Cells-1
3-Error-Cells1
4-Cells-2
5-Error-Cells2
6-Cells-3
7-Error-Cells3
8
9
1 Control 12.0000 6.5000 15.0000 3.9000 17.0000 3.1000
2 DrugA 15.0000 11.2000 11.0000 6.2000 13.0000 4.1000
3 DrugB 165.0000 5.3000 155.0000 4.2000 152.0000 1.4000
4 DrugC 33.0000 3.8000 41.0000 5.3000 29.0000 7.3000
5
Graph Page 1 - Data 1*
Cells-1
Cells-2
Cells-3
180
160
140
120
100
80
60
40
20
0
Y Data
Control
DrugA
DrugB
DrugC
X Data

图 2-100

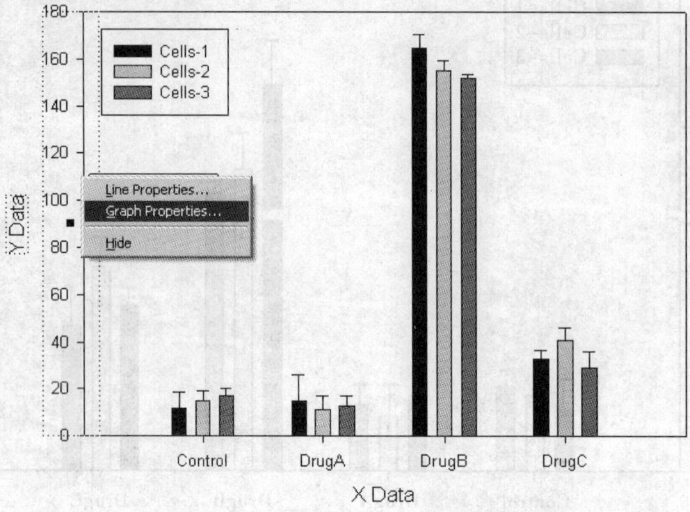

图 2-101

3）如图 2-102 所示，在【Graph Properties】对话框下的“Axes”选项卡下，选择 Settings 下的 Breaks，Beak Range 设置为 50-150，Gap Width 设置为 2.0mm，Symbol 选择为 S-curve，点击【确定】；

4）如图 2-103 所示，即可生成带断轴的柱形图。

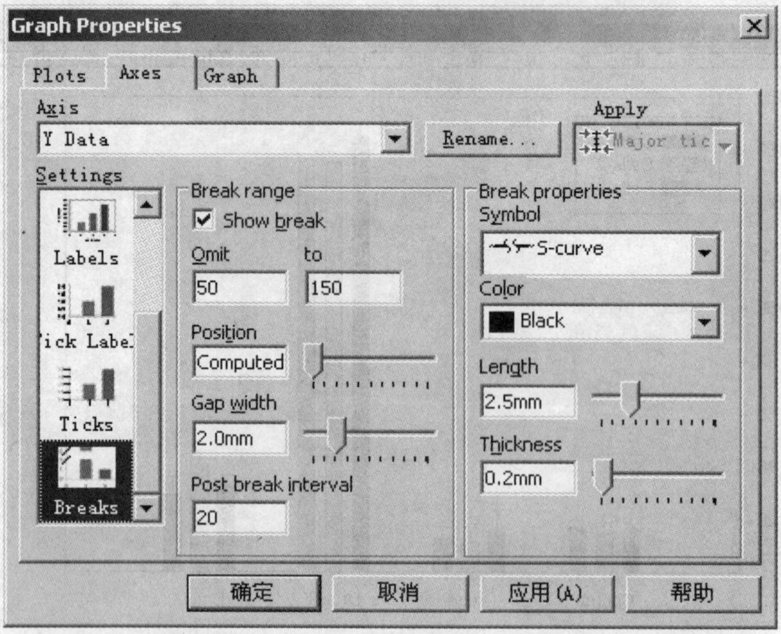

图 2-102

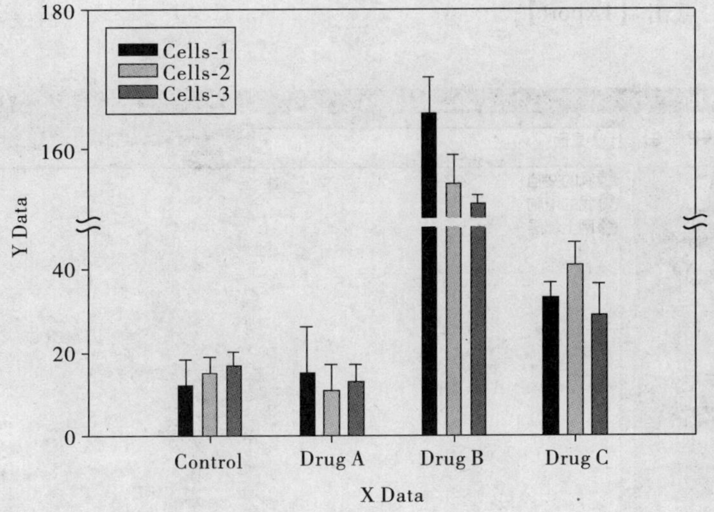

图 2-103

3. SigmaPlot 中图形的导出

借助 SigmaPlot 强大的图片导出向导，用户可以方便的导出数十种格式的图片文件，几乎可以满足任何杂志对图片的要求，并且可以方便的设置导出图片的分辨率，直接提供满足印刷质量的高品质图片。下面以实例介绍 SigmaPlot 中的图形导出。

第一步，在 SigmaPlot 中绘图完成后，如图 2-104 所示，选中图形后右键选择【Export】；

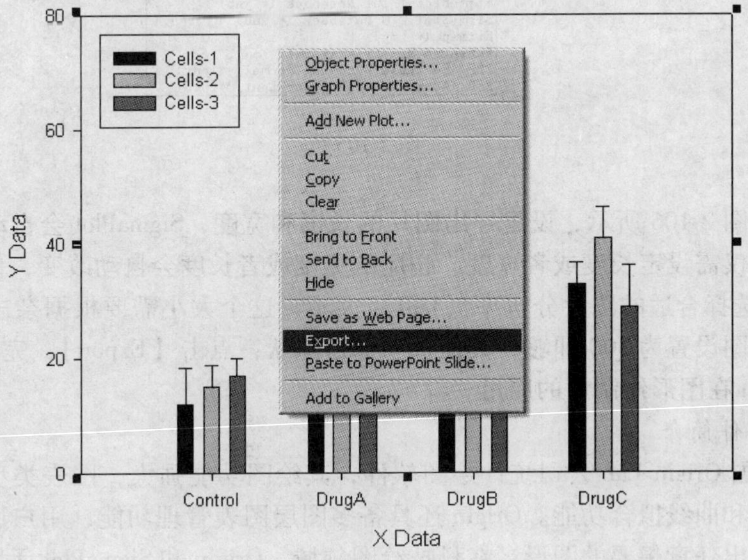

图 2-104

第二步，如图 2-105 选择合适的导出图片格式，比如这里导出为 TIF 格式，为导出图片起名为“Chart1”，点击【Export】；

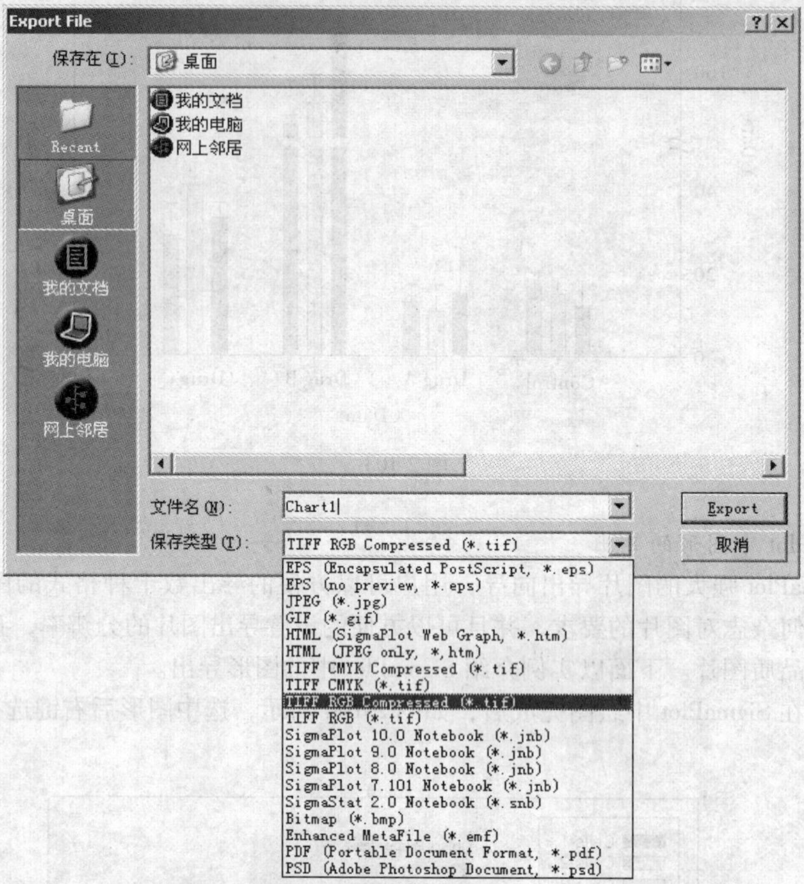

图 2-105

第三步，如图 2-106 所示，设置导出图片的长度和宽度，SigmaPlot 会自动默认锁定长宽比例，因此用户仅需设定长度或者宽度，相应的宽度或者长度会自动改变，例如这里设置宽度为 60.2mm，选择合适的图片分辨率（DPI）大小，这个大小需要根据杂志的具体要求设置，通常统计绘图设置为 300 即够，其他选项保持默认，点击【Export】，完成图片的导出。

（五）Origin 在图形绘制中的应用

1. Origin 软件简介

Origin 是美国 Origin Lab 公司统计绘图软件，其绘图功能强大，图表类型丰富，并具备强大的数值分析和曲线拟合功能。Origin 还具备多图层图表管理功能，用户通过多层添加的方式几乎可以做出任意想要的图形。在科技绘图领域，Origin 和 SigmaPlot 无疑是最为优秀的两大软件。

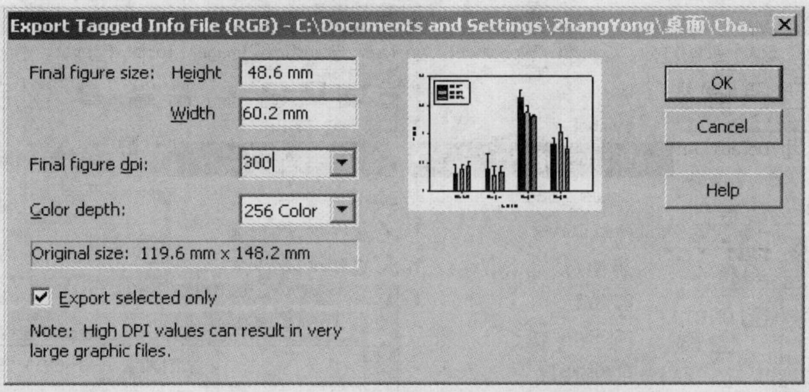

图 2-106

2. Origin 图形绘制实例

(1) 简单折线图

以图 2-107 中所示的折线图为例，介绍简单折线图的制作过程。

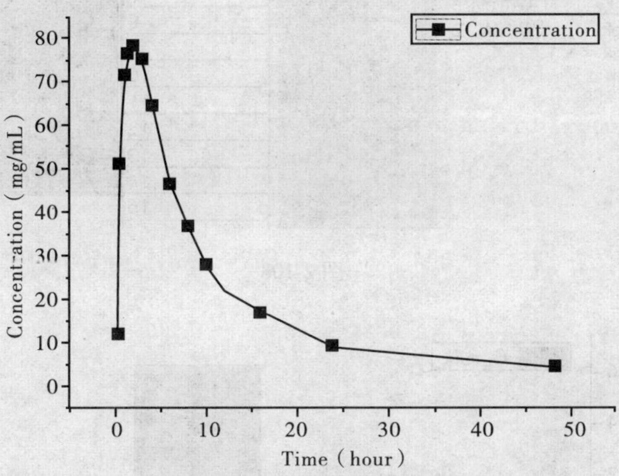

图 2-107

1）如图 2-108 所示，输入数据、变量长名称及变量单位后，选中输入数据两列，选择菜单【Plot】→【Line + Symbol】→【Line + Symbol】;

2）自动生成如图 2-107 所示的简单折线图，适当调整图例（Legend）位置即可。

(2) 简单柱形图

以图 2-109 中所示的柱形图为例，介绍简单柱形图的制作过程。

1）如图 2-110 所示，输入数据、变量长名称及变量单位后，选中输入数据两列，选择菜单【Plot】→【Columns/Bars】→【Column】;

2）自动生成如图 2-109 所示的简单柱形图，适当调整图例（Legend）位置即可。

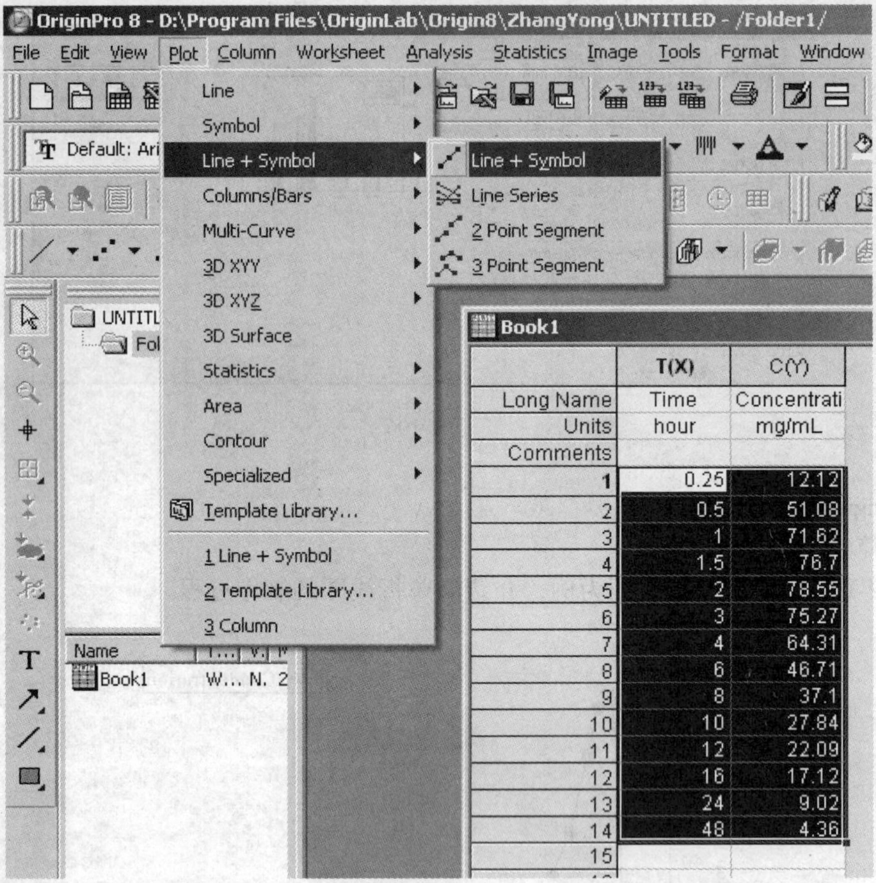
OriginPro 8 - D:\Program Files\OriginLab\Origin8\ZhangYong\UNTITLED - /Folder1/
File Edit View Plot Column Worksheet Analysis Statistics Image Tools Format Window
Line
Symbol
Line + Symbol
Columns/Bars
Multi-Curve
3D XYY
3D XYZ
3D Surface
Statistics
Area
Contour
Specialized
Template Library...
1 Line + Symbol
2 Template Library...
3 Column
Line + Symbol
Line Series
2 Point Segment
3 Point Segment
Default: Ari
Book1
T(X)
C(Y)
Long Name
Time
Concentrati
Units
hour
mg/mL
Comments
1 0.25 12.12
2 0.5 51.08
3 1 71.62
4 1.5 76.7
5 2 78.55
6 3 75.27
7 4 64.31
8 6 46.71
9 8 37.1
10 10 27.84
11 12 22.09
12 16 17.12
13 24 9.02
14 48 4.36
15
Name
Book1

图 2-108

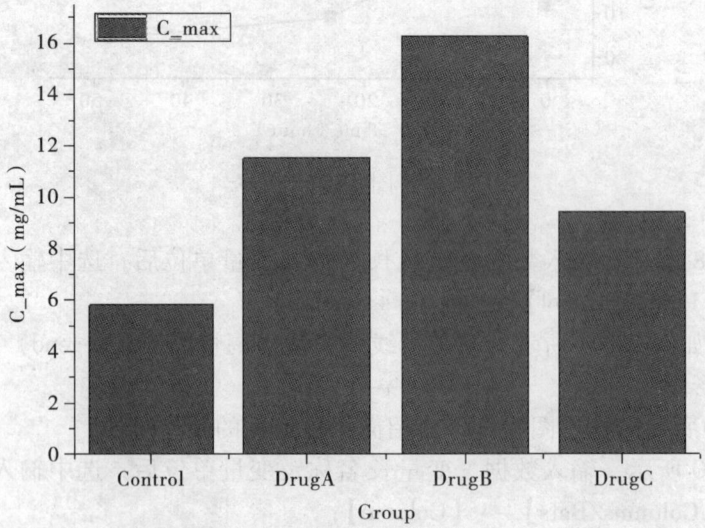
C_max
16
14
12
10
8
6
4
2
0
C_max (mg/mL)
Control
DrugA
DrugB
DrugC
Group

图 2-109

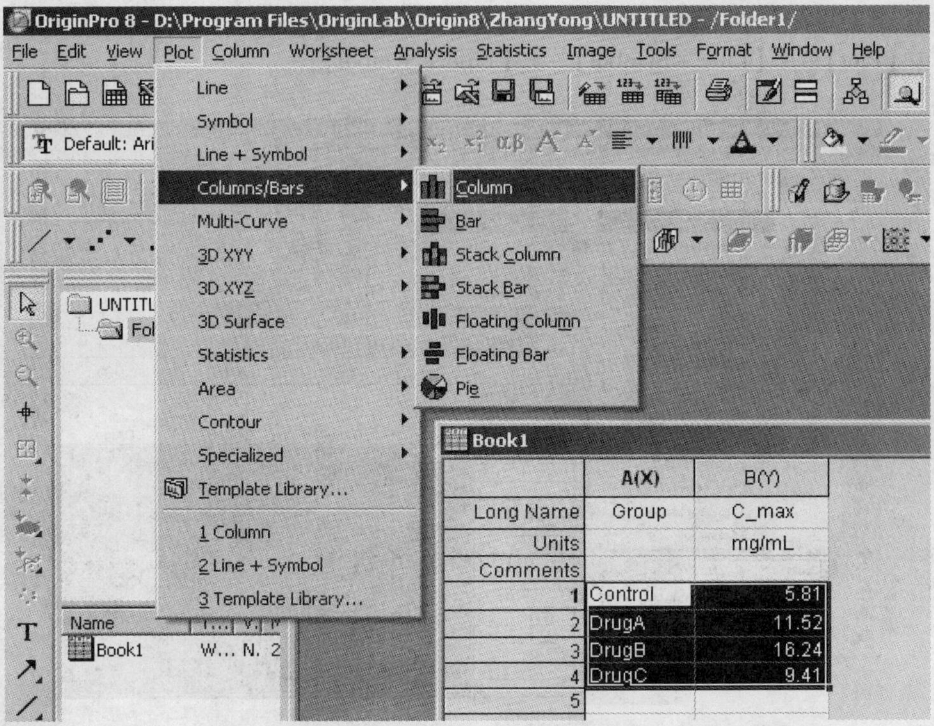

图 2-110

(3) 成组折线图

以图 2-111 中所示的折线图为例，介绍成组折线图的制作过程。

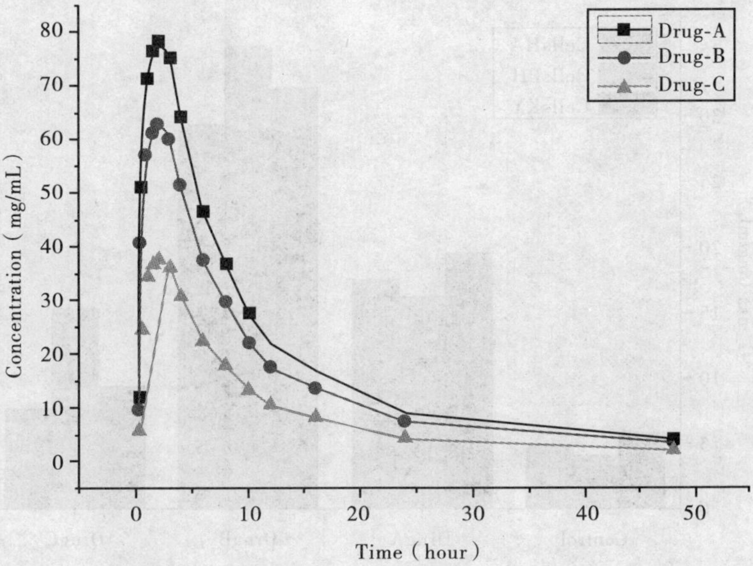

图 2-111

1）如图 2-112 所示，输入数据、变量长名称及变量单位后，选中输入数据合计 4 列，选择菜单【Plot】→【Line + Symbol】→【Line + Symbol】；

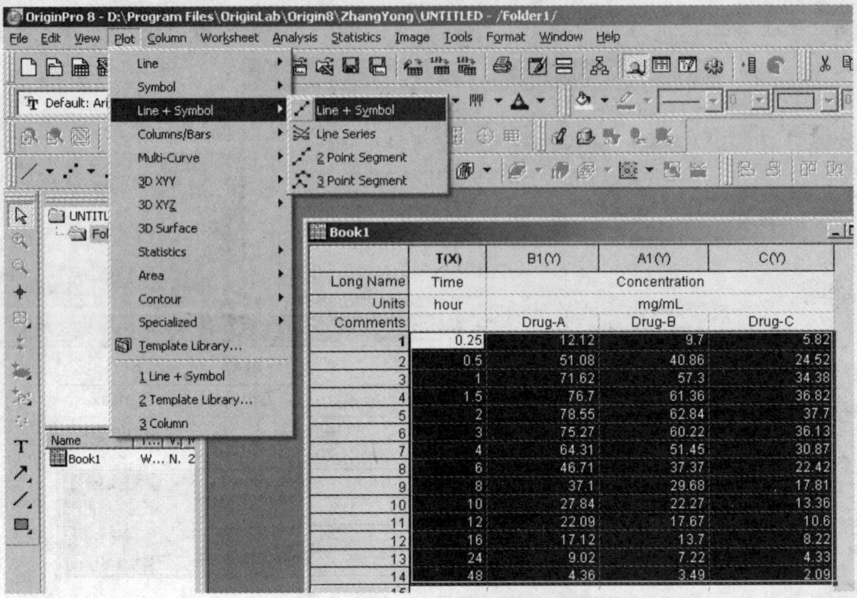

图 2-112

2）自动生成如图 2-111 所示的成组折线图，适当调整图例（Legend）位置即可。

（4）成组柱形图

以图 2-113 中所示的柱形图为例，介绍成组柱形图的制作过程。

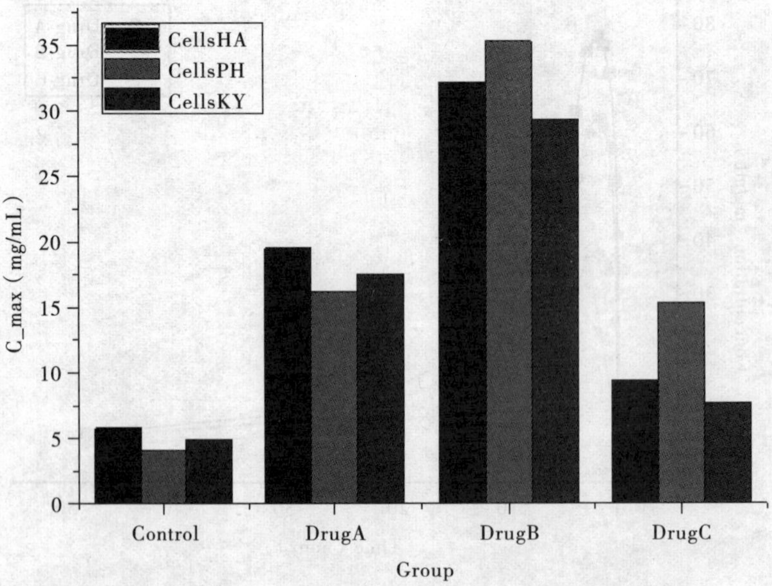

图 2-113

1）如图 2-114 所示，输入数据、变量长名称及变量单位后，选中输入数据四列，选择菜单【Plot】【Columns/Bars】【Column】；

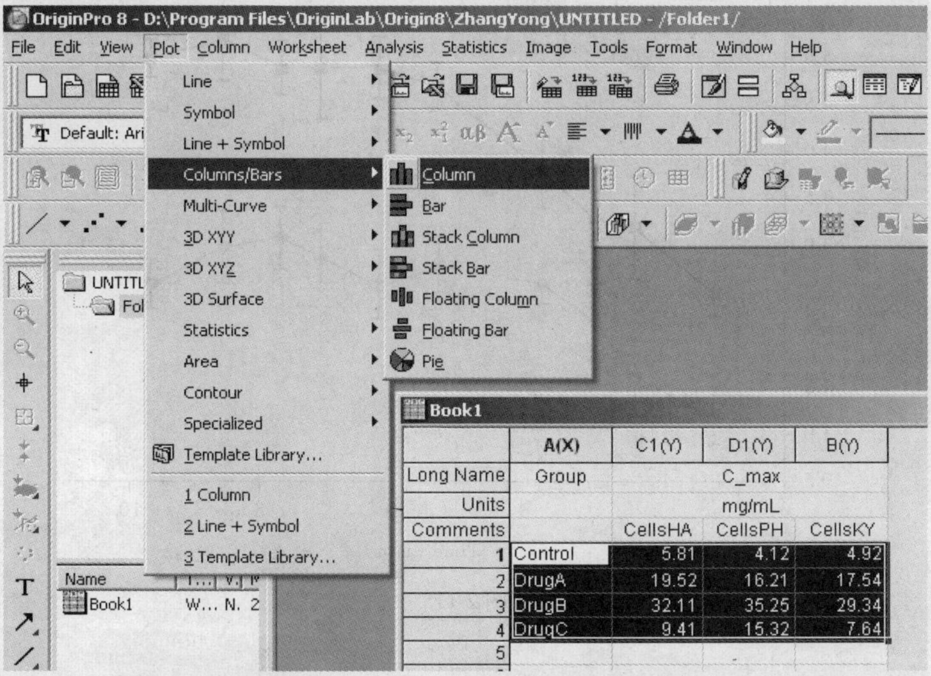

图 2-114

2）自动生成如图 2-113 所示的成组柱形图，适当调整图例（Legend）位置即可。

（5）成组折线带误差线图

以图 2-115 中所示的折线图为例，介绍成组折线带误差线图的制作过程。

1）如图 2-116 所示，输入数据、变量长名称及变量单位后，选中第 3 列即第一组数据的误差线数值列，选择菜单【Column】→【Set as Y Error】，同样的操作选中第 5 列即第二组数据的误差线数值列，选择菜单【Column】→【Set as Y Error】；

2）如图 2-117 所示，选中第 1 至 5 列，即所有数据列及误差数据列，选择菜单【Plot】→【Line + Symbol】→【Line + Symbol】；

3）自动生成如图 2-115 所示的成组折线带误差线图，适当调整图例（Legend）位置即可。

（6）成组柱形带误差线图

以图 2-118 中所示的柱形图为例，介绍成组柱形带误差线图的制作过程。

1）如图 2-119 所示，输入数据、变量长名称及变量单位后，选中第 3 列即第一组数据的误差线数值列，选择菜单【Column】→【Set as Y Error】，对第 5 列和第 7 列进行同样的操作；

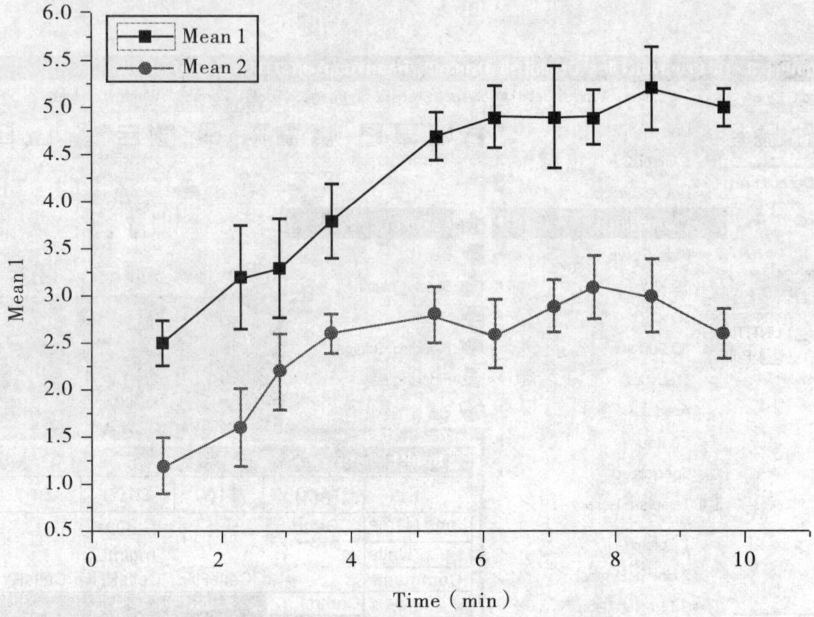
Mean 1
Mean 2
6.0
5.5
5.0
4.5
4.0
3.5
3.0
2.5
2.0
1.5
1.0
0.5
Mean 1
0
2
4
6
8
10
Time（min）

图 2-115

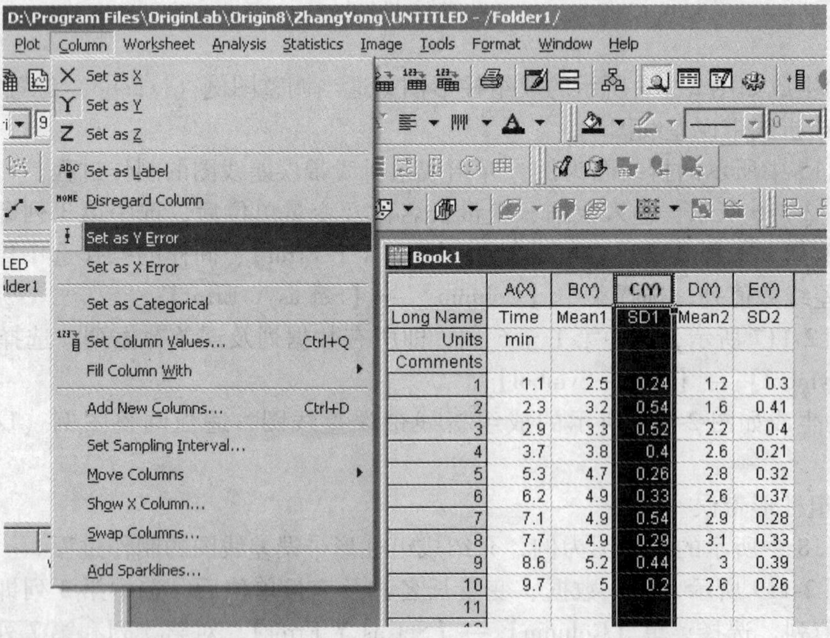
D:\Program Files\OriginLab\Origin8\ZhangYong\UNTITLED - /Folder1/
Plot Column Worksheet Analysis Statistics Image Tools Format Window Help
Set as X
Set as Y
Set as Z
Set as Label
Disregard Column
Set as Y Error
Set as X Error
Set as Categorical
Set Column Values... Ctrl+Q
Fill Column With
Add New Columns... Ctrl+D
Set Sampling Interval...
Move Columns
Show X Column...
Swap Columns...
Add Sparklines...
Book1
A(X) B(Y) C(Y) D(Y) E(Y)
Long Name Time Mean1 SD1 Mean2 SD2
Units min
Comments
1 1.1 2.5 0.24 1.2 0.3
2 2.3 3.2 0.54 1.6 0.41
3 2.9 3.3 0.52 2.2 0.4
4 3.7 3.8 0.4 2.6 0.21
5 5.3 4.7 0.26 2.8 0.32
6 6.2 4.9 0.33 2.6 0.37
7 7.1 4.9 0.54 2.9 0.28
8 7.7 4.9 0.29 3.1 0.33
9 8.6 5.2 0.44 3 0.39
10 9.7 5 0.2 2.6 0.26
11

图 2-116

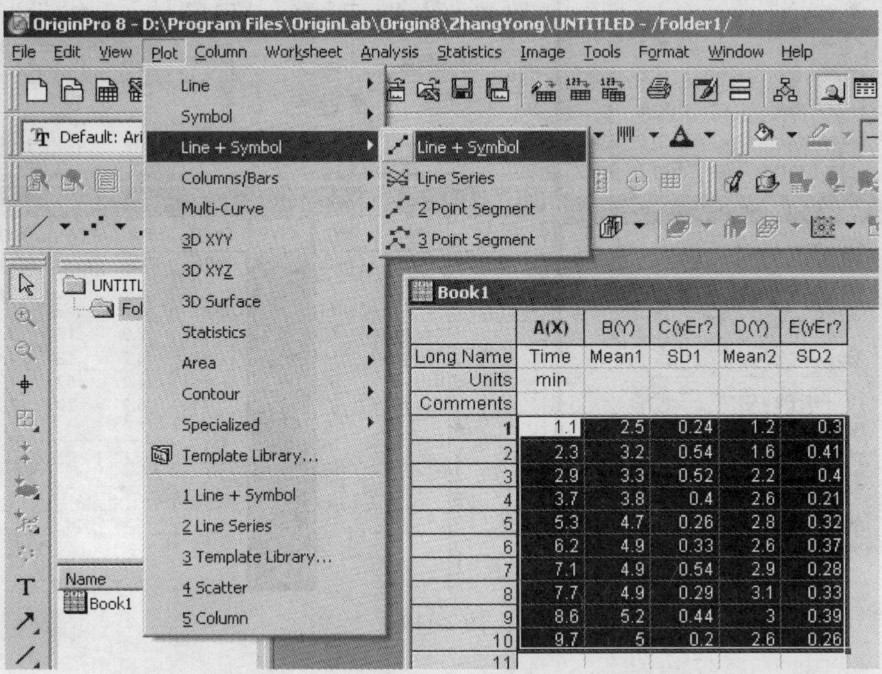
OriginPro 8 - D:\Program Files\OriginLab\Origin8\ZhangYong\UNTITLED - /Folder1/
File Edit View Plot Column Worksheet Analysis Statistics Image Tools Format Window Help
Line
Symbol
Line + Symbol
Columns/Bars
Multi-Curve
3D XYY
3D XYZ
3D Surface
Statistics
Area
Contour
Specialized
Template Library...
1 Line + Symbol
2 Line Series
3 Template Library...
4 Scatter
5 Column
Line + Symbol
Line Series
2 Point Segment
3 Point Segment
Book1
A(X) B(Y) C(yEr?) D(Y) E(yEr?)
Long Name Time Mean1 SD1 Mean2 SD2
Units min
Comments
1 1.1 2.5 0.24 1.2 0.3
2 2.3 3.2 0.54 1.6 0.41
3 2.9 3.3 0.52 2.2 0.4
4 3.7 3.8 0.4 2.6 0.21
5 5.3 4.7 0.26 2.8 0.32
6 6.2 4.9 0.33 2.6 0.37
7 7.1 4.9 0.54 2.9 0.28
8 7.7 4.9 0.29 3.1 0.33
9 8.6 5.2 0.44 3 0.39
10 9.7 5 0.2 2.6 0.26
Name
Book1

图 2-117

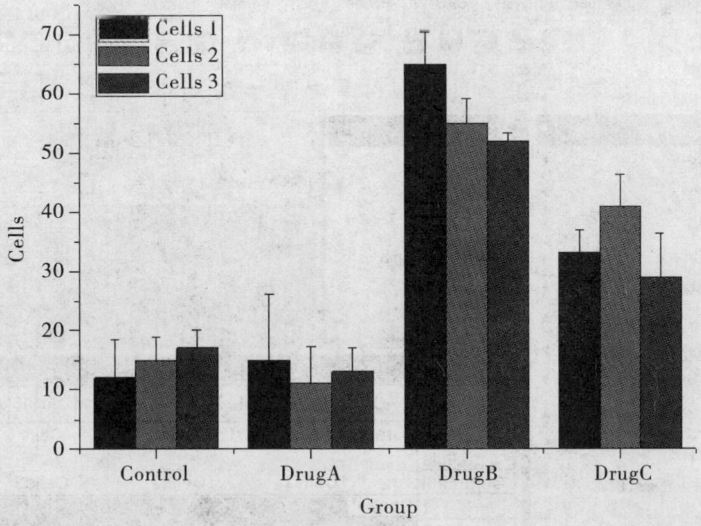
Cells 1
Cells 2
Cells 3
70
60
50
40
30
20
10
0
Cells
Control
DrugA
DrugB
DrugC
Group

图 2-118

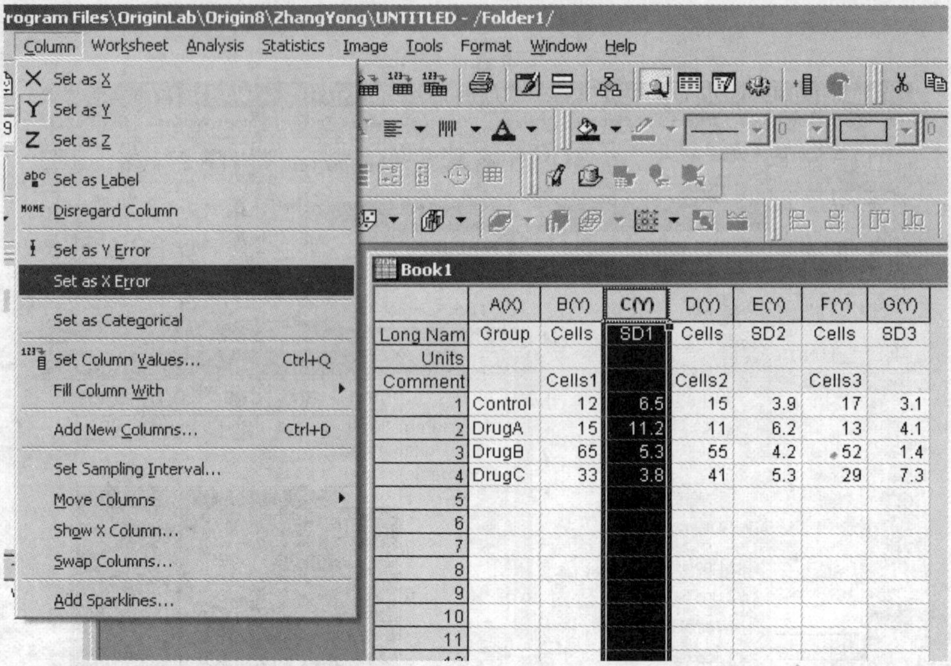

	A(X)	B(Y)	C(Y)	D(Y)	E(Y)	F(Y)	G(Y)
Long Nam	Group	Cells	SD1	Cells	SD2	Cells	SD3
Units							
Comment		Cells1		Cells2		Cells3	
1	Control	12	6.5	15	3.9	17	3.1
2	DrugA	15	11.2	11	6.2	13	4.1
3	DrugB	65	5.3	55	4.2	52	1.4
4	DrugC	33	3.8	41	5.3	29	7.3

图 2-119

2）如图 2-120 所示，选中第 1 至 7 列，即所有数据列及误差数据列，选择菜单【Plot】→【Columns/Bars】→【Column】；

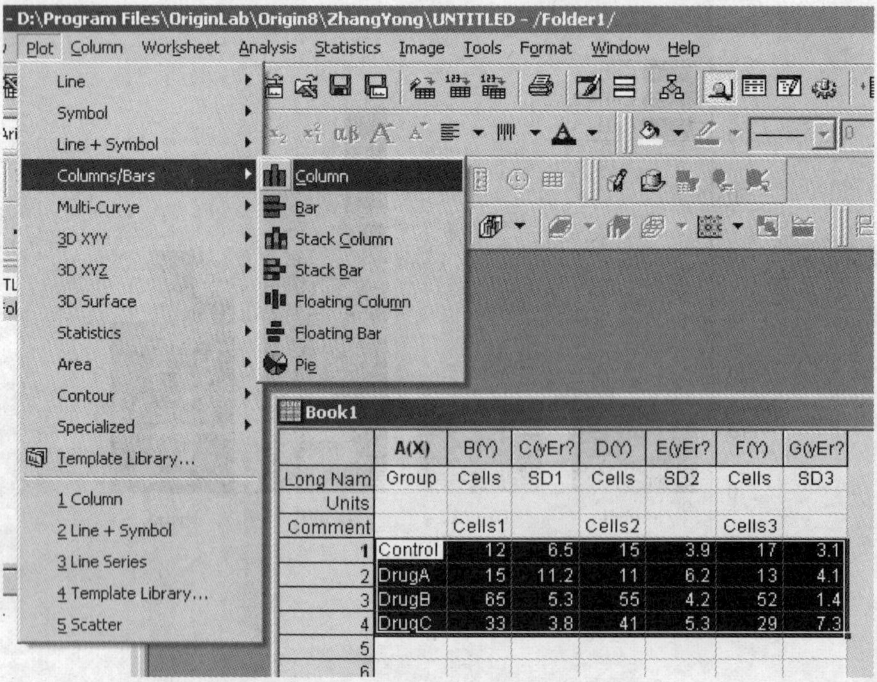

	A(X)	B(Y)	C(yEr?)	D(Y)	E(yEr?)	F(Y)	G(yEr?)
Long Nam	Group	Cells	SD1	Cells	SD2	Cells	SD3
Units							
Comment		Cells1		Cells2		Cells3	
1	Control	12	6.5	15	3.9	17	3.1
2	DrugA	15	11.2	11	6.2	13	4.1
3	DrugB	65	5.3	55	4.2	52	1.4
4	DrugC	33	3.8	41	5.3	29	7.3

图 2-120

3）如图2-121所示，是自动生成的带误差线图，由于柱形图一般仅显示正误差线，尚需进一步设置；

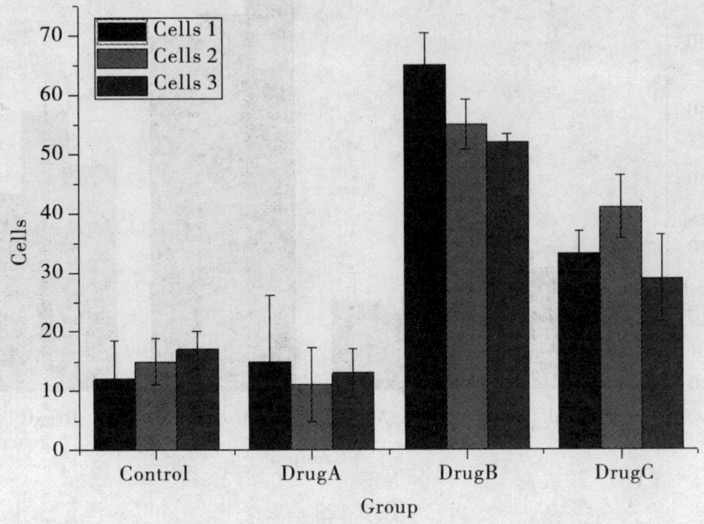

图2-121

4）如图2-122所示，在自动生成的图形上，右键选择【Plot Details】后，在“Plot Details”对话框下，在左侧数据源区域选择第1列数据的误差数据列，在“Error Bar”选项卡下的Direction下仅选择“Plus”，同样的方法，对第2、3列数据的误差数据列进行设置后，点击【OK】；

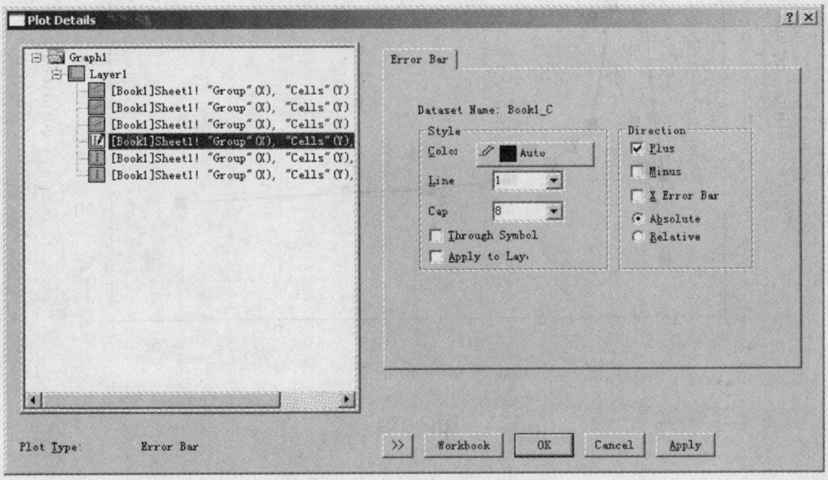

图2-122

5）如图2-123所示的成组柱形带误差线图，适当调整图例（Legend）位置即可。

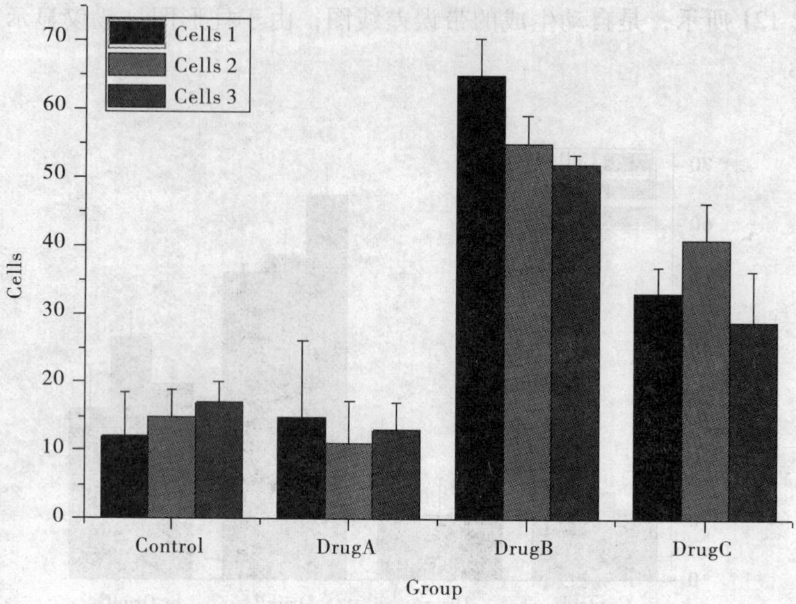

图 2-123

(7) 双 Y 轴图

以图 2-124 中所示的柱形图为例，介绍双 Y 轴图的制作过程。

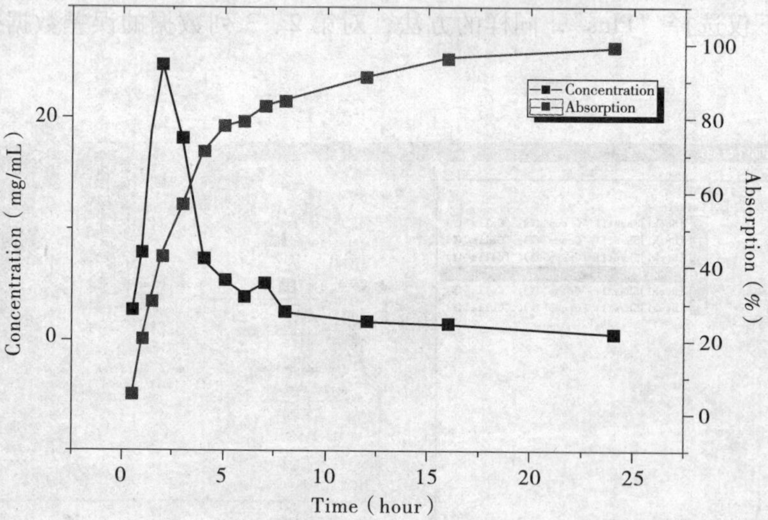

图 2-124

1) 如图 2-125 所示，输入数据、变量长名称及变量单位，选中所有三列数据，选择菜单【Plot】→【Multi-curve】→【Double-Y】;

2) 自动生成如图 2-124 所示的双 Y 轴图，适当调整图例（Legend）位置即可。

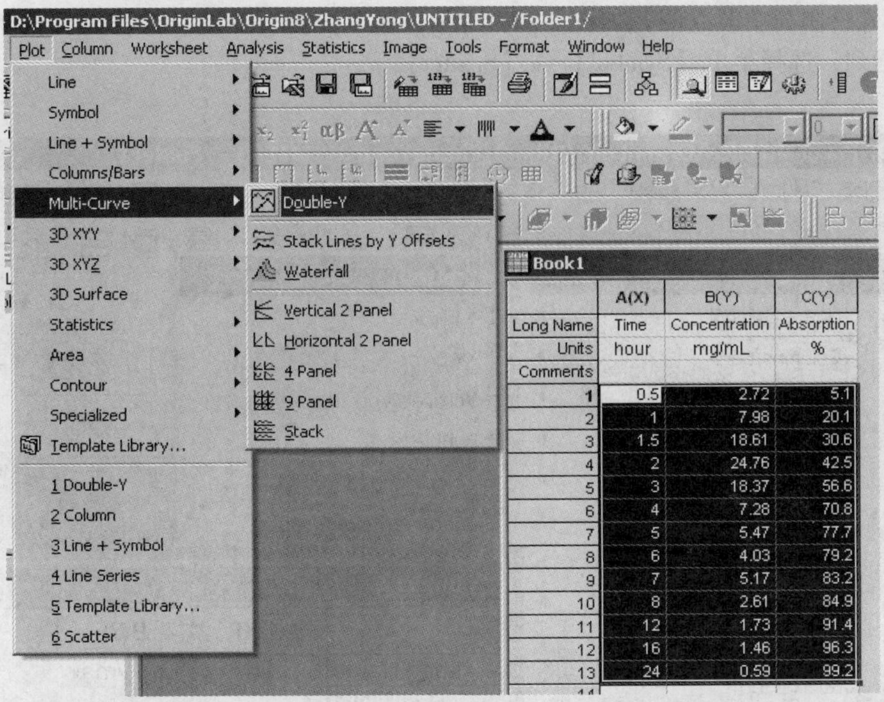

图 2-125

（8）带回归直线的散点图

以图 2-126 中所示的散点图为例，介绍带回归直线的散点图的制作过程。

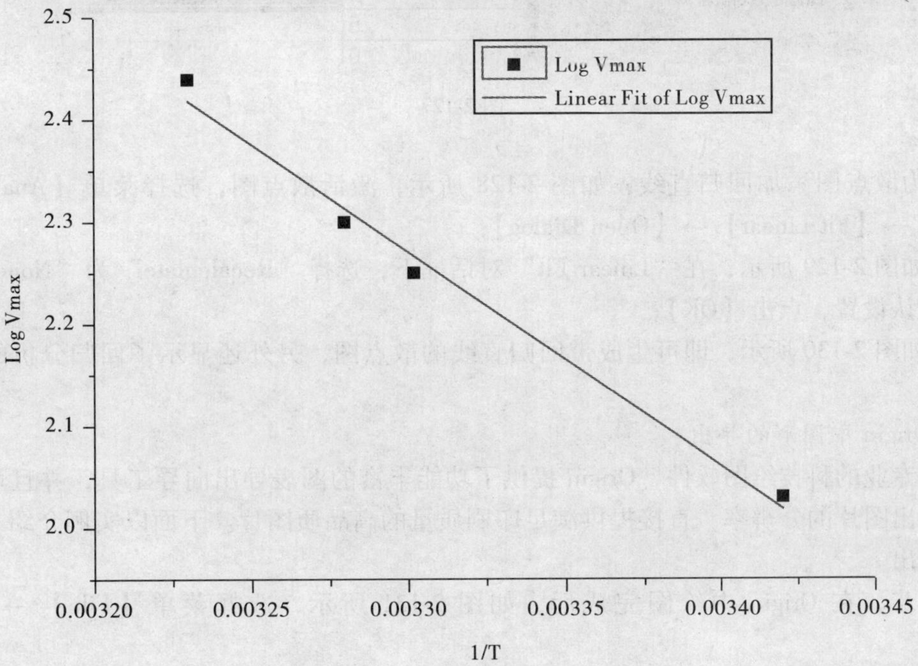

图 2-126

1）首先绘制简单散点图，如图 2-127 所示，输入数据、变量长名称及变量单位后，选中两列数据列，选择菜单【Symbol】→【Scatter】；

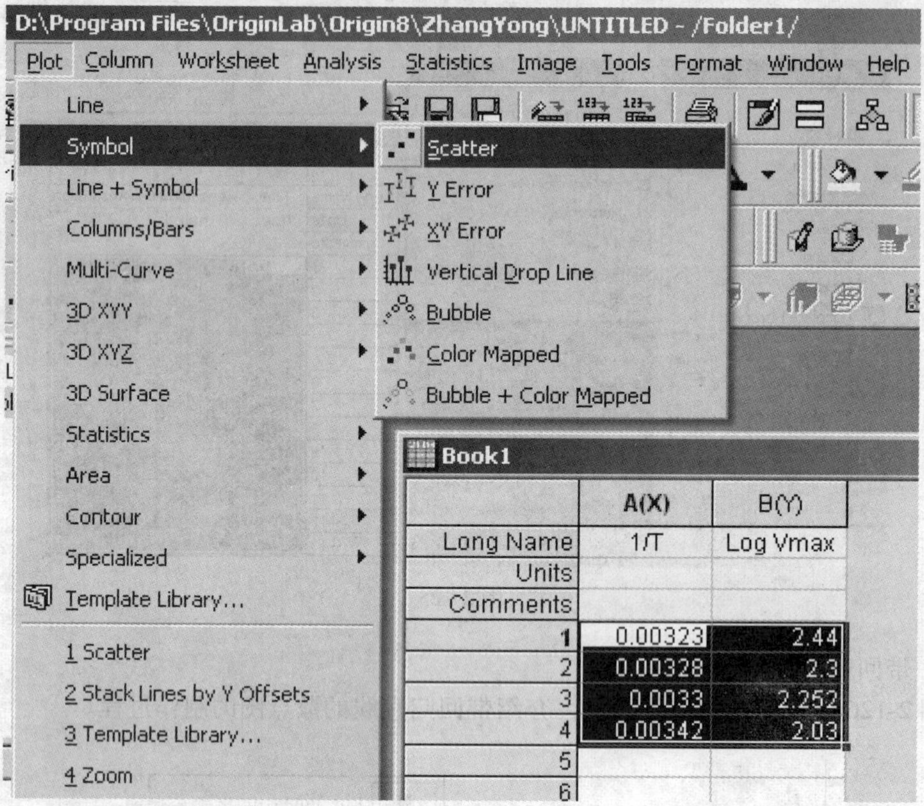

图 2-127

2）为散点图添加回归直线，如图 2-128 所示，激活散点图，选择菜单【Analysis】→【Fitting】→【Fit Linear】→【Open Dialog】；

3）如图 2-129 所示，在“Linear Fit”对话框下，选择“Recalculate”为“None”，其余选项为默认设置，点击【OK】；

4）如图 2-130 所示，即可生成带回归直线的散点图，另外还显示了回归分析的统计信息表格。

3. Origin 中图形的导出

作为专业的科技绘图软件，Origin 提供了功能丰富的图表导出向导工具，并且可以方便的设置导出图片的分辨率，直接提供满足印刷质量的高品质图片。下面以实例介绍 Origin 中的图形导出。

第一步，在 Origin 中绘图完成后，如图 2-131 所示，选择菜单【File】→【Export Graphs】；

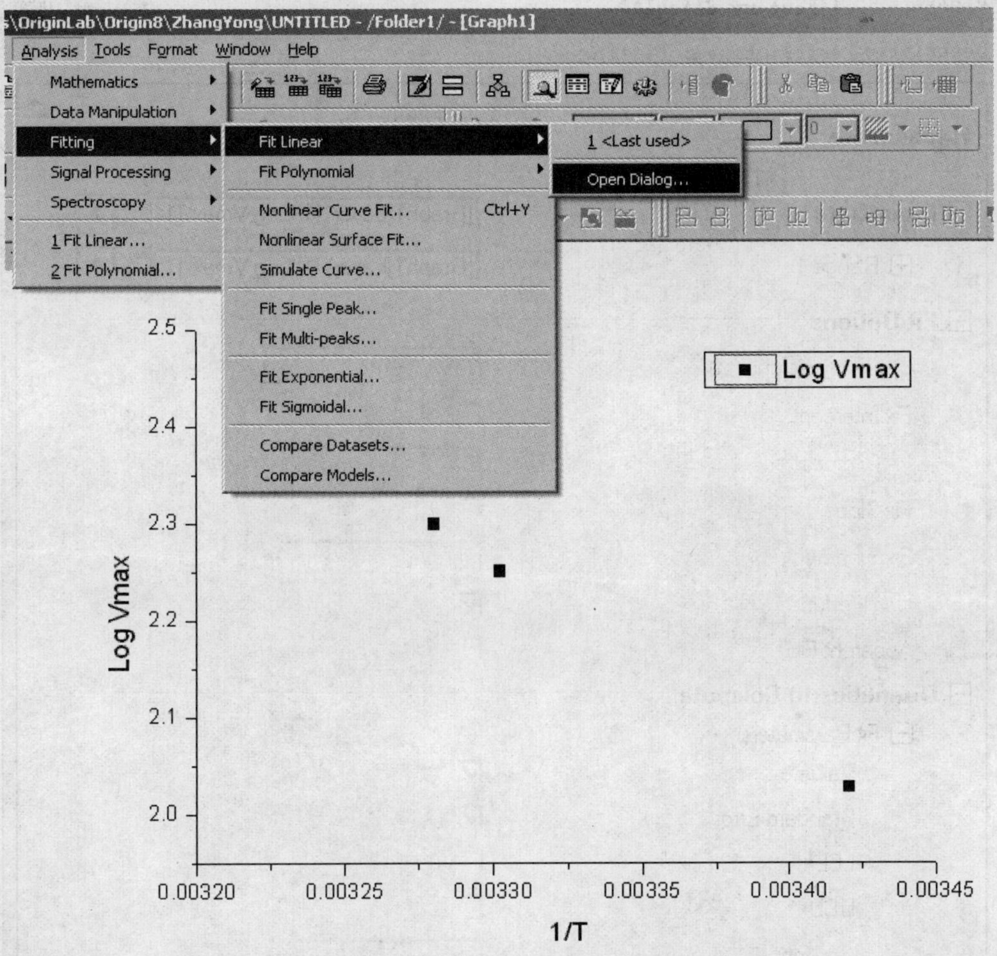
s\OriginLab\Origin8\ZhangYong\UNTITLED - /Folder1/ - [Graph1]
Analysis
Tools
Format
Window
Help
Mathematics
Data Manipulation
Fitting
Signal Processing
Spectroscopy
1 Fit Linear...
2 Fit Polynomial...
Fit Linear
Fit Polynomial
Nonlinear Curve Fit...
Ctrl+Y
Nonlinear Surface Fit...
Simulate Curve...
Fit Single Peak...
Fit Multi-peaks...
Fit Exponential...
Fit Sigmoidal...
Compare Datasets...
Compare Models...
1 <Last used>
Open Dialog...
Log Vmax
Log Vmax
1/T
2.5
2.4
2.3
2.2
2.1
2.0
0.00320
0.00325
0.00330
0.00335
0.00340
0.00345

图 2-128

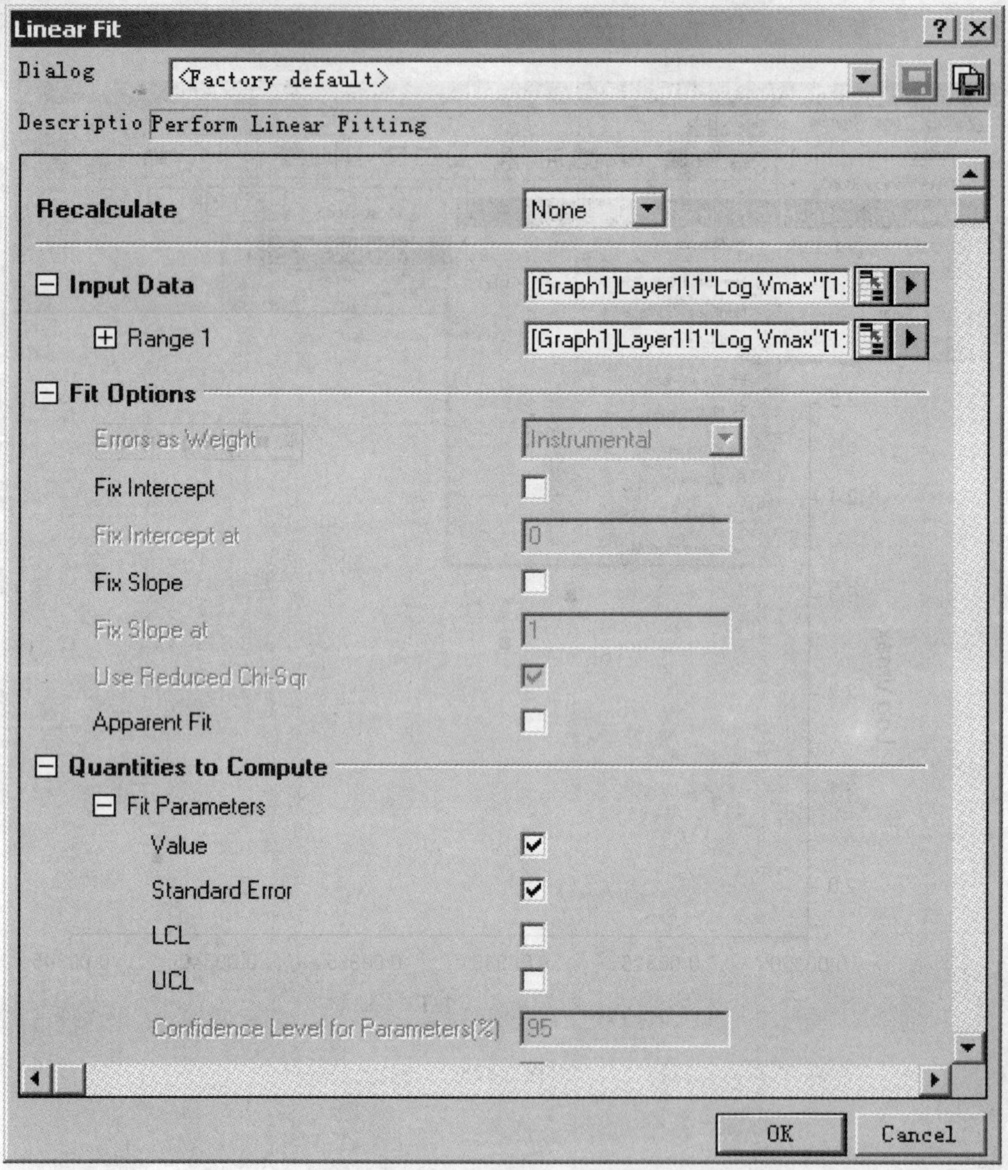
Linear Fit
Dialog
<Factory default>
Descriptio
Perform Linear Fitting
Recalculate
None
Input Data
[Graph1]Layer1!1"Log Vmax"[1:
Range 1
[Graph1]Layer1!1"Log Vmax"[1:
Fit Options
Errors as Weight
Instrumental
Fix Intercept
Fix Intercept at
0
Fix Slope
Fix Slope at
1
Use Reduced Chi-Sqr
Apparent Fit
Quantities to Compute
Fit Parameters
Value
Standard Error
LCL
UCL
Confidence Level for Parameters(%)
95
OK
Cancel

图 2-129

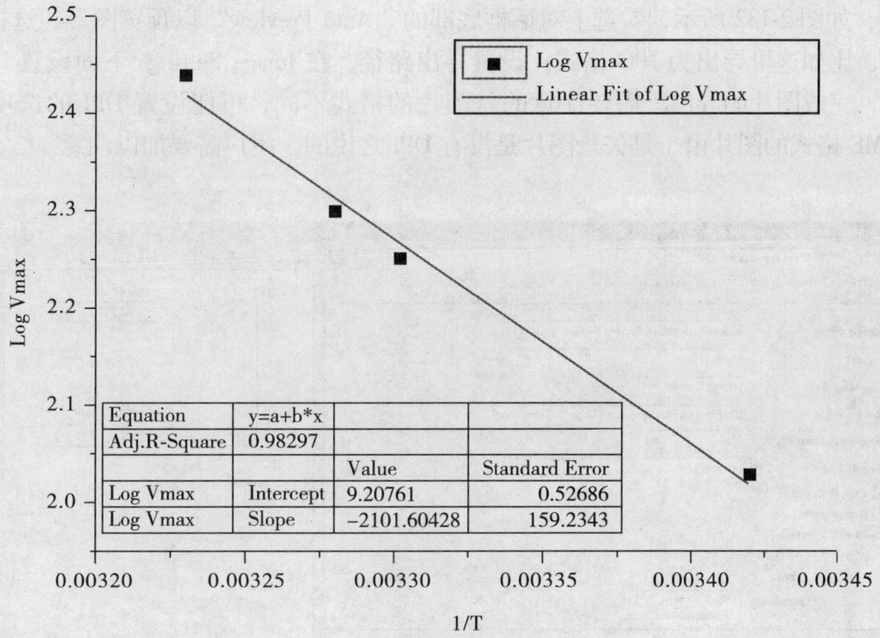
Log Vmax
Linear Fit of Log Vmax
2.5
2.4
2.3
2.2
2.1
2.0
Log Vmax
Equation | y=a+b*x
Adj.R-Square | 0.98297
Value | Standard Error
Log Vmax | Intercept | 9.20761 | 0.52686
Log Vmax | Slope | −2101.60428 | 159.2343
0.00320
0.00325
0.00330
0.00335
0.00340
0.00345
1/T

图 2-130

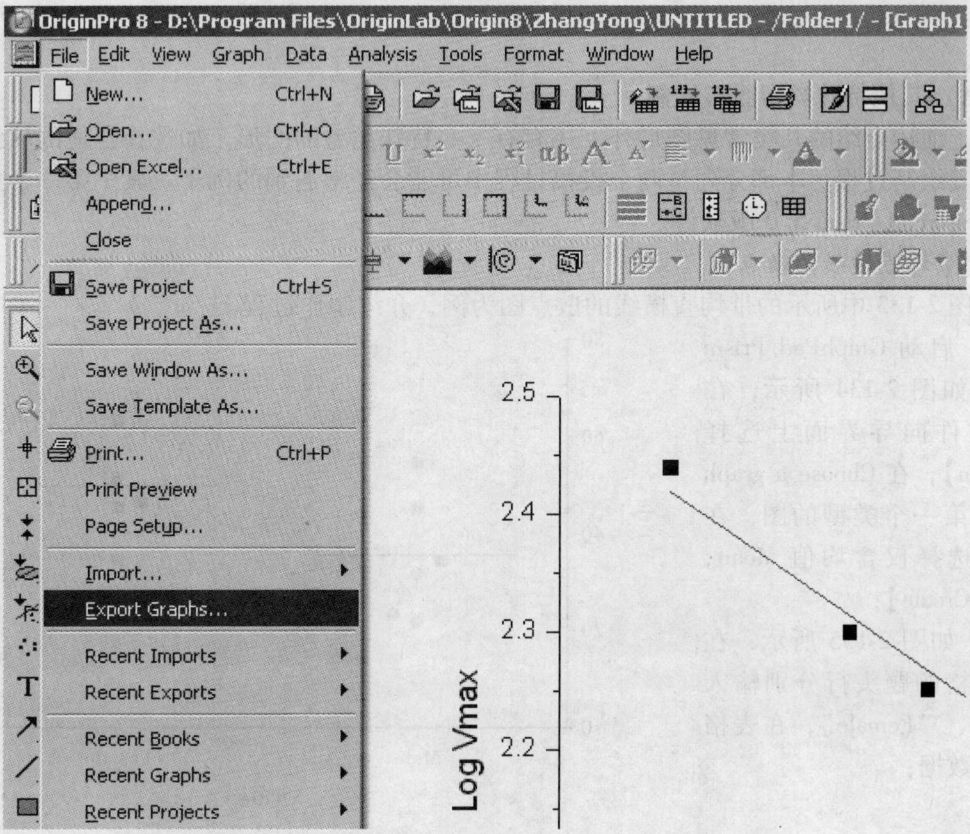
OriginPro 8 - D:\Program Files\OriginLab\Origin8\ZhangYong\UNTITLED - /Folder1/ - [Graph1
File
Edit
View
Graph
Data
Analysis
Tools
Format
Window
Help
New... Ctrl+N
Open... Ctrl+O
Open Excel... Ctrl+E
Append...
Close
Save Project Ctrl+S
Save Project As...
Save Window As...
Save Template As...
Print... Ctrl+P
Print Preview
Page Setup...
Import...
Export Graphs...
Recent Imports
Recent Exports
Recent Books
Recent Graphs
Recent Projects
2.5
2.4
2.3
2.2
Log Vmax

图 2-131

第二步，如图2-132所示，勾选上对话框底部的“Auto Preview”以预览图形，选择合适的导出图片格式，比如这里导出为JPG格式，设置导出路径，在Image Settings下面设置DPI为150，点击【OK】，完成图片的导出。需要注意的是图片的格式不同，可能设置DPI的选项也有所差异，例如EMF格式的图片由于是矢量图片是没有DPI之说的，用户需要加以注意。

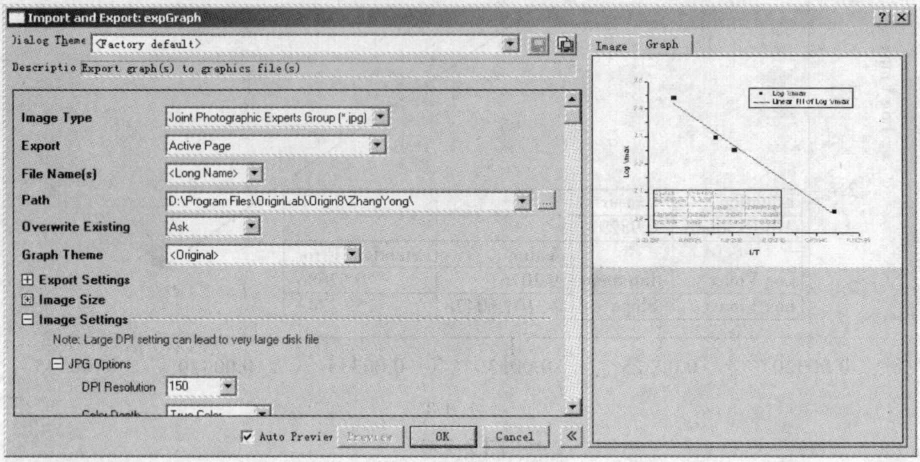

图2-132

（六）其他特殊类型图形绘制

除了前述介绍的几类常见图形外，还有有一些特殊类型的图形，如选择合适的软件将大大简化其绘制过程。本部分列举两个投稿过程中可能会经常遇到的例子。其中第一个例子会用到GraphPad Prism 5.0版软件。

1. 带均直横线的散点图

以图2-133中所示的带均直横线的散点图为例，介绍制作过程。

1）启动GraphPad Prism软件，如图2-134所示，在新建文件向导界面上选择【Column】，在Choose a graph下选择第一个类型的图，在Plot下选择仅含均值Mean，点击【Create】；

2）如图2-135所示，在数据表格的题头行分别输入“Male”、“Female”，在表格中输入数据；

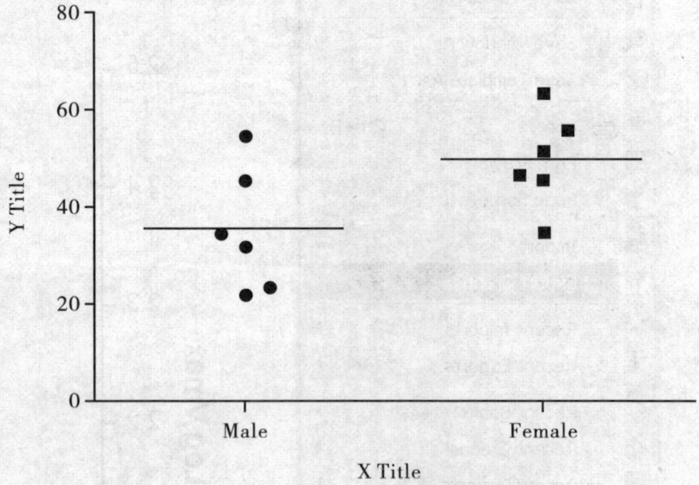

图2-133

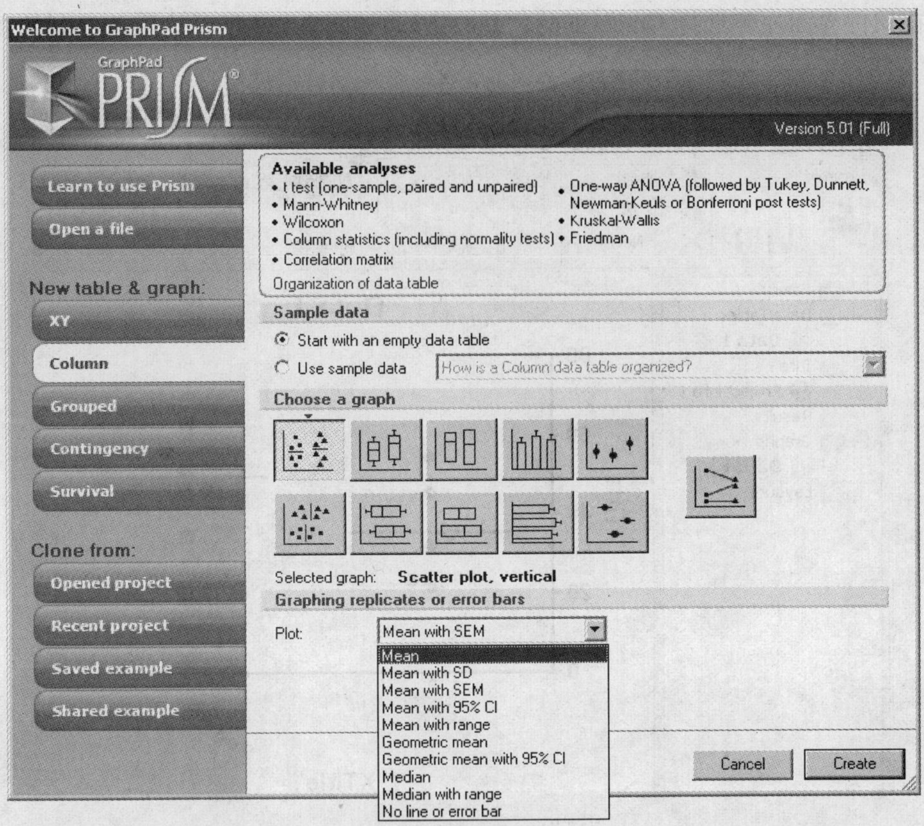
Welcome to GraphPad Prism
GraphPad PRISM
Version 5.01 (Full)
Learn to use Prism
Open a file
New table & graph:
XY
Column
Grouped
Contingency
Survival
Clone from:
Opened project
Recent project
Saved example
Shared example
Available analyses
• t test (one-sample, paired and unpaired)
• Mann-Whitney
• Wilcoxon
• Column statistics (including normality tests)
• Correlation matrix
• One-way ANOVA (followed by Tukey, Dunnett, Newman-Keuls or Bonferroni post tests)
• Kruskal-Wallis
• Friedman
Organization of data table
Sample data
Start with an empty data table
Use sample data
How is a Column data table organized?
Choose a graph
Selected graph: Scatter plot, vertical
Graphing replicates or error bars
Plot:
Mean with SEM
Mean
Mean with SD
Mean with SEM
Mean with 95% CI
Mean with range
Geometric mean
Geometric mean with 95% CI
Median
Median with range
No line or error bar
Cancel
Create

图 2-134

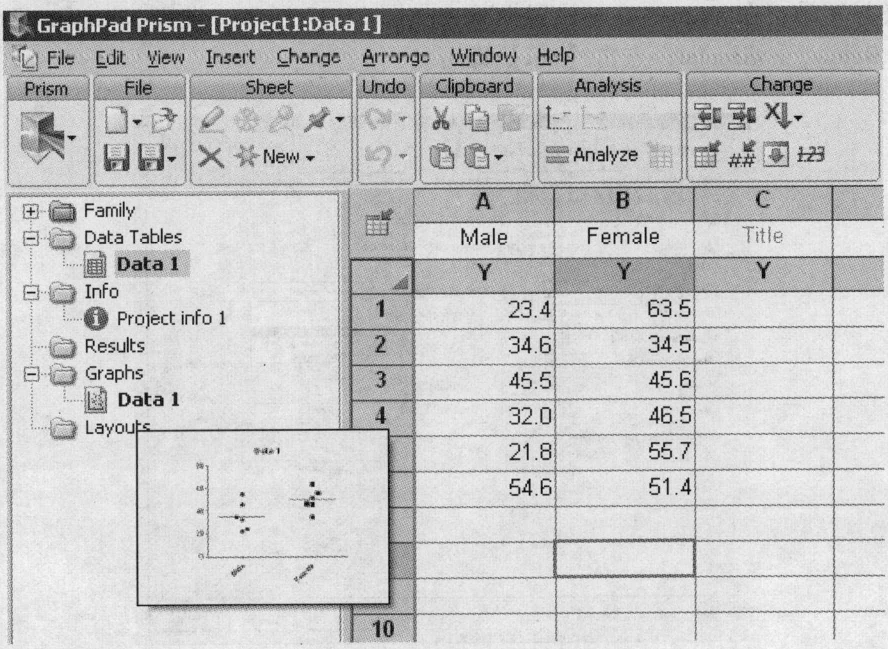
GraphPad Prism - [Project1:Data 1]
File Edit View Insert Change Arrange Window Help
Prism
File
Sheet
Undo
Clipboard
Analysis
Change
New
Analyze
Family
Data Tables
Data 1
Info
Project info 1
Results
Graphs
Data 1
Layouts
A
B
C
Male
Female
Title
Y
Y
Y
1
2
3
4
10
23.4
63.5
34.6
34.5
45.5
45.6
32.0
46.5
21.8
55.7
54.6
51.4

图 2-135

3）在软件界面左侧选择 Graph 下的“Data 1”，如图 2-136 所示为默认绘制的图；

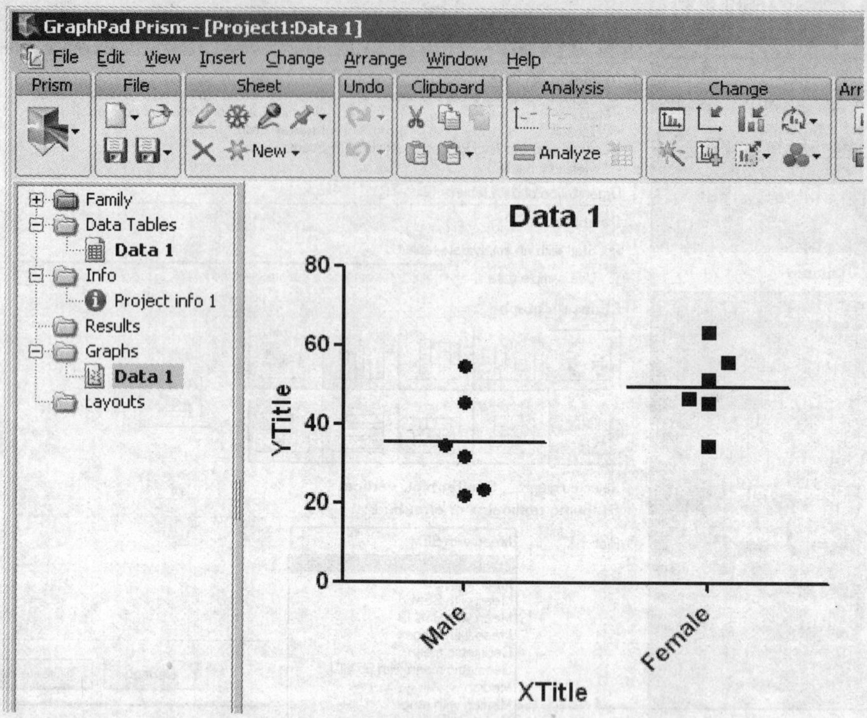

图 2-136

4）双击 X 轴，在 Format Axes 设置框下，如图 2-137 所示，设置 Location of numbering/labeling 为 Below，horizontal，点击【OK】即可。

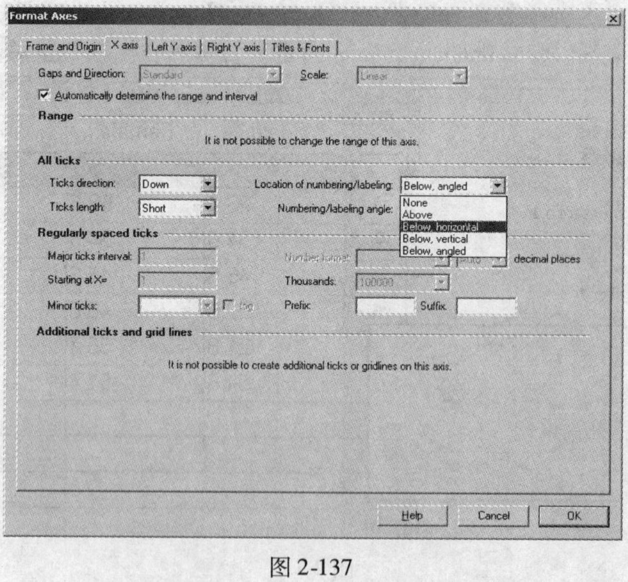

图 2-137

2. 统计差异星号的添加

借助 Origin、SigmaPlot 等很多绘图软件，都可以很简单地在已有图形基础上增加统计差异显著性的星号，以 SigmaPlot 为例介绍如下。

1）如图 2-138 所示，首先在 SigmaPlot 中绘制带误差线的柱形图，选择右侧工具条上的“Text”按钮，在图中适当位置输入星号“＊”和“＊＊”，并适当调整星号的大小；

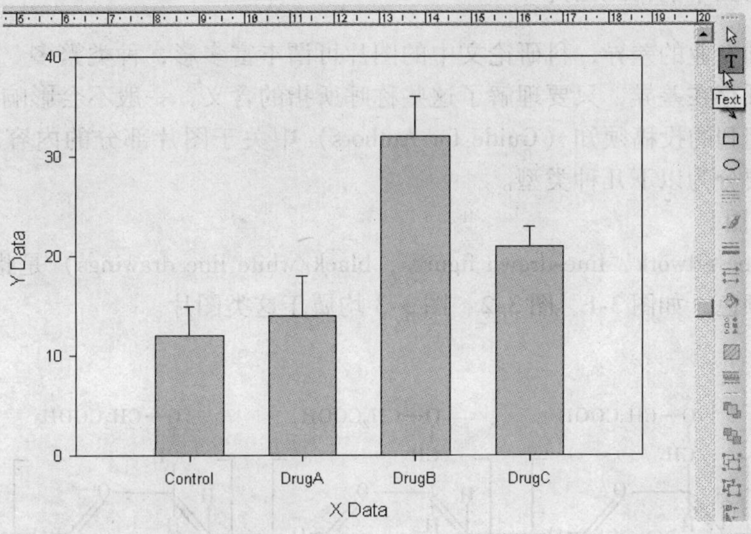

图 2-138

2）完成的效果如图 2-139 所示。

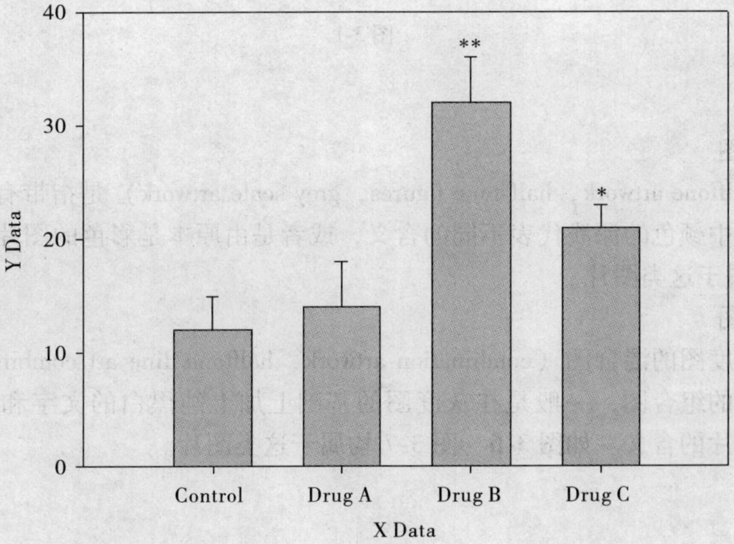

图 2-139

第三章　图片处理及软件应用

一、科研论文中的常见图片

由于学科和专业的差异，科研论文中的图片可谓丰富多彩，种类繁多。不同的期刊对图片的分类和称呼存在差异，只要理解了这些称呼所指的含义，一般不会影响投稿。总结和归纳大部分 SCI 期刊的投稿须知（Guide for Authors）中关于图片部分的内容，大致看来，论文中的图片主要分为以下几种类型。

（一）线条图

线条图（line artwork，line-drawn figures，black/white line drawings）是指简单的黑白图，没有中间灰度颜色，如图 3-1、图 3-2、图 3-3 均属于这类图片。

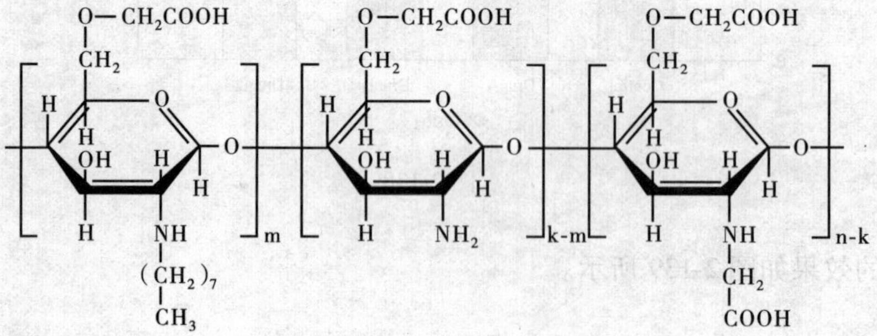

图 3-1

（二）灰度图

灰度图（halftone artwork，half-tone figures，grey scale artwork）是指带有颜色深浅差异的灰色图，灰度图中颜色的深浅代表不同的含义，或者是由原本是彩色的图片转换而来，如图 3-4、图 3-5 均属于这类图片。

（三）混合图

线条图与灰度图的混合图（combination artwork，halftone/line art combination）是指上述线条图与灰度图的组合图，一般是在灰度图的基础上加上纯黑白的文字和简单线条组合而成，用于标示图片的含义。如图 3-6、图 3-7 均属于这类图片。

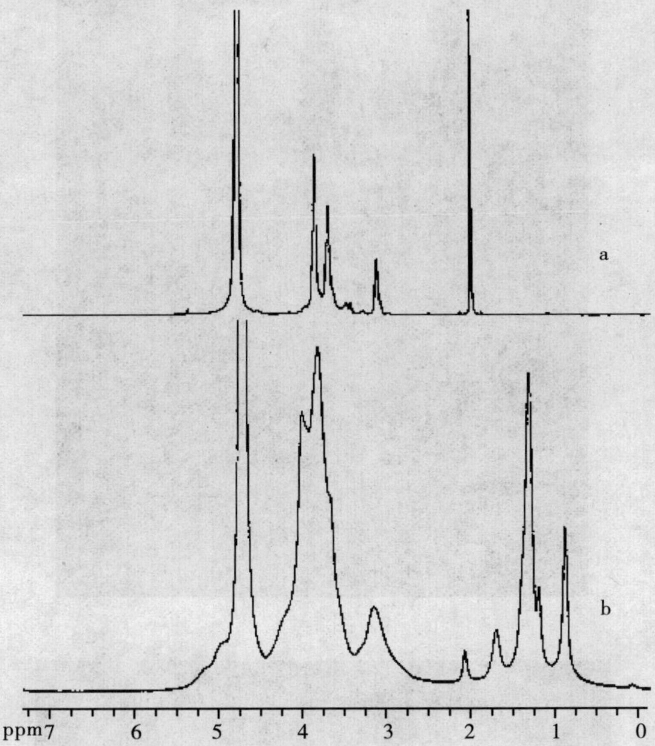
a
b
ppm 7
6
5
4
3
2
1
0

图 3-2

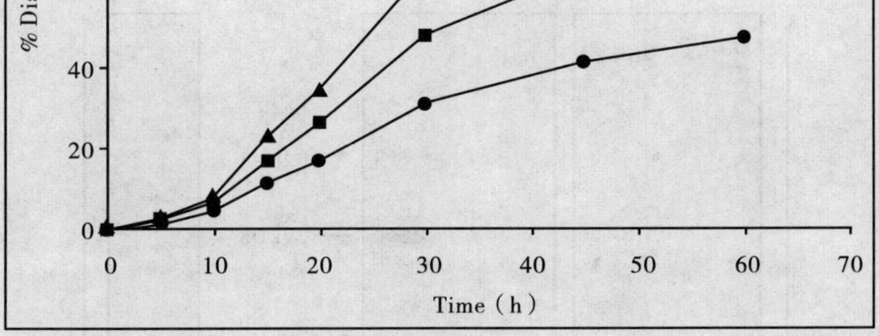
BSF
BSS
BTW
% Dissolved
120
100
80
60
40
20
0
0
10
20
30
40
50
60
70
Time（h）

图 3-3

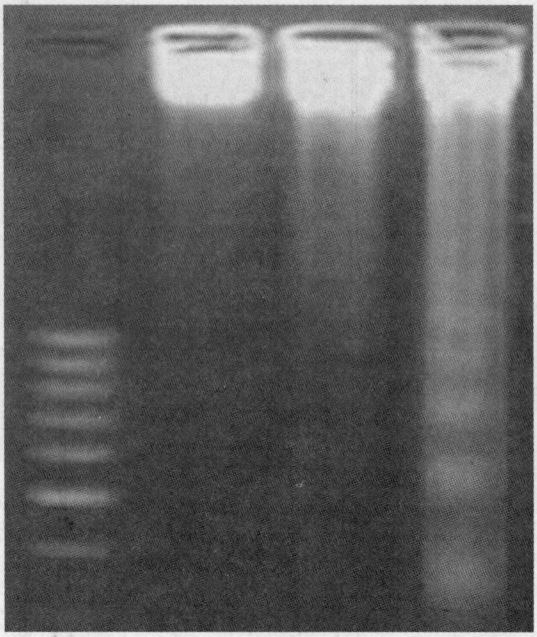

图 3-4

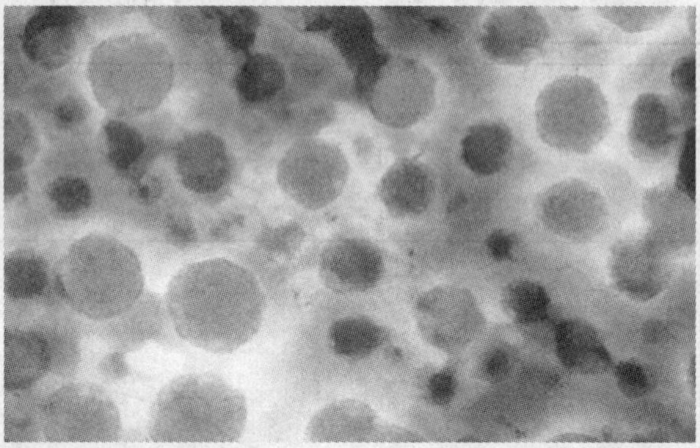

图 3-5

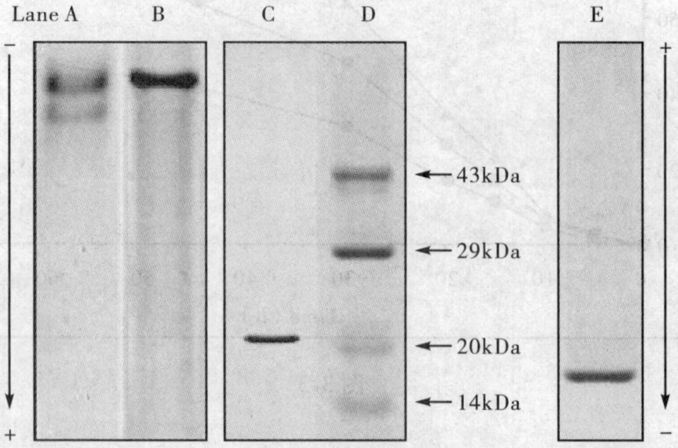

图 3-6

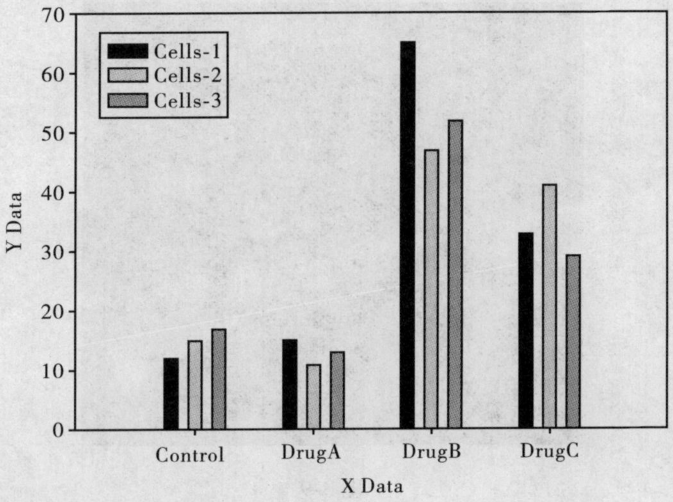

图 3-7

（四）彩色图

彩色图（color artwork，color images，color illustrations）从字面意义上很容易理解彩色图的含义，随着电子版论文越来越普及，彩色图在论文中的比率飞速增长，一些原本用黑白图或者灰度图就能描述的内容，有些作者为了从美观的角度出发，也会使用彩色图。显然，在简单彩色图的基础上添加简单线条或文字标注后原图片依然被称为彩色图。彩色图的种类非常繁多，如图 3-8、图 3-9 均属于这类图片，前者有时又称为 color line art。

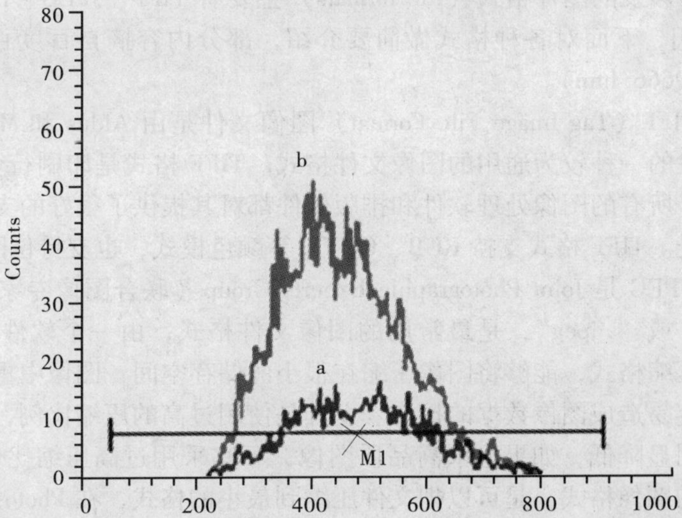

图 3-8

pEGFP-p53

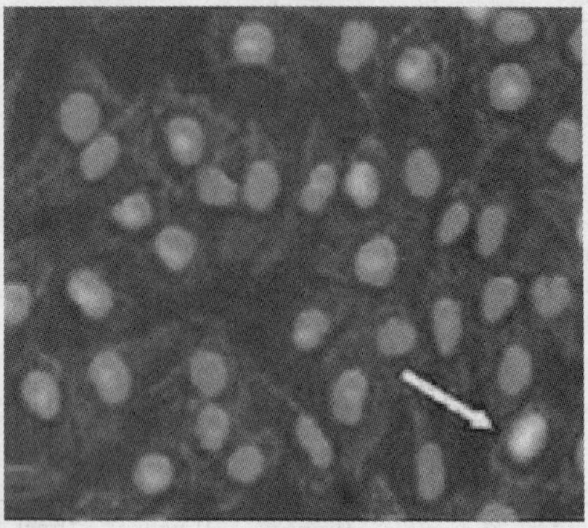

图 3-9

二、图片处理原则和要求

首先需要强调一个事实，即不同的杂志对图片的要求存在差异，即使是同一个出版集团比如 Elsevier 集团下的不同杂志间也可能存在差异，投稿前需要根据投稿须知仔细核对。但总的来说，期刊对投稿中图片的要求主要在以下几个方面，以 Elsevier 出版集团的通用要求为例加以介绍。限于篇幅，本节仅介绍常见投稿过程中可能涉及的内容，更详细的图像知识读者可以参见其他资料。

（一）图片格式

期刊投稿中常涉及的图片格式（file formats）主要有 TIFF、JPEG、EPS、PDF 等，其中 TIFF 格式较为常用，下面对各种格式做简要介绍，部分内容摘自百度百科（http://baike.baidu.com/view/19666.htm）。

TIFF 格式，TIFF（Tag Image File Format）图像文件是由 Aldus 和 Microsoft 公司为桌上出版系统研制开发的一种较为通用的图像文件格式。TIFF 格式是印刷行业标准的图像格式，通用性很强，几乎所有的图像处理软件和排版软件都对其提供了很好的支持，因此被绝大多数投稿系统所接受。TIFF 格式支持 RGB、CMYK 等颜色模式，也支持位图和灰度颜色模式。

JPEG 格式，JPEG 是 Joint Photographic Experts Group（联合图像专家组）的缩写，文件后辍名为“.jpg”或“.jpeg”，是最常用的图像文件格式，由一个软件开发联合会组织制定，是一种有损压缩格式，能够将图像压缩在很小的储存空间，图像中重复或不重要的资料会被丢失，因此容易造成图像数据的损伤。尤其是使用过高的压缩比例，将使最终解压缩后恢复的图像质量明显降低，如果追求高品质图像，不宜采用过高压缩比例。JPEG 格式是目前网络上最流行的图像格式，是可以把文件压缩到最小的格式，在 Photoshop 软件中以 JPEG 格式储存时，提供 13 级压缩级别，以 0－12 级表示。其中 0 级压缩比最高，图像品质最差。采用最高级别质量 12 级保存图片时，图片质量最高。一般用于投稿的图片建议至少采用 10 级以上的压缩。

EPS 格式，EPS 是 Encapsulated PostScript 的缩写，是跨平台的标准格式，扩展名是“. eps”，主要用于矢量图像和光栅图像的存储。EPS 格式采用 PostScript 语言进行描述，并且可以保存其他一些类型信息，因此 EPS 格式常用于印刷或打印输出。Photoshop 中的多个 EPS 格式选项可以实现印刷打印的综合控制，在某些情况下甚至优于 TIFF 格式。

PDF 格式，PDF 是 Portable Document Format 的缩写，译为可移植文件格式。严格的讲 PDF 格式并不是图像格式。PDF 文件格式的优点在于，文件格式与操作系统平台无关，也就是说，PDF 文件不管是在 Windows，Unix 还是在苹果公司的 Mac OS 操作系统中都是通用的。这一特点使它成为在 Internet 上进行电子文档发行和数字化信息传播的理想文档格式。越来越多的电子图书、产品说明、公司文告、网络资料、电子邮件开始使用 PDF 格式文件。PDF 格式文件目前已成为数字化信息事实上的一个工业标准。如前所述，PDF 格式并不是图像格式，只不过可以将图片保存在 PDF 文档里而用于上传至投稿系统。Photoshop 提供了直接保存为 PDF 格式的功能。

DOC 格式，DOC 格式就是指 Word 文档格式，和 PDF 格式一样，DOC 格式也不是图片格式，但在一些杂志的投稿系统中可以将图片逐一保存在单个的 Word 文档中，然后逐一上传 Word 文档。

值得注意的是，除了专业图片编辑软件如 Photoshop，Illustrator 外，前节介绍的绘图软件 SigmaPlot、Origin 和 GraphPad Prism 也可以直接导出为绝大部分上述格式的图片文件。

（二）颜色模式

常见的颜色模式（Color Mode）有 RGB 模式、CMYK 模式、灰度模式等。

RGB 模式，是由 Red（红）、Green（绿）、Blue（蓝）三种基本色彩可以配制出 1670 万种颜色，它的混色原理是以颜色加法产生各种不同的颜色。大多数杂志据接受 RGB 颜色模式的图片，即使是黑白的线条图也可以放心地使用 RGB 模式。

CMYK 模式，它是一种基于印刷处理的颜色模式。由于印刷机采用青（Cyan）、洋红（Magenta）、黄（Yellow）、黑（Black）四种油墨来组合出一幅彩色图像，因此 CMYK 模式就由这四种用于打印分色的颜色组成。CMYK 模式的混色原理是颜色减法，一般用于彩色印刷输出的分色处理方面。早期很多杂志从控制印刷质量的角度出发会指定需要 CMYK 格式的图片，但随着更多的杂志有在线出版电子文档，而电子文档更适合使用 RGB 模式，所以目前 RGB 模式更易于被大多数杂志接受。

灰度模式（Grayscale Mode），即通常所说的黑白模式，在灰度图像中，每一个像素以 8 位元表示，这样就有 256 种灰度，在灰度图像中没有彩色，所以在 Photoshop 当把彩色图像转换成灰度图像时，系统会出现警告信息，询问是否要舍弃图像中的彩色成分。因为这种操作是不可逆的。从印刷成本考虑，有些期刊会要求作者尽量将可以使用灰度模式表示的图尽量使用灰度模式，而不要用彩色图片。

上述几种颜色模式，在 Photoshop 里可以相互转换，但模式的变换将有可能造成色彩的损失，并且有些色彩损失是不可逆的，例如从彩色图片转换为灰度模式图片后，就不可能在返回为原来的彩色图片，因此在模式转换时需要特别谨慎。

（三）分辨率

分辨率（Resolution）是与图像质量相关的最重要特征。有必要在这里将相关概念做详细介绍。

1. 什么是分辨率？什么是 DPI？

DPI（dot per inch）是度量分辨率大小的一个标示，DPI 表示分辨率，指每英寸长度上的点数（1 inch 英寸 =25.4 mm 毫米）。DPI 又可细分为水平分辨率和垂直分辨率，例如一张 1 英寸 ×1 英寸的图片，如果它的水平分辨率是 100DPI，垂直分辨率是 50DPI，那么就是说，它水平每英寸分成 100 小段，垂直每英寸分成 50 小段，就像米尺上的一格格那样。这张图总共有 100×50 =5000 个格子，这张图片共有 5000 像素。由于它的水平分辨率和垂直分辨率不相等，所以每个像素是一个微小的长方形。所以像素实际上是一个面积的概念，而因为一般电脑/数码相机等生产出来的图片都是水平分辨率和垂直分辨率相等，每个像素是个微小的正方形，所以就讲成“DPI 表示每英寸长度上的像数数目”，其实就是“每英寸长度上的点数”了。

每个像素的面积大小由生产工艺决定，工艺越高，每个像素面积越小，每平方英寸屏幕上就能容纳更多的像素，DPI 值就越高，图像就越精细，像素小到人眼分辨不出的地步了，图像看起来就跟实际的没有分别了。

数码相机的“多少万像素”的概念就是这样来的，比如说，一个相机最大可以拍出 1600 像素 ×1200 像素的相片，它的像素值就是 1600×1200 = 192 万，约等于 200 万，这就是一台 200 万像素的数码相机了。

比如期刊投稿所要求的 300DPI 就表示屏幕上水平和垂直的方向上每英寸的长度上都有 300 个点。

2. 如何查看图片的分辨率？

借助很多软件都可以查看图片的分辨率，也可以不借助任何软件直接在 Windows 下查看图片的 DPI，具体操作如下：在 Windows 中，找到图片文件，右键选择【属性】，在属性对话框中的“摘要”选项卡下点击【高级】，如图 3-10 所示，即可查看图片的分辨率，

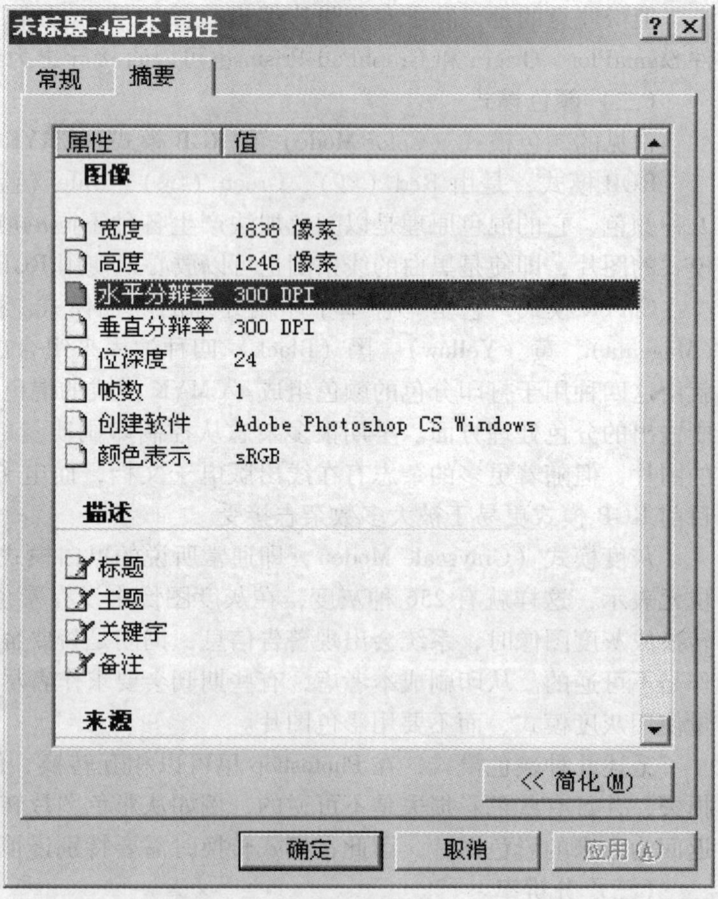

图 3-10

该图显示图片的分辨率为300DPI。

3. 为何不同场合对分辨率要求不同?

DPI原来是印刷上的记量单位，意思是每个英寸上，所能印刷的网点数（Dot Per Inch）。但随着数字输入，输出设备快速发展，大多数的人也将数字影像的解析度用DPI表示，但较为严谨的人可能注意到，印刷时计算的网点（Dot）和电脑显示器的显示像素（Pixel）并非相同，所以较专业的人士，会用PPI（pixel per inch）表示数字影像的解析度，以区分二者。

但投稿的图片最终是要被印刷出来的，为了达到印刷出版的要求，所以杂志社会对图片的投稿有要求，根据图片类型的不同，一般要不同程度的高于电脑屏幕默认的DPI。

常见的图片分辨率有72、96、300、600、1200 DPI等。显示器分辨率：顾名思义，它是指一台显示器一英寸能显示的最大像素数，这一参数是由显示器的点距所决定的，无法改变。计算公式是1英寸÷点距，例如，常见的0.26点距CRT显示器分辨率就是25.4÷0.26≈97（1英寸=25.4毫米）。为了照顾一些老式低点距彩显，业界将72 DPI和96 DPI作为电脑显示器标准分辨率。

根据上述知识可以得到两点结论：一是图片输出的清晰程度取决于图片本身的分辨率与设备分辨率中较小的那个，二是当一张图片用于显示器显示输出时，图片分辨率不超过120 DPI就足够了（按0.22点距计算），但要想把细节打印出来，至少需要比打印设备的分辨率高出一些才行，而300 DPI就是这个限度，这就是为什么一些纸质介质的杂志社总要求图片分辨率最低为300 DPI甚或更高的原因。

根据印刷行业的一般规则，300 DPI是印刷常用值、72 DPI是户内喷画最低值、23.125 DPI是户外喷画的最低值。这也就是为什么期刊投稿系统一般会要求最小300 DPI的图像质量。

4. 常用软件的默认分辨率是多少?

Word，Excel默认的DPI是96，Photoshop新建文件默认的DPI是72，当然这些都可以改变。在Word中打开菜单【工具】→【选项】→【常规】→【Web选项】→【图片】，会看到Word默认的显示分辨率为96 DPI，换句话说，假如一张300 DPI的图片插入到Word中后，Word会认为它最终使用96 DPI的显示器进行显示并自动将图片以96 DPI进行压缩。这样做的结果是，原来每英寸上要有300个像素才能恰好达到最佳效果，而现在被合并为每英寸96个像素，图片按比例缩小，大量细节丢失。但由于Word并未对图片重新采样保存，只是将众多的像素点相互重叠，所以从原理上讲，只要将缩小的图片按一定的比例放大，使像素点不再重叠，就可以还原为原来的DPI。放大多少倍？很简单300/96=3.125倍。怎么放大？选中图片后右键【设置自选图形格式】→【大小】→【缩放/锁定纵横比】，注意这仅仅是从显示外观上做改变，实际图片的分辨率修改需要借助软件才可以，这在后面部分介绍。

最后，需要说明的是并不是所有格式的图片文件都有分辨率，比如矢量格式EMF格式的图片就不存在分辨率。常见的期刊投稿对不同类型的图形分辨率要求一般有所不同。例如Elsevier的通用图片处理指南中所述如下：

当单独保存图片为TIFF文件时，需要满足以下要求：

line artwork = minimum of 1000dpi

halftone artwork = minimum of 300dpi

combination artwork（line/tone）=minimum of 500dpi

当保存图片为 PDF 文件时，需要满足以下要求：

Make sure that any artwork within the source document is at the appropriate, minimum, resolution: 300 dpi for halftones, 500 dpi for combinations（line art and halftone together）and 1000 dpi for line art. These resolutions will be retained in the PDF creation process if the above job options are used.

当保存图片在 Word 文件时，需要满足以下要求：

Make sure that any artwork placed into MS Office applications is at the appropriate minimum resolution: 300 dpi for halftones, 500 dpi for combinations（line art and halftone together）and 1000 dpi for line art. Do not reduce or enlarge any images after placement in an MS Office application, as this can lead to loss of image quality.

（四）图片大小

图片大小（size）是指图片的尺寸大小，而不是图片文件的所占有的磁盘空间大小。由于一般出版期刊的文字部按分两栏排版，小的图片会被安排在半栏之内，而稍大的图片会通栏（跨栏）排版。从便于排版印刷的角度出发，期刊投稿一般会要求单个图片的宽度有所限制，如果是半栏图片一般会限制宽度为 75mm 或者 80mm，如果是通栏图片限制宽度为 170mm，当然也可能是其他尺寸，图片的高度一般不做特别限制。

实际投稿中只要做到单个图片长宽比例适中，稿件中所有图片便于安排成半栏或通栏，期刊的技术编辑一般对图片的尺寸要求并不是很严格，当然由于图片缩小后一般不影响品质，而放大后可能影响图片质量，所以投稿时上传的图片宜大不宜小。

（五）字体和线条

除了上述几项要求外，从美观和便于印刷角度看，图片中的文字注释字体（Font）一般适宜以下几种格式：Arial，Courier，Helvetica，Times，Symbol；图片中的线条粗细一般要控制在 0.35 pt 至 1.5 pt 之间，太粗或太细均欠妥；另外一个整块图形中的局部图形和局部图形之间的距离也要恰当安排。当然，这些都是细节上的考虑，都没有硬性的要求，具体设置要投稿人自己根据一定的审美原则进行把握。

三、Photoshop 在图片处理中的应用

（一）图片处理实例

1. 调整图片尺寸

调整图片大小有两种方式，一种是从原有图片中剪裁一小部分出来，还有一种是将原有图片整体缩小，下面分别介绍。

（1）实例 1-从原图片中剪裁小图片

如图 3-11 所示，选中需要裁剪出来的局部图片，选择菜单【图像】→【裁切】即可。

（2）实例 2-将原有图片拖动缩小

图 3-11

1）在 Photoshop 中打开需要调整大小的图片，在“图层面板下”双击“背景”层，如图 3-12 所示，点击【确定】将背景层转换为正常图层；

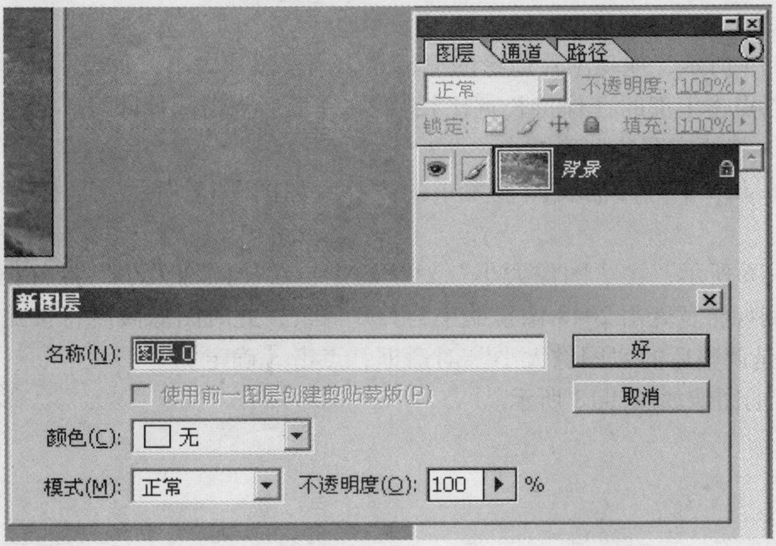

图 3-12

2）如图3-13所示，在【工具】窗口上选择矩形选框工具，然后在图层1图片上，右键选择【自由变换】；

图3-13

3）如图3-14所示，拖动图片边缘的编辑点，调整图片大小，直至满意，如要锁定图片的长宽比，可以点击上部的【保持长宽比】，调整完成后双击图片即可。

（3）实例3-将原有图片精确缩小

1）在Photoshop中打开需要调整大小的图片，如图3-15所示，选择菜单【图像】→【图像大小】；

2）如图3-16所示，在“图像大小”对话框中，在“图像大小”控件框中调整图片的宽度和高度，例如将宽度由2048像素缩小为500像素，此时图像高度将按比例缩小为375，如图3-17所示是调整后的“图像大小”对话框，点击【确定】；

3）调整后的图像如图3-18所示。

Adobe Photoshop
文件(F) 编辑(E) 图像(I) 图层(L) 选择(S) 滤镜(T) 视图(V) 窗口(W) 帮助(H)
X: 887.7 Y: 751.8 W: 67.2% H: 67.2% 0.0 度 H: 0.0
IMG_3998.JPG @ 25% (图层 0, RGB/8)

图 3-14

Adobe Photoshop
文件(F) 编辑(E) 图像(I) 图层(L) 选择(S) 滤镜(T) 视图(V) 窗口(W) 帮助(H)
消除锯齿
样式:
正常
模式(M)
调整(A)
复制(D)...
应用图像(Y)...
计算(C)...
图像大小(I)...
画布大小(S)...
像素长宽比(X)
旋转画布(E)
裁切(P)
修整(R)...
显示全部(V)
陷印(T)...

图 3-15

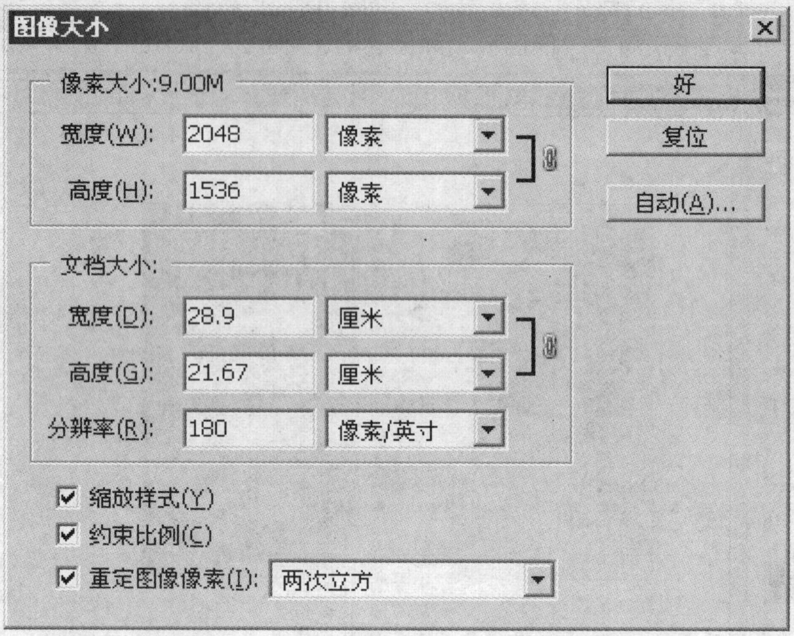
图像大小
像素大小:9.00M
宽度(W): 2048 像素
高度(H): 1536 像素
文档大小:
宽度(D): 28.9 厘米
高度(G): 21.67 厘米
分辨率(R): 180 像素/英寸
缩放样式(Y)
约束比例(C)
重定图像像素(I): 两次立方
好
复位
自动(A)...

图 3-16

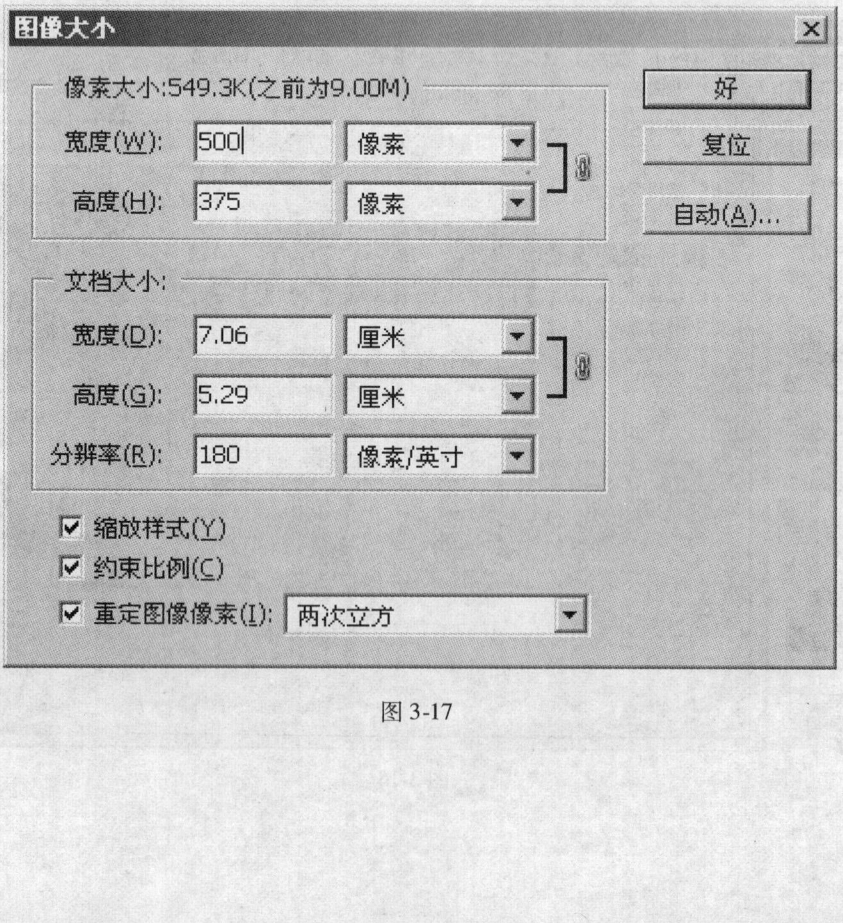
图像大小
像素大小:549.3K(之前为9.00M)
宽度(W): 500 像素
高度(H): 375 像素
文档大小:
宽度(D): 7.06 厘米
高度(G): 5.29 厘米
分辨率(R): 180 像素/英寸
缩放样式(Y)
约束比例(C)
重定图像像素(I): 两次立方
好
复位
自动(A)...

图 3-17

图 3-18

2. 调整图片分辨率

在 Photoshop 中调整图片分辨率有两种方法，一种是在建立图片文件时预先设置图片的分辨率，另一种是在原有图片的基础上调整分辨率。由于 SigmaPlot、Origin 等软件在导出图片时都可以直接设置分辨率，而常见的 Excel 软件由于不具备设置图片分辨率的功能，推荐第一种方法以便于投稿人自己设置图片的分辨率。另外，在调整图片分辨率的时候，图片质量会发生不可逆的变化，因此需要谨慎操作或预先做好文件备份。

(1) 实例 1-预先设置图片分辨率

1) 在 Excel 中绘制好图形后，由于 Excel 默认的分辨率仅有 96 DPI，较一般期刊投稿要求偏低，因此如要提高分辨率，首先得先将图片的尺寸尽量拉大，但要注意保持图片适当的长宽比例，如图 3-19 所示，右键选择【复制】;

2) 打开 Photoshop 软件，选择菜单【文件】→【新建】，如图 3-20 所示，在“新建”对话框中，默认的文件分辨率是 72，这里可以设置为分辨率 600，点击【确定】;

3) 如图 3-21 所示，选择菜单【编辑】→【粘贴】;

4) 粘贴完成后，即可生成分辨率是 600 DPI 的图片，如图 3-22 所示，选择菜单【图像】→【图像大小】，在“图像大小”即可查看图片信息。这里可以看出随着图片分辨率的增大，其尺寸变得比较小，宽度仅有 2. 8 cm，这里的尺寸是图片的实际尺寸，即用打印机打印出来的真实尺寸。需要注意的是，尽管从显示屏上看图片并不小，但实际尺寸是按照像素计算的，设置 600 DPI 的分辨率，由于 Excel 默认的分辨率是 96 DPI，相当于将图片缩小了 600/96 =6.25 倍，这也是为什么在第一步要求将图片尽量拉大后再进行复制的原因；

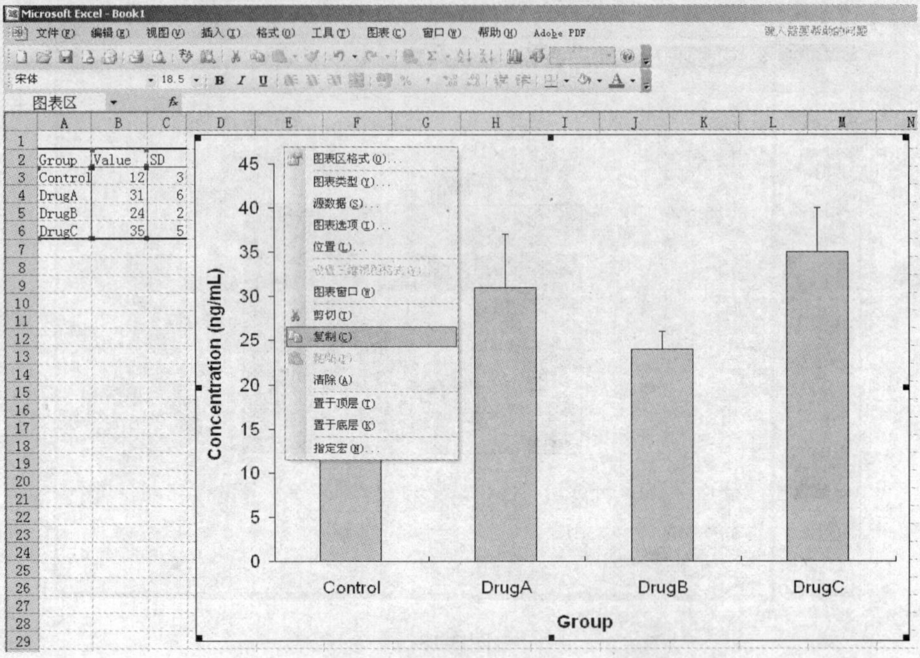

图 3-19

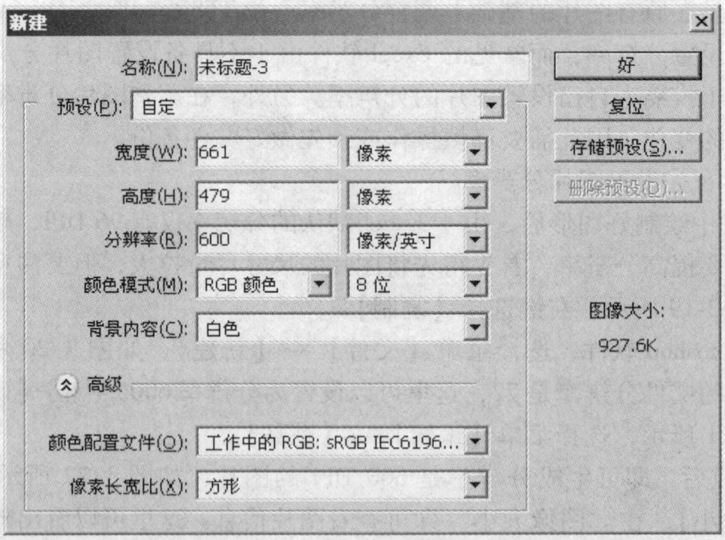

图 3-20

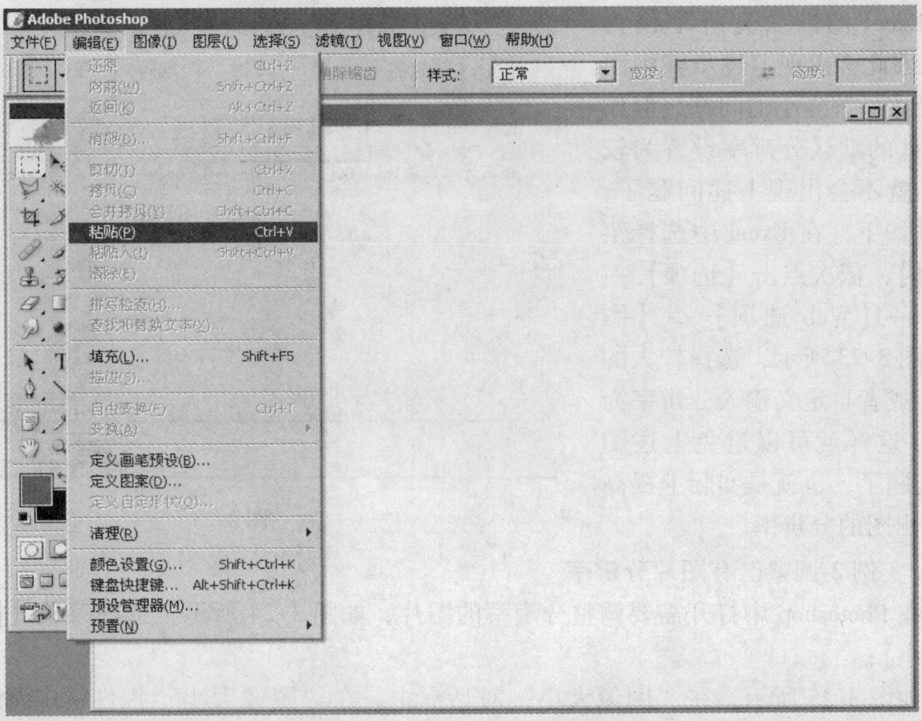
Adobe Photoshop
文件(F) 编辑(E) 图像(I) 图层(L) 选择(S) 滤镜(T) 视图(V) 窗口(W) 帮助(H)
样式: 正常
粘贴(P) Ctrl+V
填充(L)... Shift+F5
定义画笔预设(B)...
定义图案(D)...
清理(R)
颜色设置(G)... Shift+Ctrl+K
键盘快捷键... Alt+Shift+Ctrl+K
预设管理器(M)...
预置(N)

图 3-21

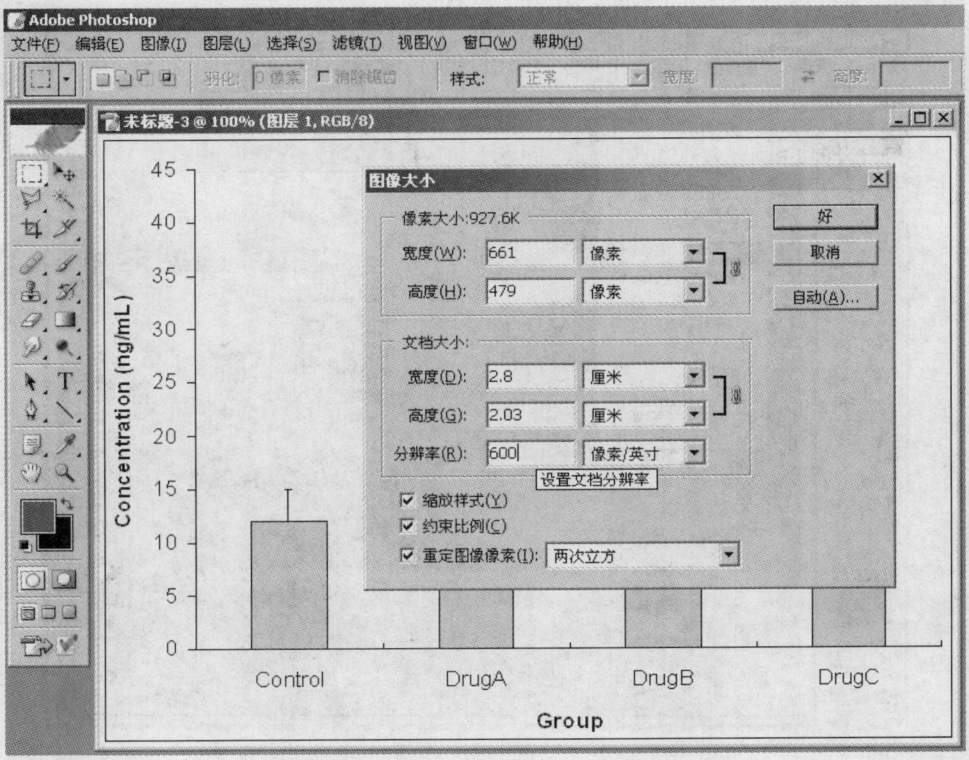
Adobe Photoshop
文件(F) 编辑(E) 图像(I) 图层(L) 选择(S) 滤镜(T) 视图(V) 窗口(W) 帮助(H)
样式: 正常
未标题-3 @ 100% (图层 1, RGB/8)
图像大小
像素大小:927.6K
宽度(W): 661 像素
高度(H): 479 像素
文档大小:
宽度(D): 2.8 厘米
高度(G): 2.03 厘米
分辨率(R): 600 像素/英寸
设置文档分辨率
缩放样式(Y)
约束比例(C)
重定图像像素(I): 两次立方
好
取消
自动(A)...
Concentration (ng/mL)
45
40
35
30
25
20
15
10
5
0
Control
DrugA
DrugB
DrugC
Group

图 3-22

5）Excel 的默认分辨率仅为 96 DPI，因此会出现上述步骤中图片实际尺寸显著变小的问题，但如果将 Excel 的默认分辨率设置为较大的值，就不会出现上述问题了，设置方法如下，在 Excel 中选择菜单【工具】，依次点击【选项】→【常规】→【Web 选项】→【图片】，如图 3-23 所示，选择较大的分辨率，或者自定义输入分辨率为 600 DPI，这样就可以避免上述图片缩小问题了，也就是实际上提高了 Excel 出图的分辨率。

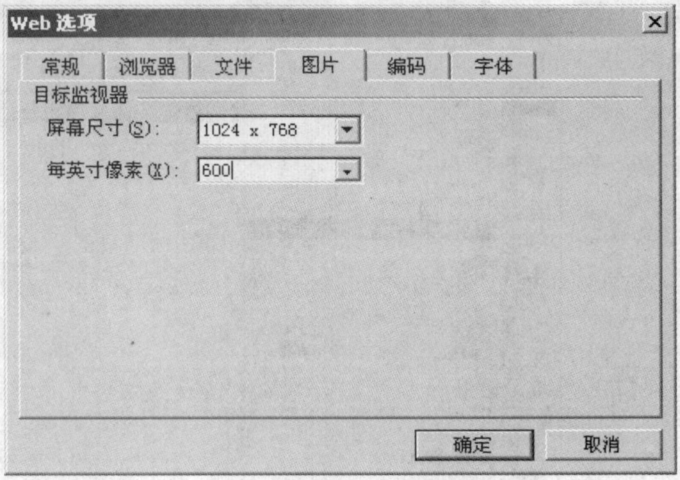

图 3-23

（2）实例 2-调整已有图片分辨率

1）在 Photoshop 中打开需要调整分辨率的图片，如图 3-24 所示，选择菜单【图像】→【图像大小】；

2）如图 3-25 所示，在“图像大小”对话框中，在“图像大小”控件框中调整图片的分辨率，例如将分辨率有 180 DPI 调整为 300 DPI，如图 3-26 所示是调整后的“图像大小”

图 3-24

对话框，点击【确定】，由于分辨率提高，调整后的图片看起来要比原来稍大，并且局部细节会稍显模糊，当然，这需要仔细查看才能察觉出来，如前所述，这种变化是不可逆的，即使再将分辨率调整为 180 DPI，也无法还原为原有的效果。

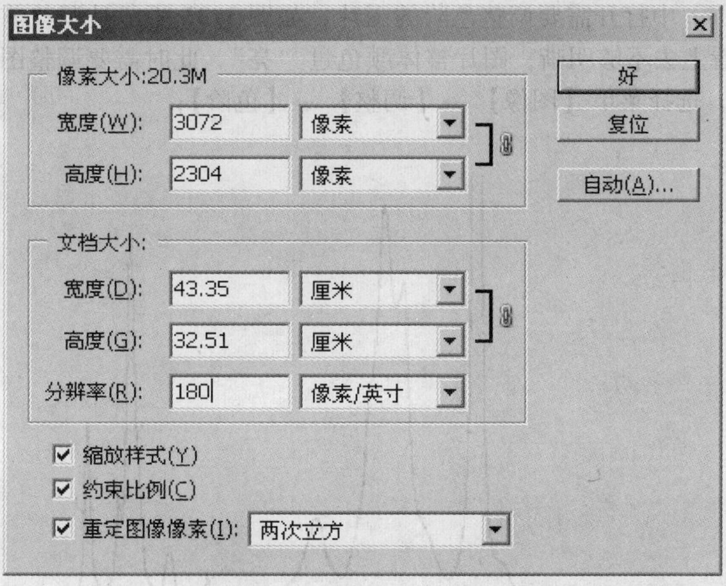

图 3-25

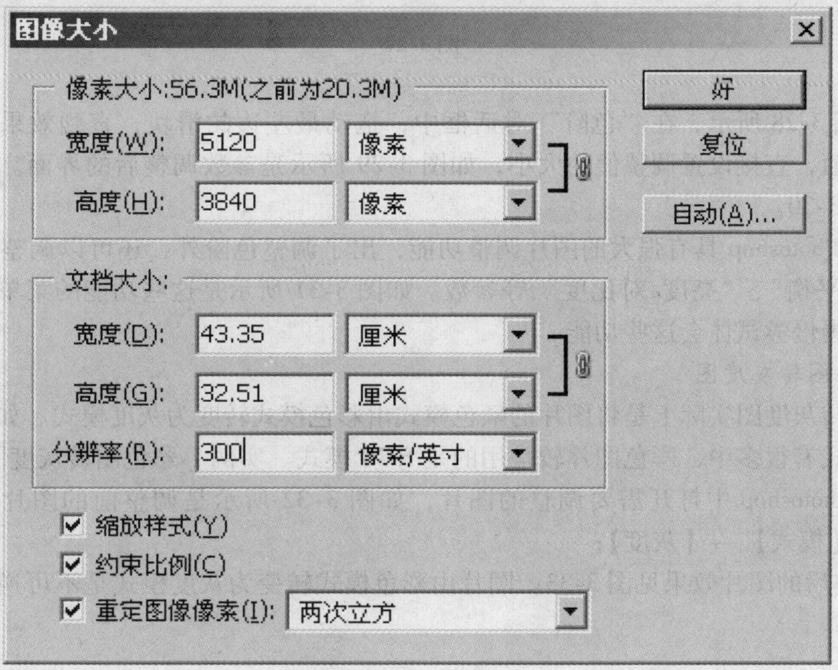

图 3-26

3. 调整图片颜色

图片的颜色调整较为复杂，因为涉及颜色的信息有很多，要更好的理解这些参数的含义及其对图片实际效果的影响，需要用户多次尝试，慢慢体会，才能有所收获。下面仅列举一个较典型的例子。实例1-调整图片色阶。

1）在Photoshop中打开需要调整色阶的图片，如图3-27所示是调整前的图片，由于是线条图，但线条看上去不够明晰，图片整体颜色过“亮”，此时需要调整图片的色阶，即降低“白色”部分，选择菜单【图像】→【调整】→【色阶】；

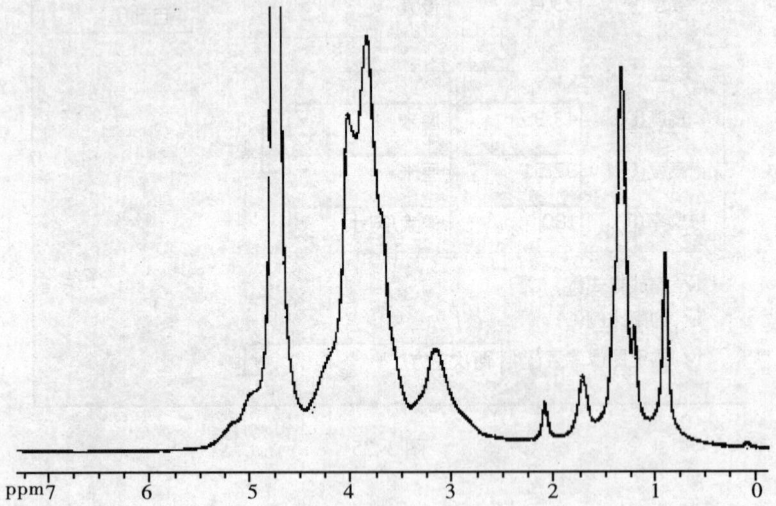

图3-27

2）如图3-28所示，在“色阶”对话框中，拖动最左边的滑块，直到效果满意，或者也可输入数值，直接设置调整值的大小，如图3-29所示是参数调整后的界面。调整后的图片效果见图3-30。

实际上Photoshop具有强大的图片调整功能，出了调整色阶外，还可以调整图片的“曲线”、“色彩平衡”、“亮度/对比度”等参数。如图3-31所示是这些功能的菜单项，有兴趣的读者可以慢慢尝试体会这些功能。

4. 彩色图转灰度图

彩色图转灰度图实际上是将图片的颜色模式由彩色模式转变为灰度模式。如前所述，图片的颜色模式有很多中，彩色图片较常用的是RGB模式。实例1-彩色图转灰度图。

1）在Photoshop中打开需要调整的图片，如图3-32所示是调整前的图片，选择菜单【图像】→【模式】→【灰度】；

2）调整后的图片效果见图3-33。图片由彩色模式转变为灰度模式是不可逆操作，需谨慎进行。

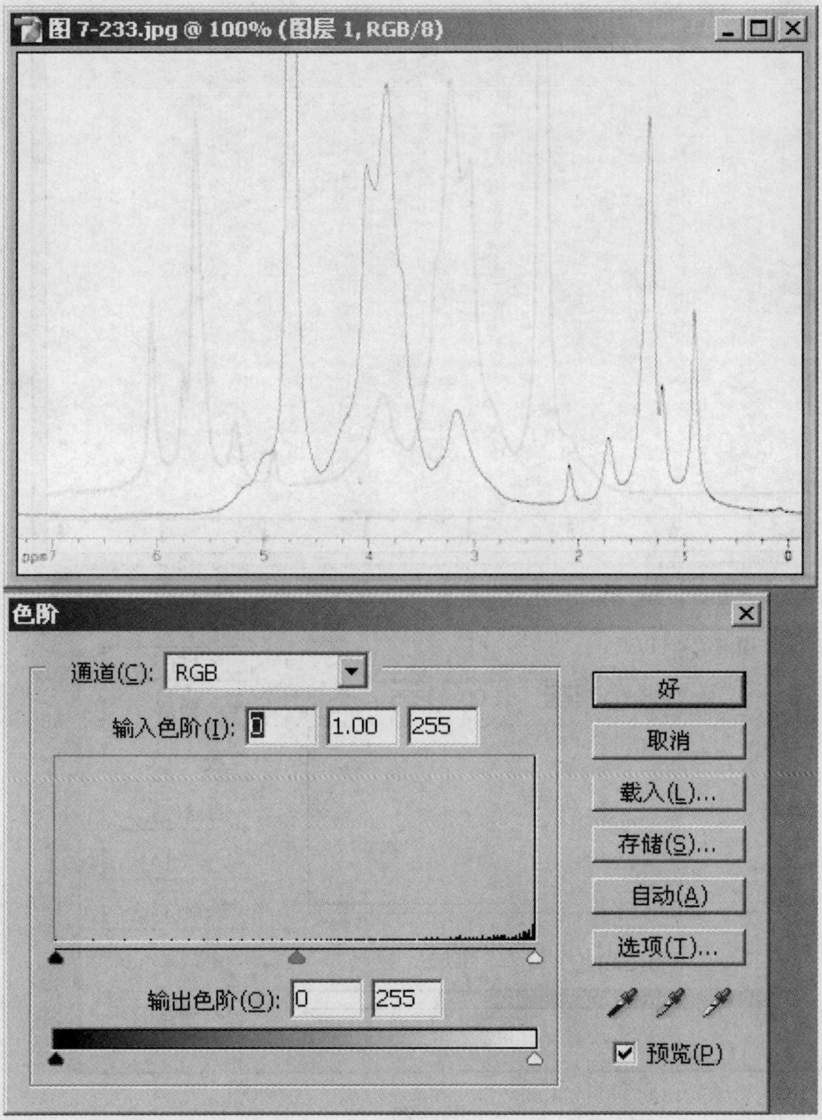
图 7-233.jpg @ 100% (图层 1, RGB/8)
ppm 7
6
5
4
3
2
1
0
色阶
通道(C): RGB
输入色阶(I): 0 1.00 255
输出色阶(O): 0 255
好
取消
载入(L)...
存储(S)...
自动(A)
选项(T)...
预览(P)

图 3-28

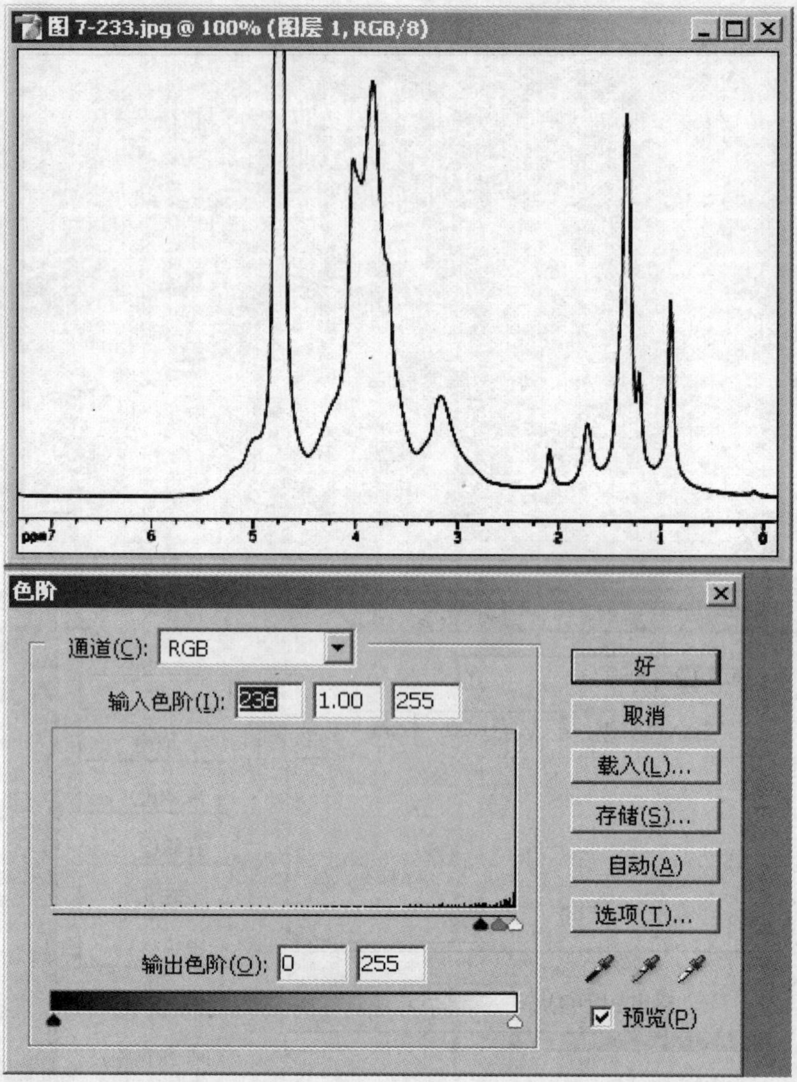
图 7-233.jpg @ 100% (图层 1, RGB/8)
ppm 7
6
5
4
3
2
1
0
色阶
通道(C): RGB
输入色阶(I): 236 1.00 255
输出色阶(O): 0 255
好
取消
载入(L)...
存储(S)...
自动(A)
选项(T)...
预览(P)

图 3-29

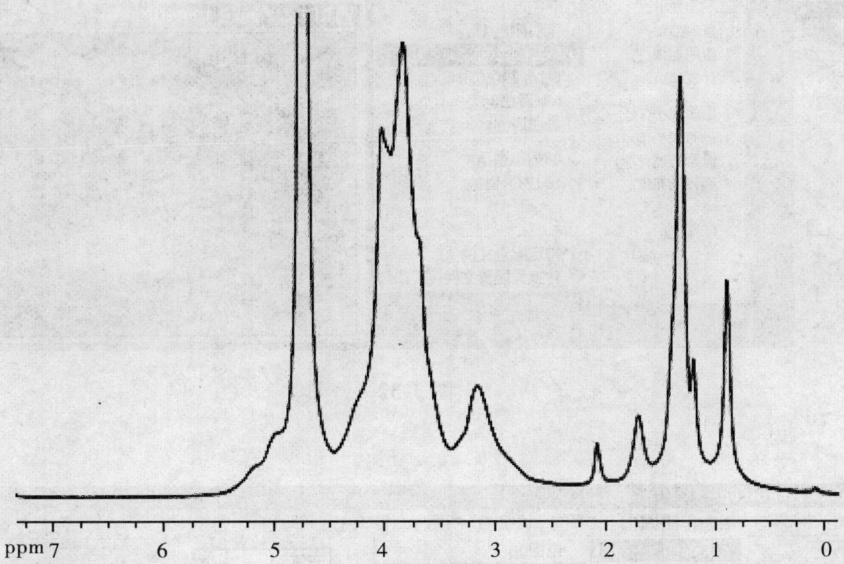
ppm 7
6
5
4
3
2
1
0

图 3-30

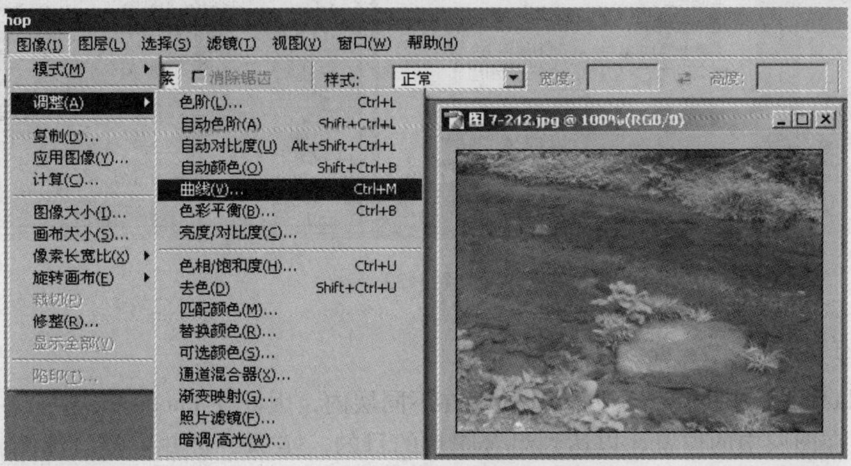
图像(I)
图层(L)
选择(S)
滤镜(T)
视图(V)
窗口(W)
帮助(H)
模式(M)
调整(A)
复制(D)...
应用图像(Y)...
计算(C)...
图像大小(I)...
画布大小(S)...
像素长宽比(X)
旋转画布(E)
裁切(P)
修整(R)...
显示全部(V)
陷印(T)...
消除锯齿
样式:
正常
宽度:
高度:
色阶(L)... Ctrl+L
自动色阶(A) Shift+Ctrl+L
自动对比度(U) Alt+Shift+Ctrl+L
自动颜色(O) Shift+Ctrl+B
曲线(V)... Ctrl+M
色彩平衡(B)... Ctrl+B
亮度/对比度(C)...
色相/饱和度(H)... Ctrl+U
去色(D) Shift+Ctrl+U
匹配颜色(M)...
替换颜色(R)...
可选颜色(S)...
通道混合器(X)...
渐变映射(G)...
照片滤镜(F)...
暗调/高光(W)...
图 7-242.jpg @ 100%(RGB/8)

图 3-31

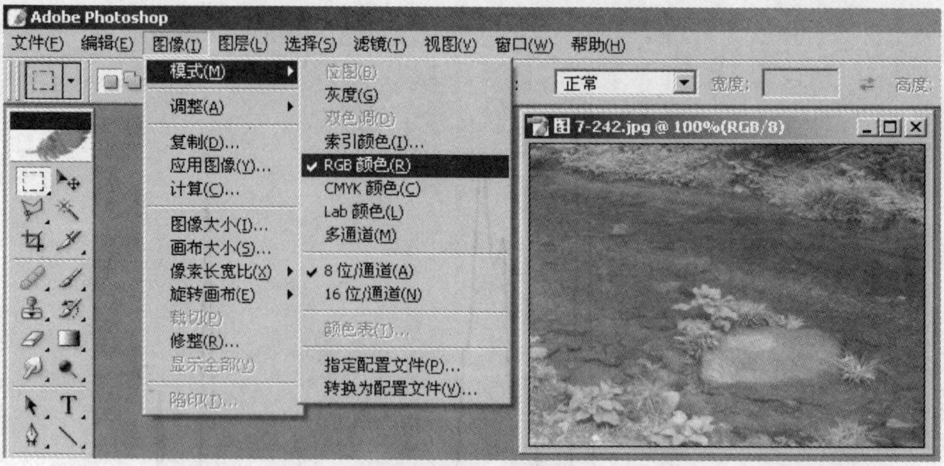

图 3-32

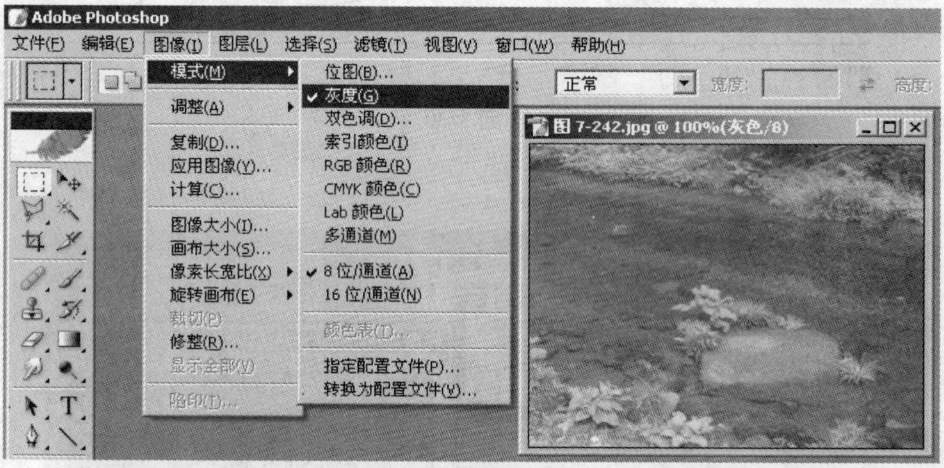

图 3-33

5. 组合多幅图片

由于 Photoshop 中可以将不同图片放置在不同层内，因此在 Photoshop 中合并图片实际就是调整图片在图层中的位置，以达到组合图片的目的。实例 1-合并三幅电泳图，作为演示，暂不添加文字标识。

1）在 Photoshop 中打开需要合并的三幅图片，如图 3-34 所示新建一个图片文件，图片的大小可以适当设置得大一些；

2）分别拷贝三幅图片至新建的图片文件，拷贝后的效果见图 3-35，可见三幅图片分别存放在不同的图层，点击相应的图层前的小眼睛图标即可显示或隐藏该图层，显示全部三个图层，然后点击工具条上的“移动工具”按钮，即可移动相应的图片，移动过程中，注意组合使用 Shift，Ctrl，Alt 键可以精确控制移动的方向；

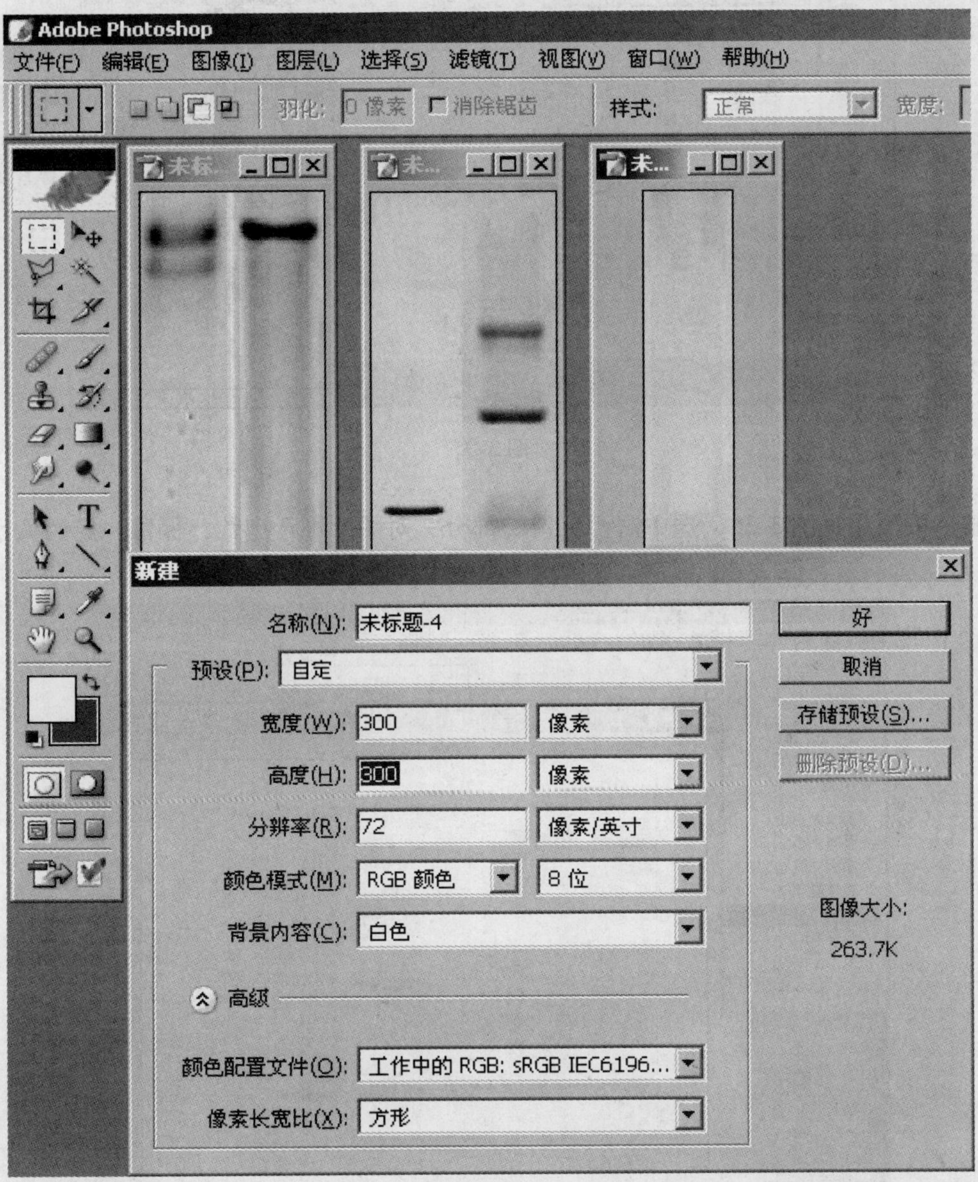
Adobe Photoshop
文件(F) 编辑(E) 图像(I) 图层(L) 选择(S) 滤镜(T) 视图(V) 窗口(W) 帮助(H)
羽化: 0 像素
消除锯齿
样式: 正常
宽度:
新建
名称(N): 未标题-4
预设(P): 自定
宽度(W): 300 像素
高度(H): 300 像素
分辨率(R): 72 像素/英寸
颜色模式(M): RGB 颜色 8 位
背景内容(C): 白色
高级
颜色配置文件(O): 工作中的 RGB: sRGB IEC6196...
像素长宽比(X): 方形
好
取消
存储预设(S)...
删除预设(D)...
图像大小:
263.7K

图 3-34

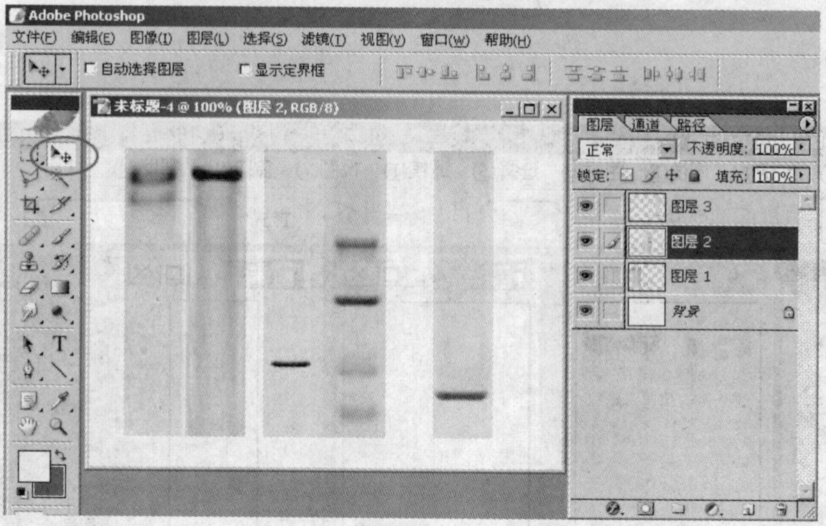

图 3-35

3）调整后的效果见图 3-36，选中需要保留的部分，对图片进行剪裁，保留一定的大小；

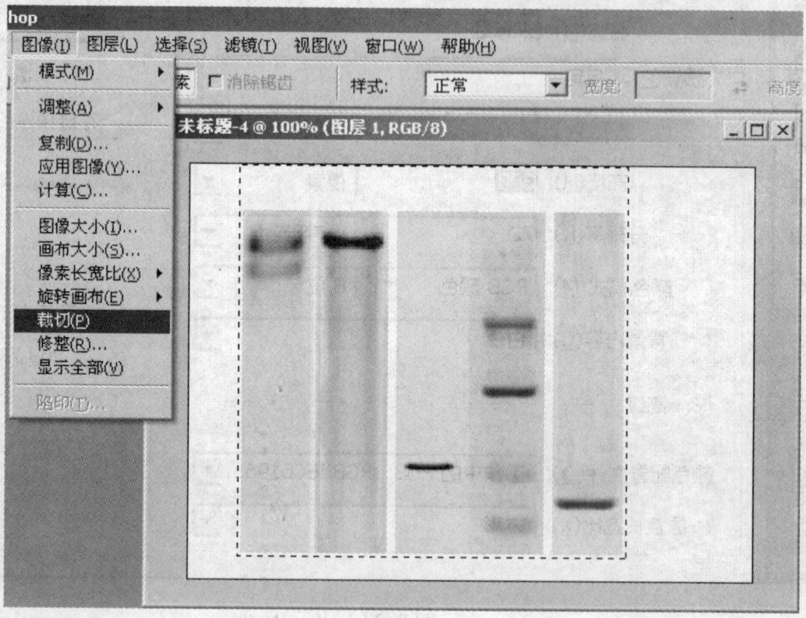

图 3-36

4）最终组合完成后的效果见图 3-37。

6．为图片添加文字注释

在 Photoshop 中为图片添加文字注释、线条链接甚至箭头指示都非常方便，并且可以随

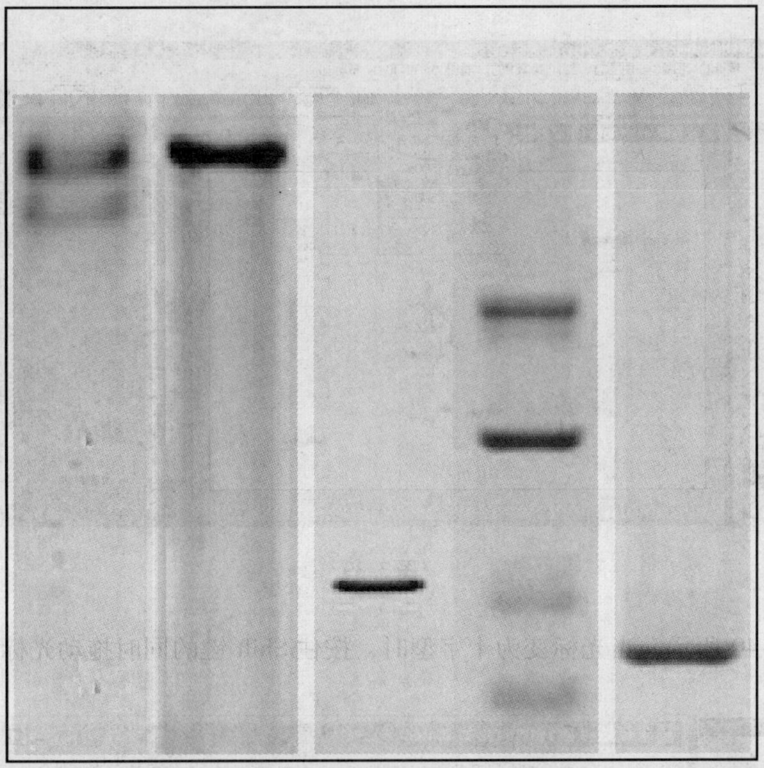

图 3-37

意设置文字的字体和大小。实例 1-为图片添加文字，线条和箭头指示。

1）在 Photoshop 中打开原图片，如图 3-38 所示，首先添加横线，选择工具栏上的直线工具，并选择颜色为黑色；

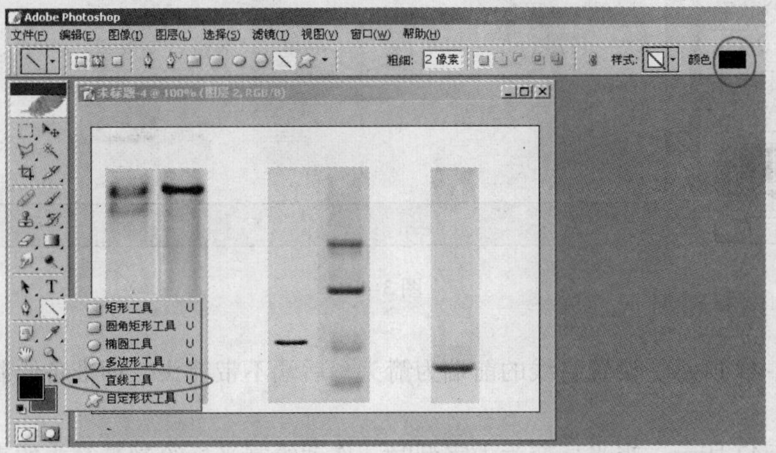

图 3-38

2）如图 3-39 所示，设置直线的前端和后端均不带箭头，即准备绘制简单直线；

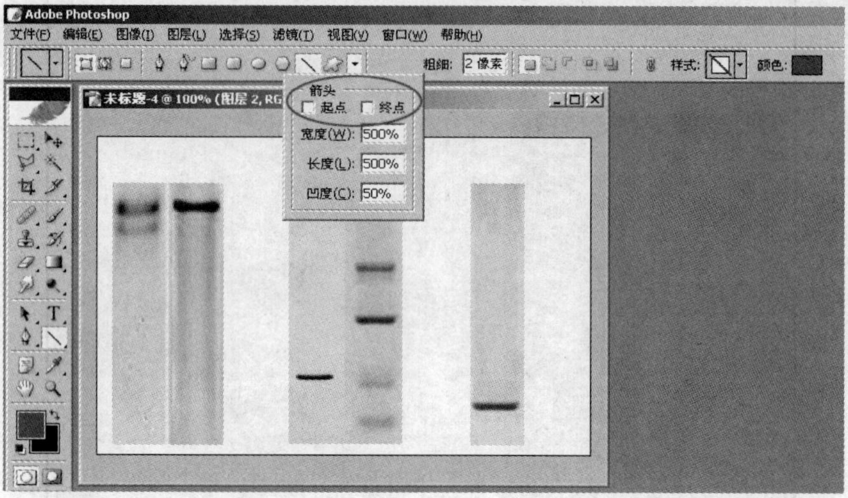

图 3-39

3）如图 3-40 所示，当光标变为十字型时，按住 Shift 键的同时拖动光标绘制水平直线；

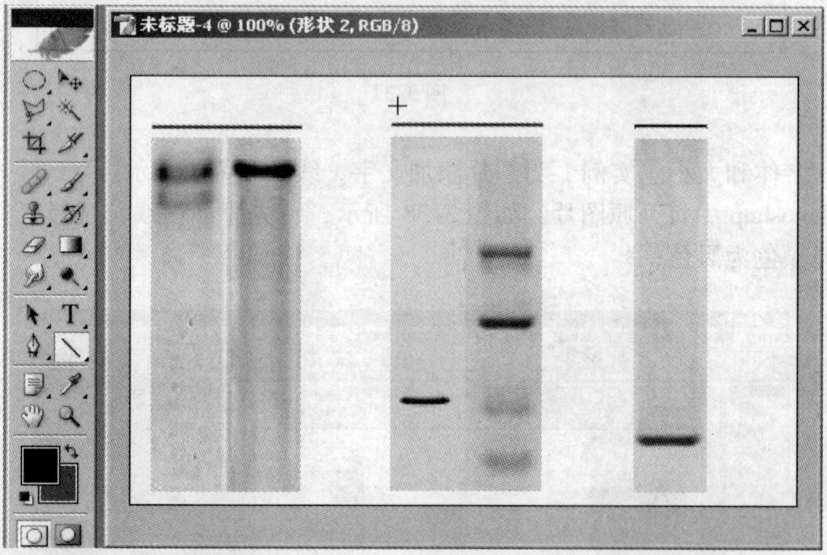

图 3-40

4）如图 3-41 所示，设置直线的前端为箭头，后端不带箭头，即准备绘制前端带箭头的直线；

5）如图 3-42 所示，当光标变为十字型时，拖动绘制光标绘制带箭头的直线，注意使用 Shift 键控制直线的水平；

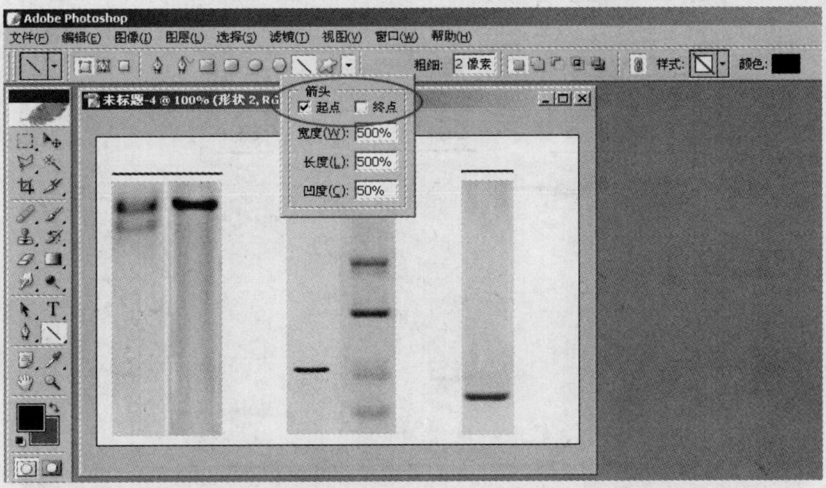

图 3-41

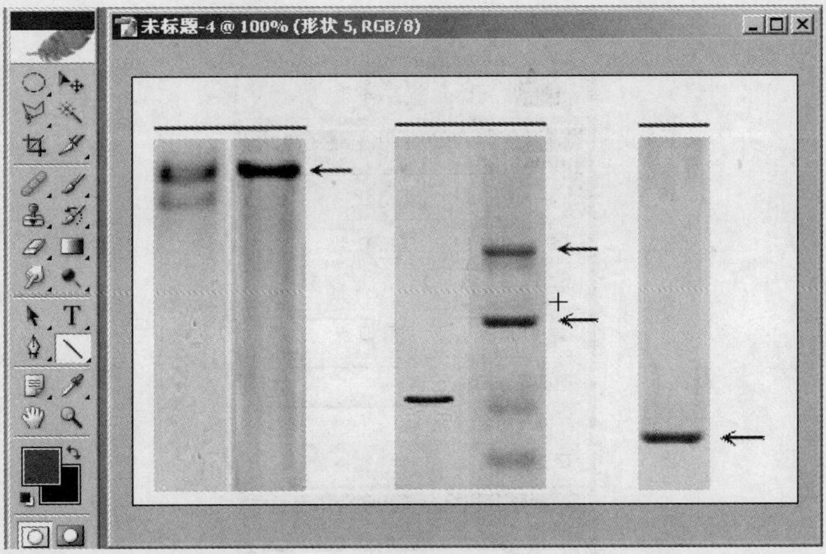

图 3-42

6）如图 3-43 所示，选择文体工具，并设定文字的字体、大小、颜色等信息，在适当的位置，键入文字；

7）如图 3-44 所示，点击相应按钮，可以显示“字体”和“段落”设置面板，对字体和文字的对齐进行高级设置；

8）适当剪裁图片大小，最终完成的效果如图 3-45 所示。

（二）图片的保存

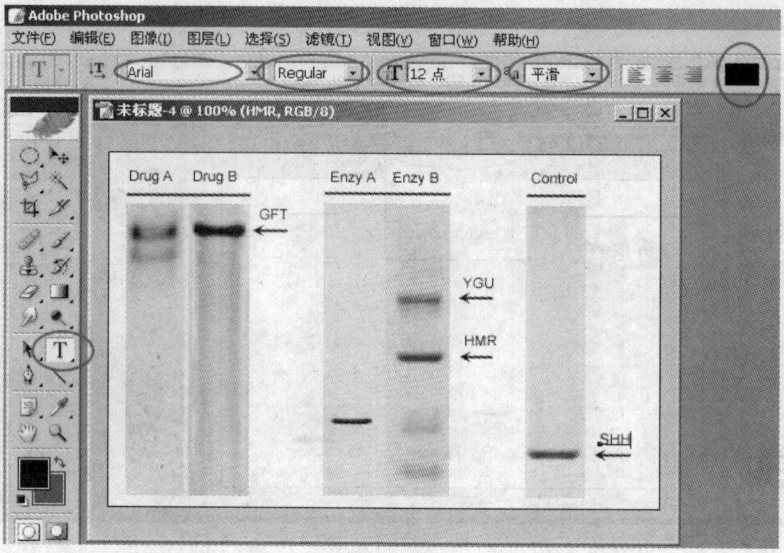
Adobe Photoshop
文件(F) 编辑(E) 图像(I) 图层(L) 选择(S) 滤镜(T) 视图(V) 窗口(W) 帮助(H)
Arial
Regular
12 点
平滑
未标题-4 @ 100% (HMR, RGB/8)
Drug A
Drug B
Enzy A
Enzy B
Control
GFT
YGU
HMR
SHH

图 3-43

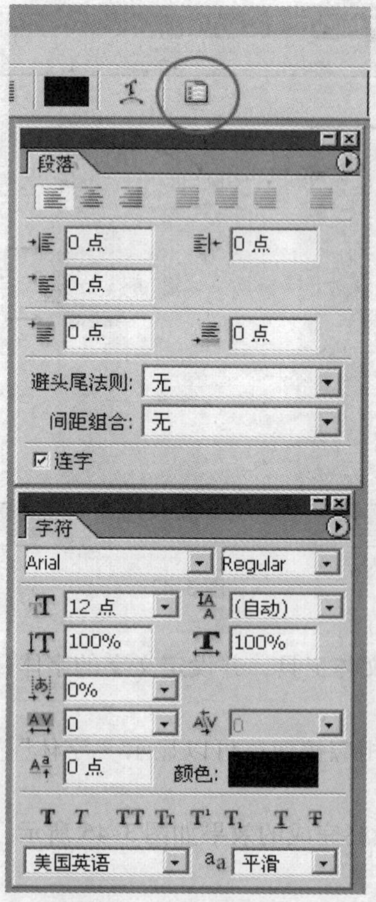
段落
0 点
0 点
0 点
0 点
0 点
避头尾法则:
无
间距组合:
无
连字
字符
Arial
Regular
12 点
(自动)
100%
100%
0%
0
0 点
颜色:
美国英语
平滑

图 3-44

在 Photoshop 中保存处理好的图片非常简单，但在保存不同格式的图片文件时，考虑到投稿的特殊要求，需要做一些相应的设置。保存文件时，选择菜单【文件】→【存储为】，为文件命名后，再做相应选项设置。

当保存为 JPEG 格式时，如图 3-46 所示，尽量选择 12 级，即最佳品质图片，以避免图像质量损失。

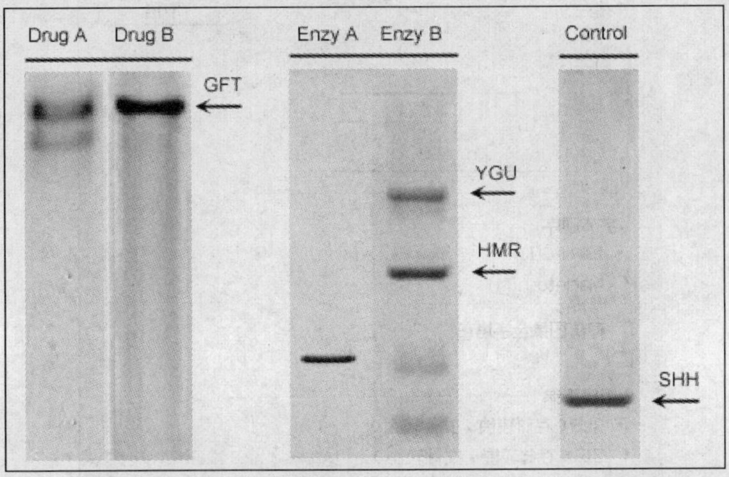

图 3-45

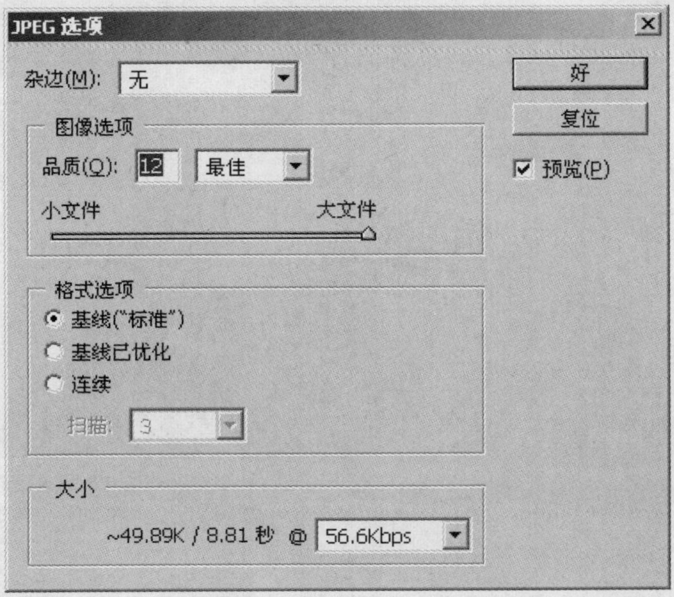

图 3-46

当保存为 TIFF 格式时，如图 3-47 所示，选择“无压缩”以避免图像质量损失，当然为了控制文件所占磁盘大小，也可选择 LZW 压缩，适当压缩图片，仍可保持较高的图片质量。

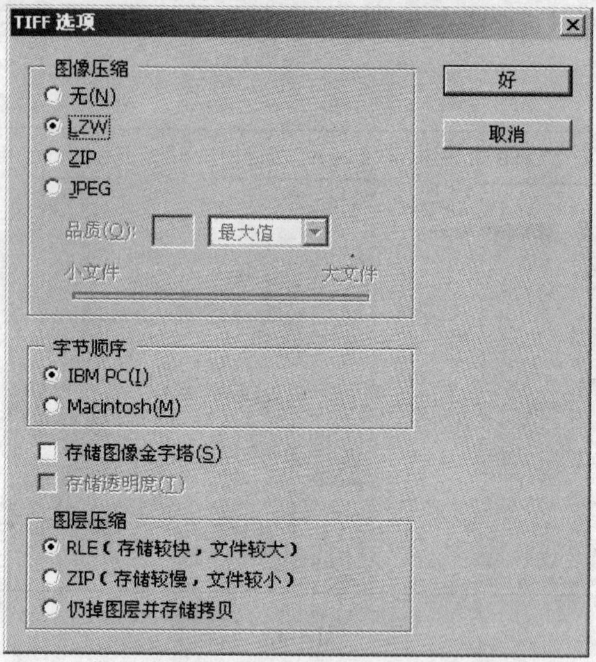

图 3-47

第四章　其他软件应用技巧

由于论文类型的不同、期刊要求的不同、论文内容的差异、投稿系统的差异等等，在论文投稿过程中可能涉及的可用软件也有所不同，本节仅围绕论文投稿过程中的可能涉及的软件，包括 Word、PowerPoint、Adobe Acrobat 和 Adobe Illustrator，仅在与投稿紧密相关的功能上做简要介绍。关于这些软件的详细使用方法和技巧，有兴趣的读者可以参看其他书籍。

一、Word 与论文编排

（一）为稿件添加行号

一般外文期刊投稿时要求在稿件中添加行号是为了方便审稿人进行审稿时进行提问和作者回答之用。有些期刊的投稿系统会在生成 PDF 文件时自动添加行号，这种情况则不需要预先在 Word 格式的稿件中添加行号。而有些期刊的投稿系统生成 PDF 时不会自动添加行号，并且在投稿须知中要求作者必须事先在稿件添加行号，例如表述为："Line numbers must be added to the manuscript text." 或者 "Each page should contain the page number in the upper right corner starting with the title page as page 1." 等表述。

根据实际情况，如有必要则需要在 Word 预先添加行号，以保证生成的 PDF 中也有行号。添加行号有两种方式，一种是每页从第一行开始编号，此时还需要为整个稿件添加页码；另一种是整个稿件文档连续编号。如投稿须知无特别交代，建议选择第二种方法更好。

添加行号非常简单，在 Word 中选择菜单【文件】→【页面设置】→【版式】→【行

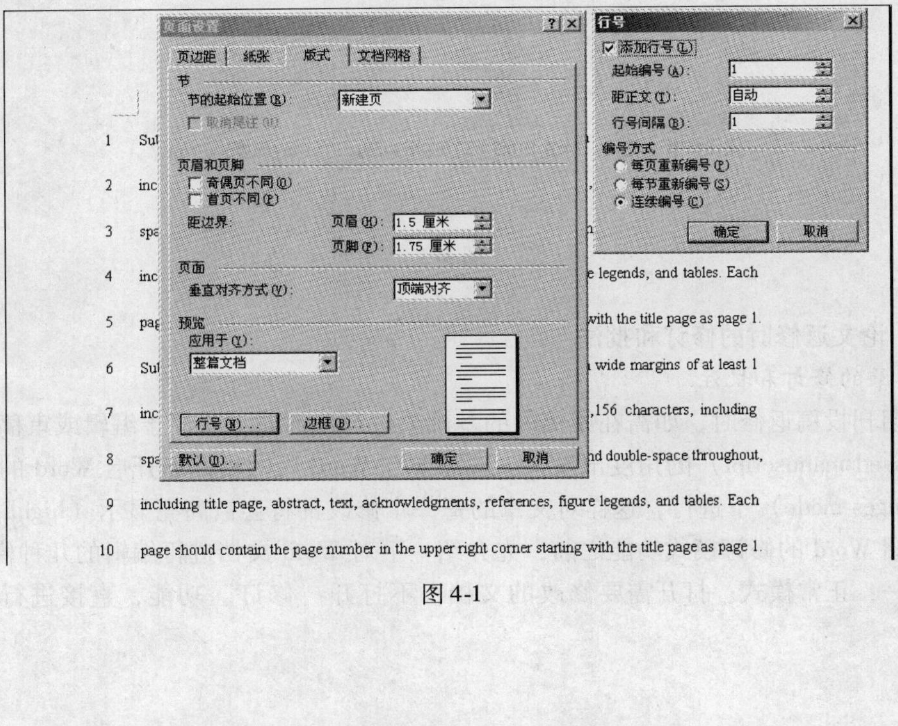

图 4-1

号】，如图 4-1 所示，选中“添加行号”和“编号方式”，点击【确定】，【确定】。如要去除行号，去除勾选“添加行号”即可。

（二）脚注与通讯作者

一些中文期刊投稿经常要作者自己在稿件中用上标的型号标注通讯作者，并且在首页的底部用脚注注明通讯作者的联系方式，具体操作可以如下进行：首先将光标移动到通讯作者的后面，在 Word 中选择菜单【插入】→【引用】→【脚注和尾注】，如图 4-2 所示，选中“脚注”和“页面底端”，“自定义标记”处输入星号“＊”，点击【插入】；如图 4-3 所示回到页面底端，即可输入通讯作者信息。如要删除该脚注，回到文中的星号处，删除星号，即可自动删除底部的脚注。

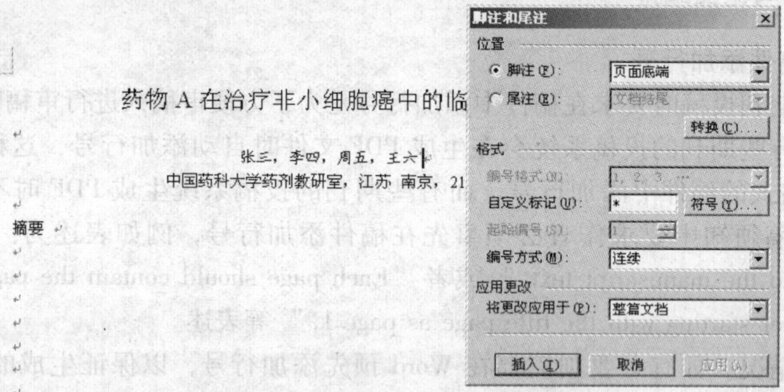

图 4-2

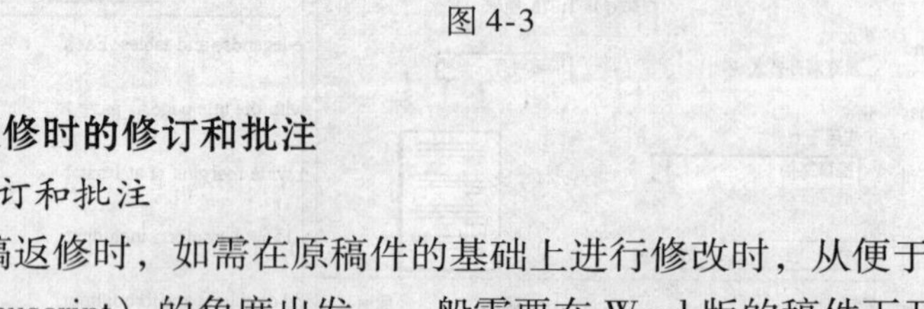

图 4-3

（三）论文返修时的修订和批注

1. 文章的修订和批注

外文期刊投稿返修时，如需在原稿件的基础上进行修改时，从便于编辑或审稿人审阅修改稿（revised manuscript）的角度出发，一般需要在 Word 版的稿件下开启 Word 的修订模式（track changes mode）下进行，这样对文章的每一个修改都将会被高亮显示（highlighted）出来。在介绍 Word 的修订模式功能之前，先介绍一下对 Word 文档进行编辑的几种模式。

方法一：正常模式。打开需要修改的文档，不打开“修订”功能，直接进行修改，修改完成后，保存文档。这种情况下，对所做的修改是不可逆的，并且从修改后的文档上也看不出来哪里被修改过，更不用说修改之前是何样。在论文返修时，如果修改点特别少（比如仅是少量英文单词的修改），即可使用这种模式，在再返修的 cover letter 里用 list 列出这些修改点，此时这种方法较为简洁。

方法二：修订模式。打开需要修改的文档，同时打开“修订”功能，此时催原文进行修改，修改完成后，保存文档。这种情况下，从修改后的文档上可以看出来哪里被修改过，还可以看到修改之前是何样，并且还可以针对某一段文字进行批注，而不必修改所针对的内容。这种模式在论文返修时经常用到，特别是在修改点较多的情况下，如果用 list 的形式一一列出修改点则显得过于繁琐。

方法三：混合模式。即在修改文章时，混合使用上述的正常模式和修订模式，有选择性的突出显示一部分被修改的部分。这需要在文章修改过程中适时地开启和关闭 Word 的修订功能。

2. 浏览带修订标记的文章

在 Word 中浏览含有修订标记信息的文章有四种方法。其中第三、第四两种模式较少用，一般用户倾向于使用第一种浏览模式。

方法一：浏览“显示标记的最终状态”。此时可以看到修改人对原稿所做的修改点，并可以看到修改处的改后状态以及修改人有针对性的批注。

方法二：浏览“最终状态”。此时会将修改人对原稿所做的修改点隐藏起来，不显示修改前的状态，仅显示修改后的最终状态。

方法三：浏览“显示标记的原始状态”。此时可以看到修改人对原稿所做的修改点，并可以看到修改处的改前状态。

方法四：浏览“原始状态”。此时仅可以看到文档的改前状态。

3. 保存带修订标记的文章

当文稿用修订模式进行修改后，在保存文档之前，针对这些被突出显示的修改部分，用户可以有两种保存方法。

方法一：保留这些突出显示的修订和批注，以便于其他人进行审阅。

方法二：确认了所有的修订均为最终正确后，在 Word 接受这些修订（此为不可逆操作），将 Word 保存为不带突出显示的状态，即所谓的“干净”的版本。

4. 实例 1-在修订模式下修改文章

（1）如图 4-4 所示，打开需要修改的文章，选择菜单【工具】→【修订】，打开“审阅”工具条，并使工具条上的“修订”按钮处于激活状态，即可打开修订功能，图中所示是修订前的文字内容；

（2）如图 4-5 所示，在文中完成了四处修改后的效果，分别是第一行改原来的“are”为“be”，第二行将“International Journal of Pharmaceutics”由原来的正体改为斜体，第五行中删除了原有的“physical，chemical”字样，第六行插入了“preparation”字样，从图中可见这些修改的痕迹均被显示了出来，包括修改前后的内容；

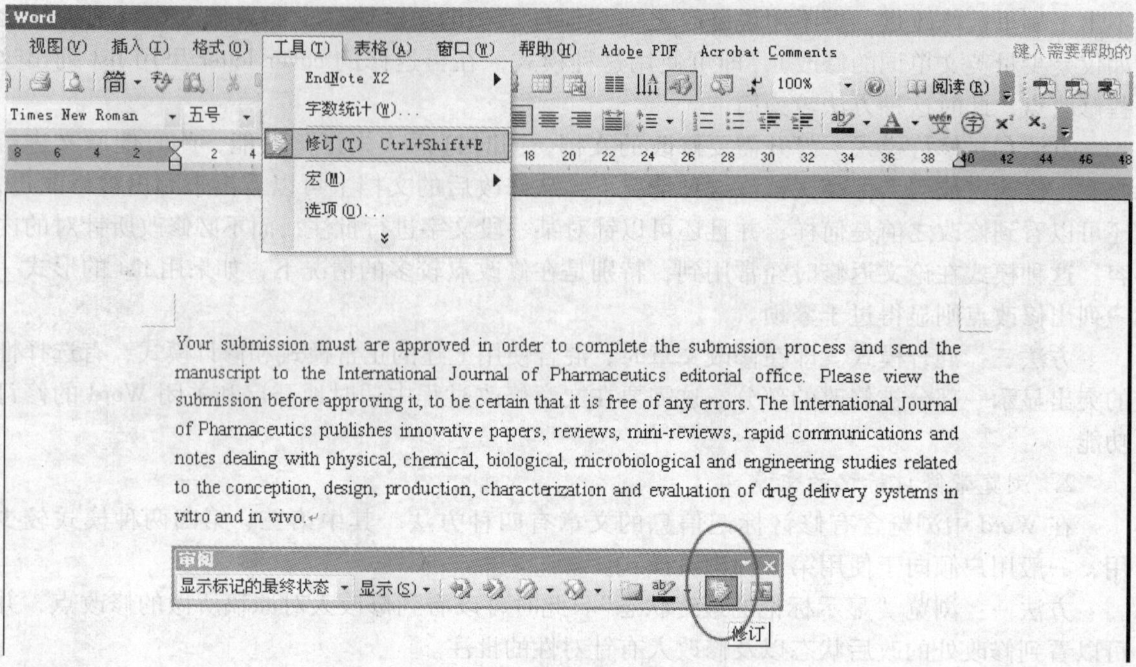
Word
视图(V) 插入(I) 格式(O) 工具(T) 表格(A) 窗口(W) 帮助(H) Adobe PDF Acrobat Comments
键入需要帮助的
Times New Roman 五号
100%
阅读(R)
EndNote X2
字数统计(W)...
修订(T) Ctrl+Shift+E
宏(M)
选项(O)...
Your submission must are approved in order to complete the submission process and send the manuscript to the International Journal of Pharmaceutics editorial office. Please view the submission before approving it, to be certain that it is free of any errors. The International Journal of Pharmaceutics publishes innovative papers, reviews, mini-reviews, rapid communications and notes dealing with physical, chemical, biological, microbiological and engineering studies related to the conception, design, production, characterization and evaluation of drug delivery systems in vitro and in vivo.
审阅
显示标记的最终状态
显示(S)
修订

图 4-4

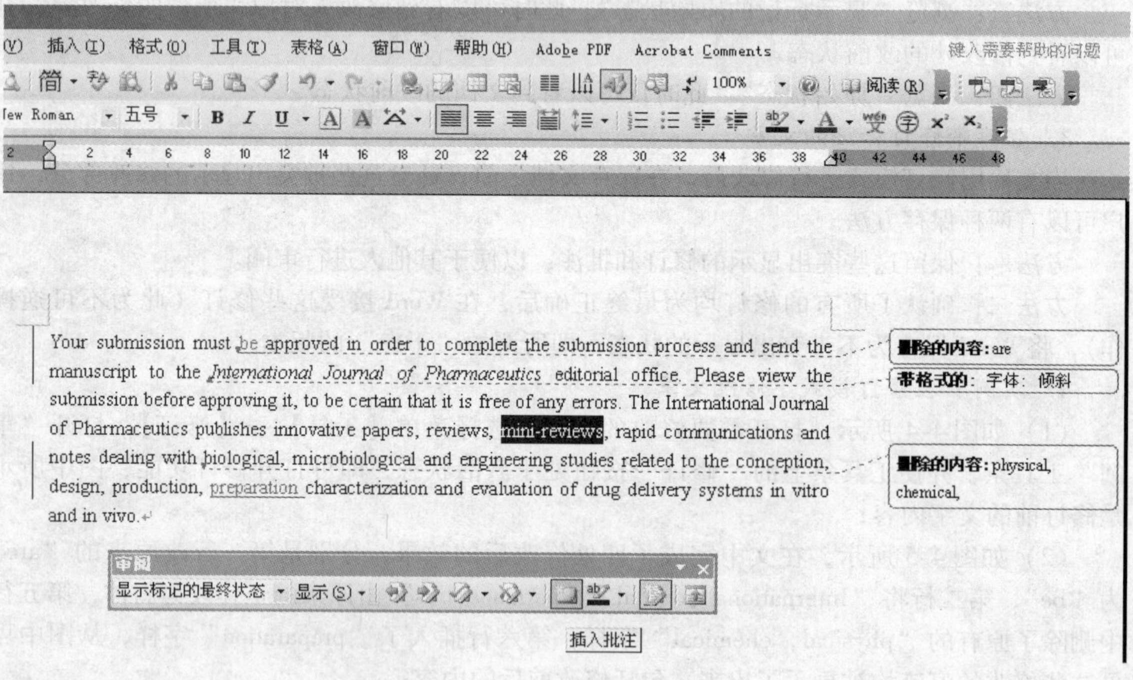
插入(I) 格式(O) 工具(T) 表格(A) 窗口(W) 帮助(H) Adobe PDF Acrobat Comments
键入需要帮助的问题
五号
100%
阅读(R)
Your submission must be approved in order to complete the submission process and send the manuscript to the International Journal of Pharmaceutics editorial office. Please view the submission before approving it, to be certain that it is free of any errors. The International Journal of Pharmaceutics publishes innovative papers, reviews, mini-reviews, rapid communications and notes dealing with biological, microbiological and engineering studies related to the conception, design, production, preparation characterization and evaluation of drug delivery systems in vitro and in vivo.
删除的内容: are
带格式的: 字体: 倾斜
删除的内容: physical, chemical,
审阅
显示标记的最终状态
显示(S)
插入批注

图 4-5

（3）如图4-5所示，在文中完成了四处修改后，为“mini-reviews”添加批注，选中“mini-reviews”字样，点击工具条上的“批注”按钮，然后在页面右侧的批注框内输入批注内容“It refers a short review with no more than 5000 words.”即可，输入完成后，将光标移至正文中，最终完成的效果见图4-6；

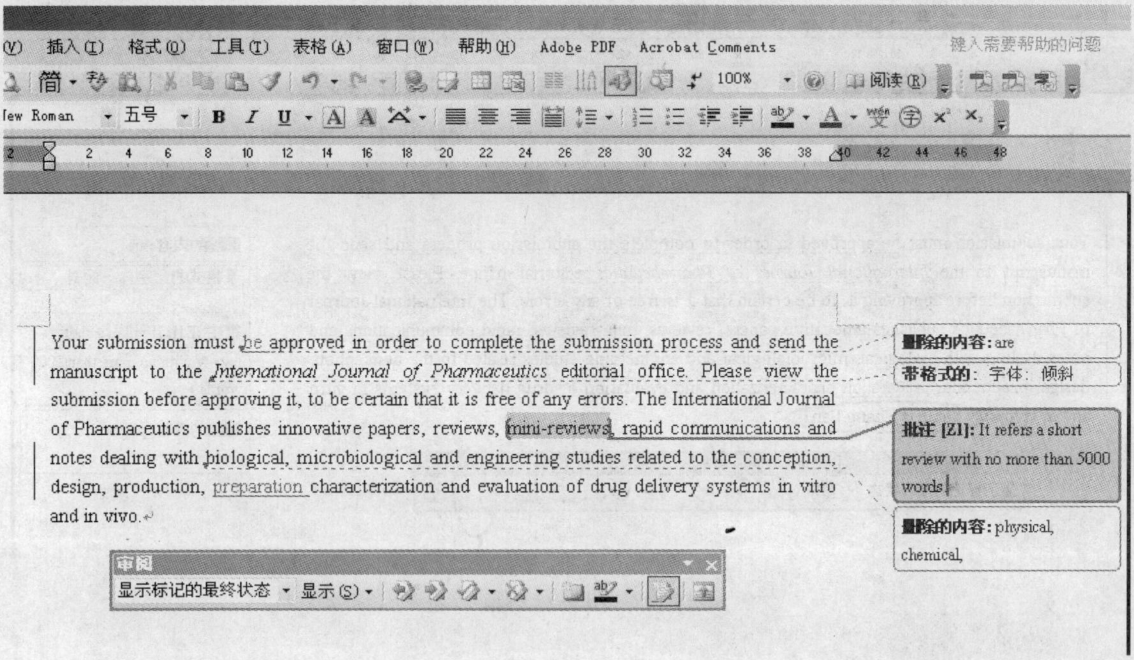
插入(I) 格式(O) 工具(T) 表格(A) 窗口(W) 帮助(H) Adobe PDF Acrobat Comments
键入需要帮助的问题
Your submission must be approved in order to complete the submission process and send the manuscript to the International Journal of Pharmaceutics editorial office. Please view the submission before approving it, to be certain that it is free of any errors. The International Journal of Pharmaceutics publishes innovative papers, reviews, mini-reviews, rapid communications and notes dealing with biological, microbiological and engineering studies related to the conception, design, production, preparation characterization and evaluation of drug delivery systems in vitro and in vivo.
删除的内容: are
带格式的: 字体: 倾斜
批注 [Z1]: It refers a short review with no more than 5000 words
删除的内容: physical, chemical,
审阅
显示标记的最终状态
显示(S)

图4-6

（4）如果还想对文章做修改，但不想将修改内容被标记出来，可以将工具条上的“修订”按钮暂时关闭，再进行修改，如图4-7所示，此时对文章的任何修改都不会被标记显示，比如在文章末尾继续插入文字“My name is Zhang San”，可以看到，与上述第六行插入了“preparation”字样不同的是，此时插入的“My name is Zhang San”并没有被标红和加下划线，即此时的修改没有被标记记录。

5. 实例2-浏览含有修订标记的文章

如前所述，在Word中浏览含有修订标记信息的文章有四种模式。分别为“显示标记的最终状态”、“最终状态”、“显示标记的原始状态”、“原始状态”。如图4-8所示，选择工具栏上下拉框即可选择不同的浏览模式，对上例中已经做了修订标记的文章依次按照上述四种状态分别浏览，效果分别如图4-8、图4-9、图4-10、图4-11所示，读者可以针对上例中所做修改之处，从四幅图中感受四种模式的差异，限于篇幅，笔者不再赘述。

6. 实例3-保存含有修订标记的文章

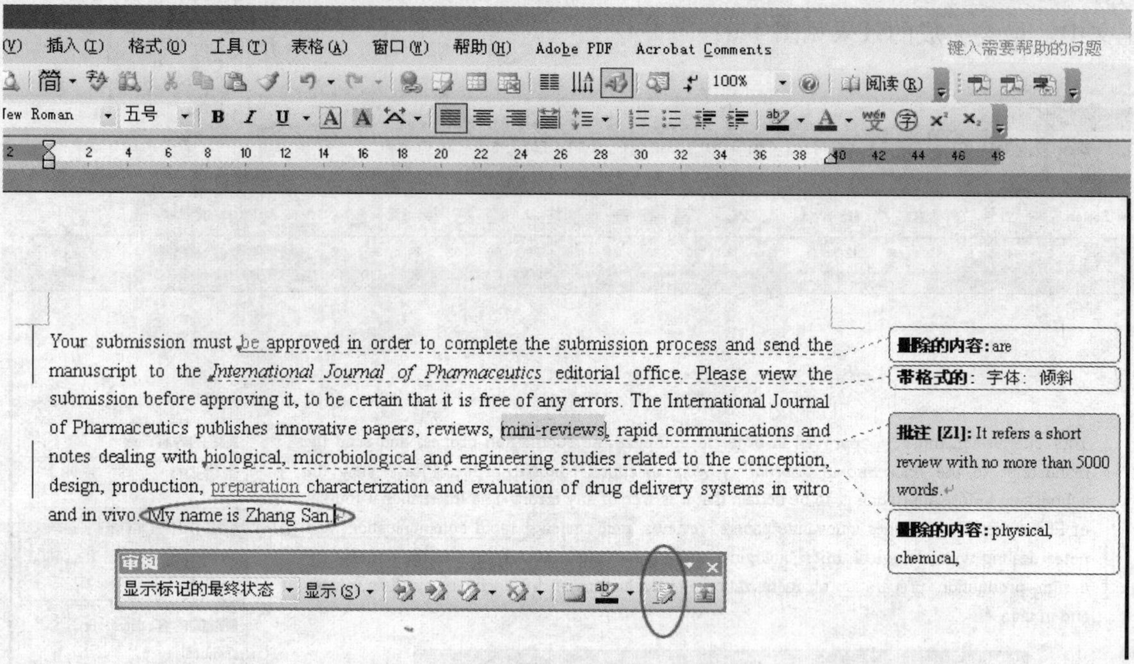
插入(I) 格式(O) 工具(T) 表格(A) 窗口(W) 帮助(H) Adobe PDF Acrobat Comments
键入需要帮助的问题
100%
阅读(R)
五号
Your submission must be approved in order to complete the submission process and send the manuscript to the International Journal of Pharmaceutics editorial office. Please view the submission before approving it, to be certain that it is free of any errors. The International Journal of Pharmaceutics publishes innovative papers, reviews, mini-reviews, rapid communications and notes dealing with biological, microbiological and engineering studies related to the conception, design, production, preparation characterization and evaluation of drug delivery systems in vitro and in vivo. My name is Zhang San.
删除的内容: are
带格式的: 字体: 倾斜
批注 [Z1]: It refers a short review with no more than 5000 words.
删除的内容: physical, chemical,
审阅
显示标记的最终状态
显示(S)

图 4-7

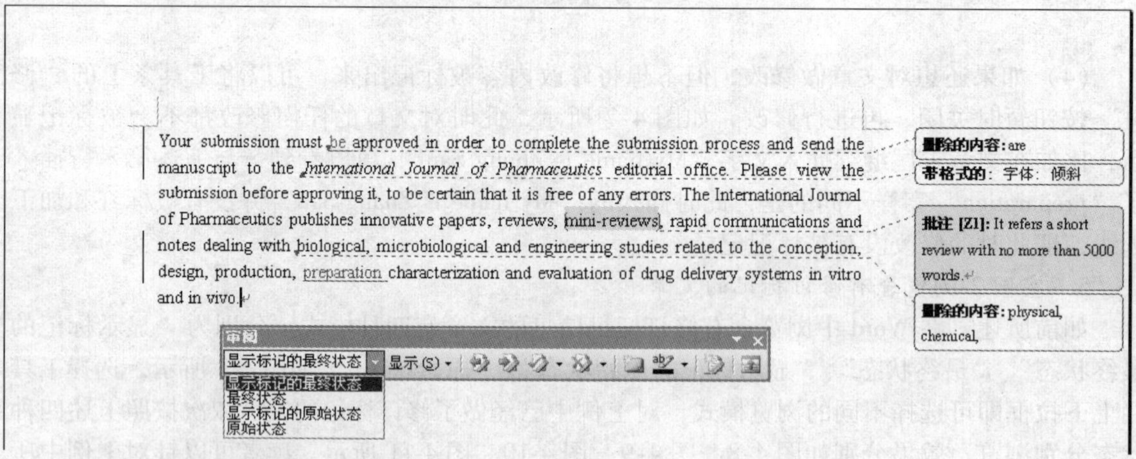
Your submission must be approved in order to complete the submission process and send the manuscript to the International Journal of Pharmaceutics editorial office. Please view the submission before approving it, to be certain that it is free of any errors. The International Journal of Pharmaceutics publishes innovative papers, reviews, mini-reviews, rapid communications and notes dealing with biological, microbiological and engineering studies related to the conception, design, production, preparation characterization and evaluation of drug delivery systems in vitro and in vivo.
删除的内容: are
带格式的: 字体: 倾斜
批注 [Z1]: It refers a short review with no more than 5000 words.
删除的内容: physical, chemical,
审阅
显示标记的最终状态
显示(S)
显示标记的最终状态
最终状态
显示标记的原始状态
原始状态

图 4-8

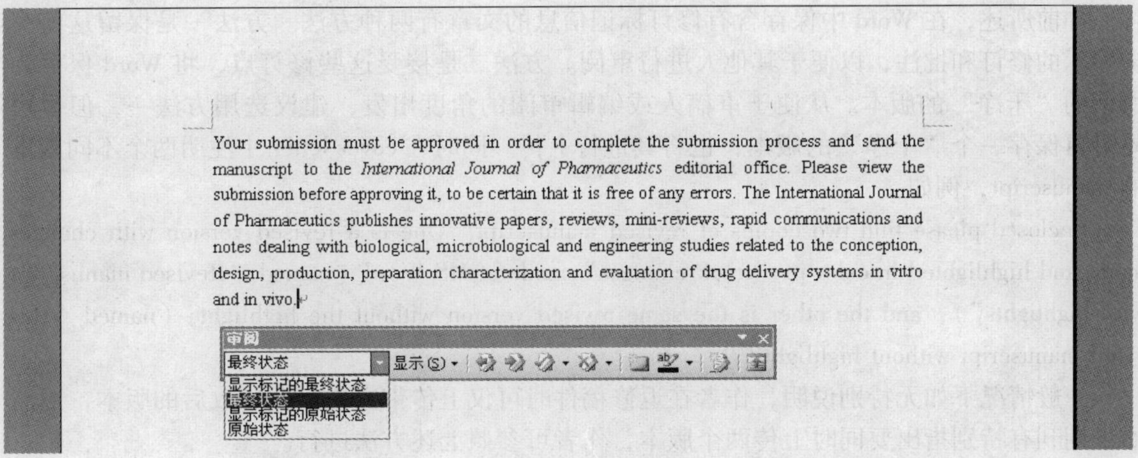
Your submission must be approved in order to complete the submission process and send the manuscript to the International Journal of Pharmaceutics editorial office. Please view the submission before approving it, to be certain that it is free of any errors. The International Journal of Pharmaceutics publishes innovative papers, reviews, mini-reviews, rapid communications and notes dealing with biological, microbiological and engineering studies related to the conception, design, production, preparation characterization and evaluation of drug delivery systems in vitro and in vivo.
审阅
最终状态
显示(S)
显示标记的最终状态
最终状态
显示标记的原始状态
原始状态

图 4-9

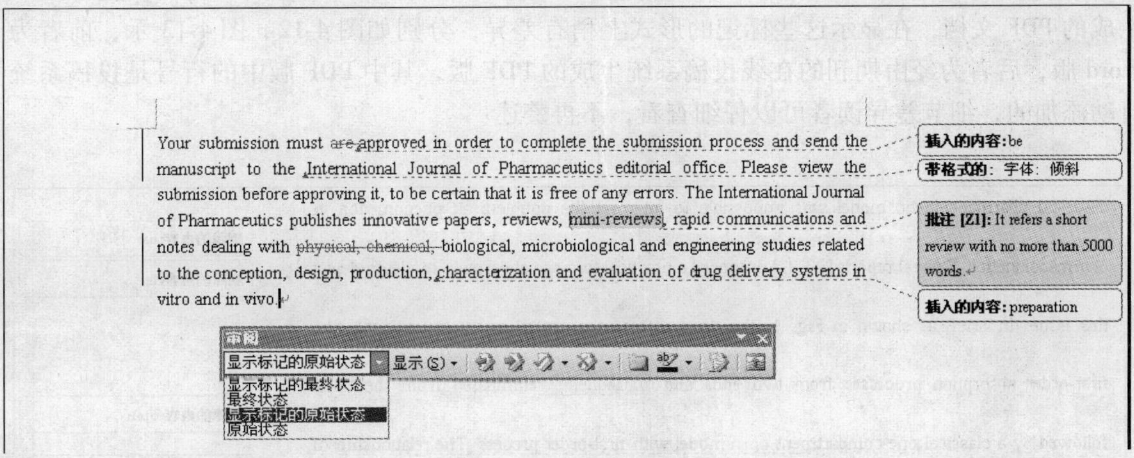
Your submission must are approved in order to complete the submission process and send the manuscript to the International Journal of Pharmaceutics editorial office. Please view the submission before approving it, to be certain that it is free of any errors. The International Journal of Pharmaceutics publishes innovative papers, reviews, mini-reviews, rapid communications and notes dealing with physical, chemical, biological, microbiological and engineering studies related to the conception, design, production, characterization and evaluation of drug delivery systems in vitro and in vivo.
插入的内容: be
带格式的: 字体: 倾斜
批注 [Z1]: It refers a short review with no more than 5000 words.
插入的内容: preparation
审阅
显示标记的原始状态
显示(S)
显示标记的最终状态
最终状态
显示标记的原始状态
原始状态

图 4-10

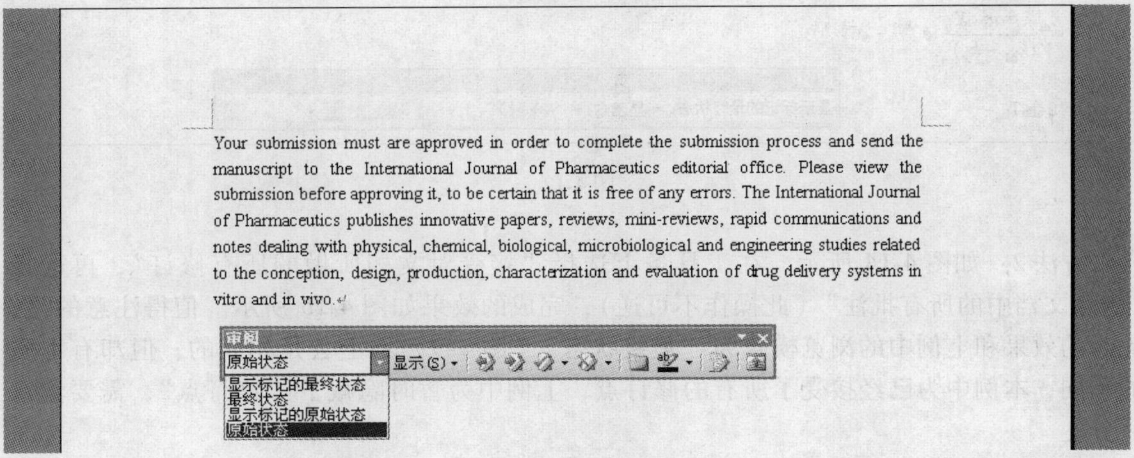
Your submission must are approved in order to complete the submission process and send the manuscript to the International Journal of Pharmaceutics editorial office. Please view the submission before approving it, to be certain that it is free of any errors. The International Journal of Pharmaceutics publishes innovative papers, reviews, mini-reviews, rapid communications and notes dealing with physical, chemical, biological, microbiological and engineering studies related to the conception, design, production, characterization and evaluation of drug delivery systems in vitro and in vivo.
审阅
原始状态
显示(S)
显示标记的最终状态
最终状态
显示标记的原始状态
原始状态

图 4-11

如前所述，在 Word 中保存含有修订标记信息的文章有两种方法。方法一是保留这些突出显示的修订和批注，以便于其他人进行审阅。方法二是接受这些修订点，将 Word 保存为所谓的“干净”的版本。从便于审稿人或编辑审阅的角度出发，建议选用方法一，但也可同时再保存一个“干净”的版本，也将其进行上传。同时在 cover letter 中注明两个不同版本的 manuscript，例如：

Enclosed please find two copies of revised manuscript. One is a revised version with changes made and highlighted in color in “track changes” mode of MS Word （named “Revised manuscript with highlights”），and the other is the same revised version without the highlights （named “Revised manuscript without highlights”）.

一般情况下如无特别说明，作者在返修稿件时可仅上传带突出显示修改后的版本，当然如果期刊有特别指出要同时上传两个版本，作者可参照上述方法进行。

方法 1：在含有修订标记的文档中直接选择菜单【文件】→【另存为】，即可保存所做的修订标记。但需要注意的是，保存的含有修订标记的 Word 版文档，后上传至投稿系统后生成的 PDF 文档，在显示这些标记的形式上稍有差异，分别如图 4-12、图 4-13 示，前者为 Word 版，后者为经由期刊的在线投稿系统生成的 PDF 版，其中 PDF 版中的行号是投稿系统自动添加的，细节差异读者可以仔细查看，不再赘述。

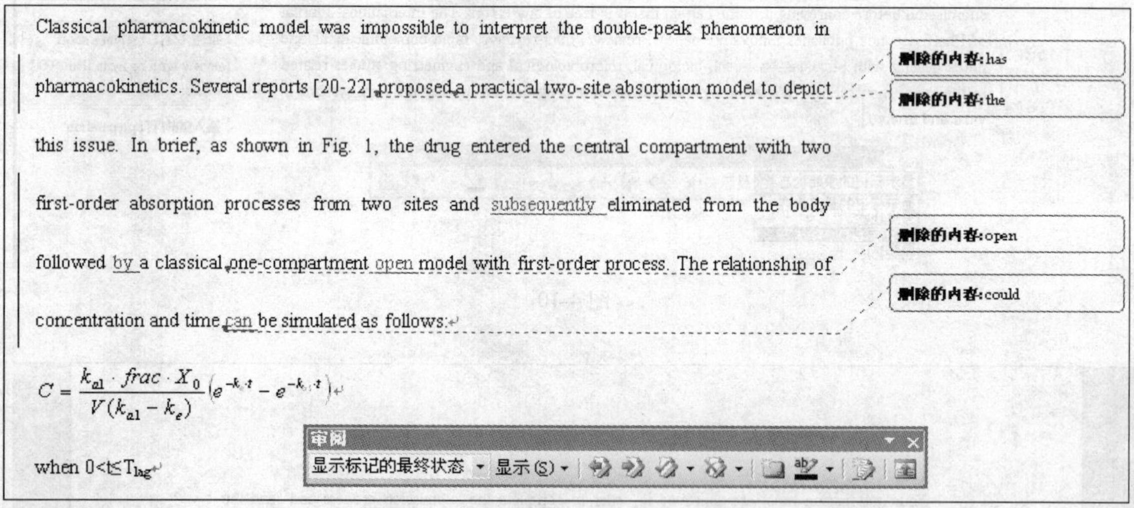
Classical pharmacokinetic model was impossible to interpret the double-peak phenomenon in
pharmacokinetics. Several reports [20-22] proposed a practical two-site absorption model to depict
this issue. In brief, as shown in Fig. 1, the drug entered the central compartment with two
first-order absorption processes from two sites and subsequently eliminated from the body
followed by a classical one-compartment open model with first-order process. The relationship of
concentration and time can be simulated as follows:
删除的内容: has
删除的内容: the
删除的内容: open
删除的内容: could
$C = \frac{k_{a1} \cdot frac \cdot X_0}{V(k_{a1} - k_e)}(e^{-k_e t} - e^{-k_{a1} t})$
when 0<t≤T_lag
审阅
显示标记的最终状态
显示(S)

图 4-12

方法 2：如图 4-14 所示，在工具条上选择“接受对文档所做的所有修订”，再选择“删除文档中的所有批注”（此操作不可逆），完成的效果如图 4-15 所示。值得注意的是，此时的效果和上例中的浏览模式为“最终状态”（图 4-9）看上去是相同的，但却有本质的不同，本例中为已经接受了所有的修订点，上例中为暂时隐藏了“修订点”，需要注意区分。

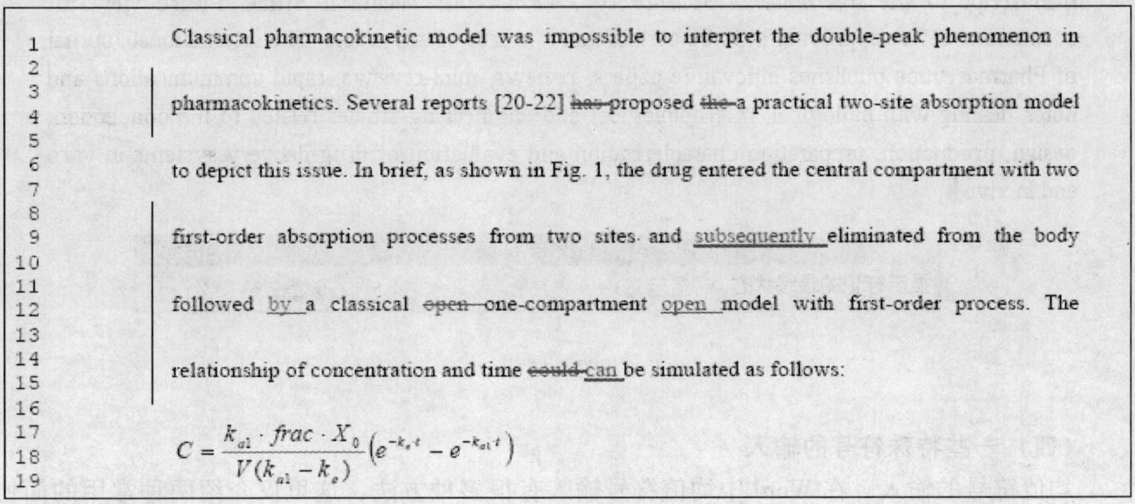
Classical pharmacokinetic model was impossible to interpret the double-peak phenomenon in pharmacokinetics. Several reports [20-22] has proposed the a practical two-site absorption model to depict this issue. In brief, as shown in Fig. 1, the drug entered the central compartment with two first-order absorption processes from two sites and subsequently eliminated from the body followed by a classical open one-compartment open model with first-order process. The relationship of concentration and time could can be simulated as follows:
$C = \frac{k_{a1} \cdot frac \cdot X_0}{V(k_{a1} - k_e)}\left(e^{-k_e t} - e^{-k_{a1} t}\right)$

图 4-13

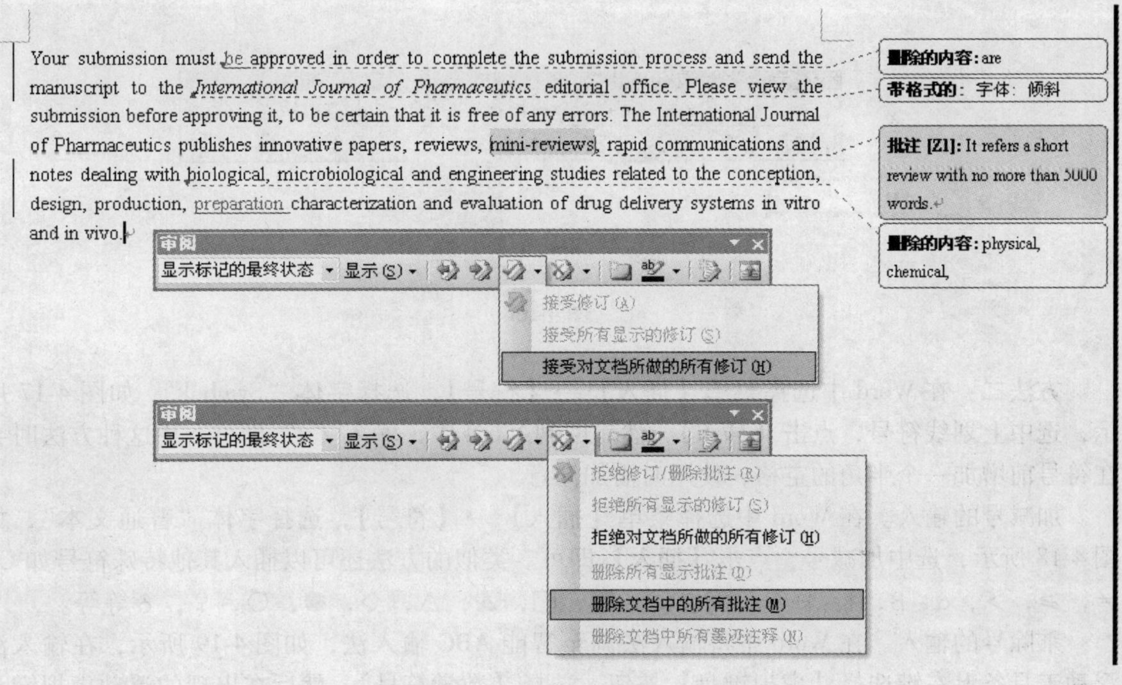
Your submission must be approved in order to complete the submission process and send the manuscript to the International Journal of Pharmaceutics editorial office. Please view the submission before approving it, to be certain that it is free of any errors. The International Journal of Pharmaceutics publishes innovative papers, reviews, mini-reviews, rapid communications and notes dealing with biological, microbiological and engineering studies related to the conception, design, production, preparation characterization and evaluation of drug delivery systems in vitro and in vivo.
删除的内容: are
带格式的: 字体: 倾斜
批注 [Z1]: It refers a short review with no more than 5000 words.
删除的内容: physical, chemical,
审阅
显示标记的最终状态
显示(S)
接受修订(A)
接受所有显示的修订(S)
接受对文档所做的所有修订(H)
审阅
显示标记的最终状态
显示(S)
拒绝修订/删除批注(R)
拒绝所有显示的修订(S)
拒绝对文档所做的所有修订(H)
删除所有显示批注(D)
删除文档中的所有批注(M)
删除文档中所有墨迹注释(K)

图 4-14

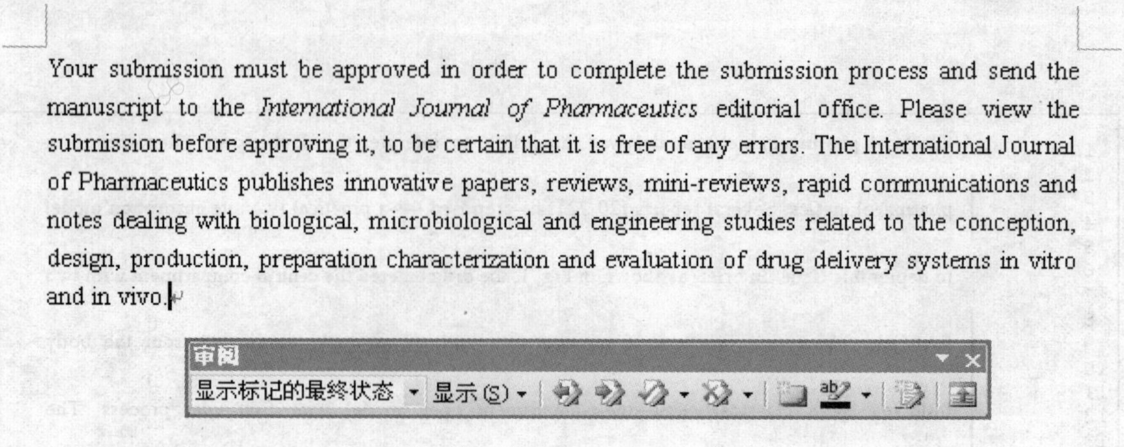
Your submission must be approved in order to complete the submission process and send the manuscript to the *International Journal of Pharmaceutics* editorial office. Please view the submission before approving it, to be certain that it is free of any errors. The International Journal of Pharmaceutics publishes innovative papers, reviews, mini-reviews, rapid communications and notes dealing with biological, microbiological and engineering studies related to the conception, design, production, preparation characterization and evaluation of drug delivery systems in vitro and in vivo.

图 4-15

（四）一些特殊符号的输入

均值符号的输入。在 Word 中均值符号输入有很多种方法，这里仅介绍两种常用的简便方法。

方法一：在 Word 中选择菜单【插入】→【对象】→【Microsoft 公式 3.0】，如图 4-16 所示操作即可。

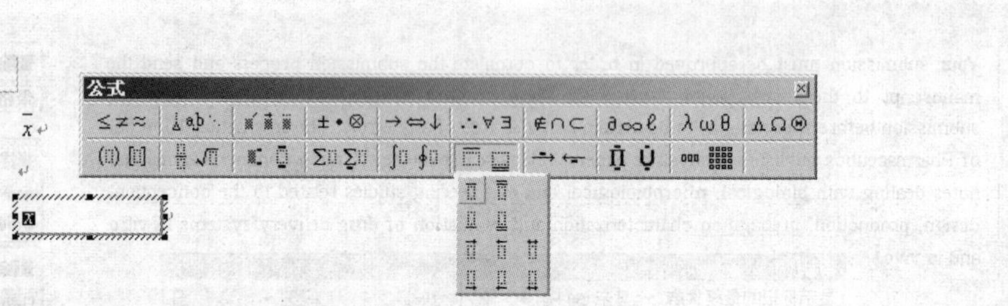

图 4-16

方法二：在 Word 中选择菜单【插入】→【符号】，选择字体“Symbol”，如图 4-17 所示，选中上划线符号，点击【插入】，然后回到 Word 中，输入“x”即可，用这种方法时会在符号前增加一个半角的空格，使用时需加注意。

加减号的输入。在 Word 中选择菜单【插入】→【符号】，选择字体“普通文本”，如图 4-18 所示，选中加减号，点击【插入】即可。类似的方法还可以插入其他特殊符号如℃，≠，≥，>，α，β，†，‡,‰，®，©，■，□，▲，△，◇，●，○，♀，♂等等。

乘除号的输入。在 Word 中将输入法调至智能 ABC 输入法，如图 4-19 所示，在输入法浮动工具条上右键选择【虚拟键盘】按钮，选择【数学符号】，然后在出现的浮动虚拟键盘上点击相应的符号，如±，+，-，×，÷，≈，≠，≤，≥，<，>，√，Σ，Π等等数学符号，要关闭虚拟键盘，可以再次在浮动工具条上点击【虚拟键盘】按钮即可。

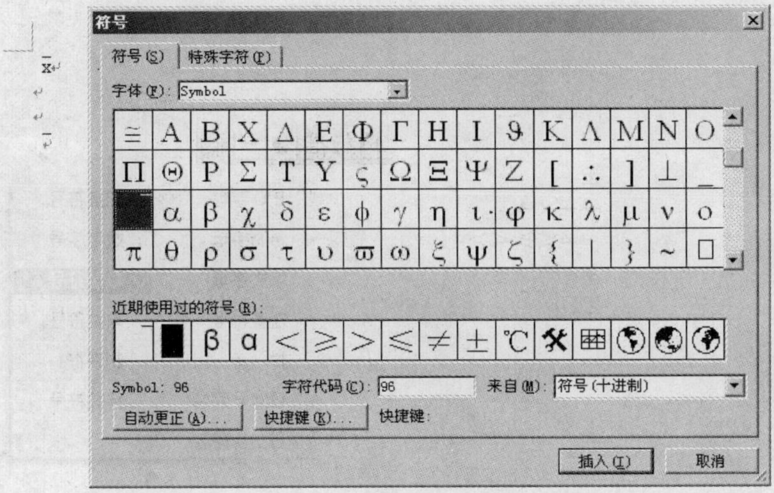

图 4-17

图 4-18

紫外吸光系数符号 $E^{1\%}_{1cm}$ 的输入。

方法一：在 Word 中选择菜单【插入】→【域】，找到“Eq”，点击左下角的【域代码】，如图 4-20 所示，输入“EQ E\o (\s\up4(1%)，\s\do1(1cm))”，点击【确定】；生成如图 4-21 所示的符号，将光标移动至 0 处，右键选择【切换域代码】；如图 4-22 所示依次选中“1%”和“1cm”，将其字体适当调小为“七号”，前面的“E”默认为五号；如图 4-23 所示，再次右键选择【切换域代码】，即可生成最终的效果。

紫外吸光系数符号 $E^{1\%}_{1cm}$ 的输入。

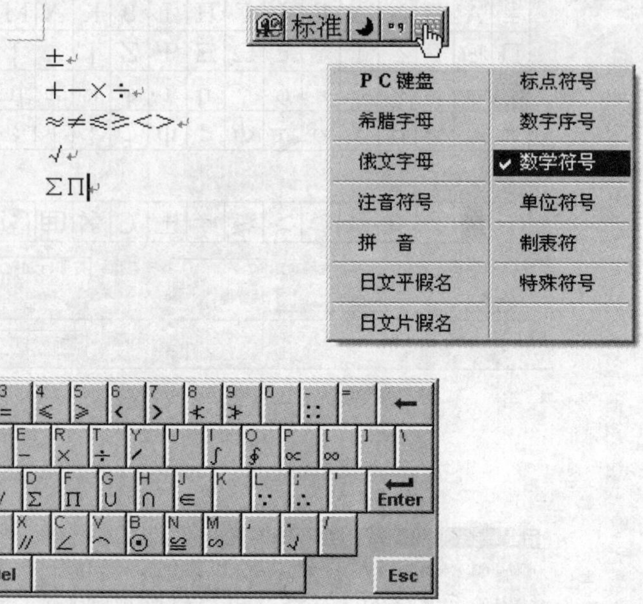
标准
±
+−×÷
≈≠≤≥<>
√
ΣΠ
P C 键盘
标点符号
希腊字母
数字序号
俄文字母
数学符号
注音符号
单位符号
拼 音
制表符
日文平假名
特殊符号
日文片假名
Tab
Caps
Shift
Enter
Ins
Del
Esc

图 4-19

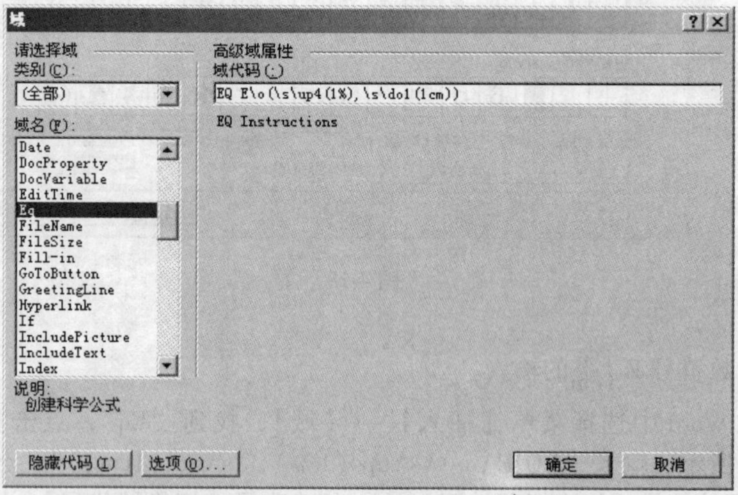
域
请选择域
类别(C):
(全部)
域名(F):
Date
DocProperty
DocVariable
EditTime
Eq
FileName
FileSize
Fill-in
GoToButton
GreetingLine
Hyperlink
If
IncludePicture
IncludeText
Index
说明:
创建科学公式
高级域属性
域代码(;)
EQ E\o(\s\up4(1%), \s\do1(1cm))
EQ Instructions
隐藏代码(I)
选项(O)...
确定
取消

图 4-20

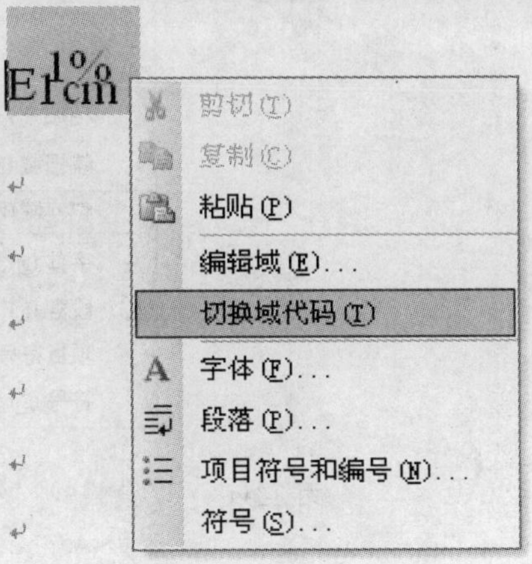
E1cm
1%
剪切(T)
复制(C)
粘贴(P)
编辑域(E)...
切换域代码(T)
字体(F)...
段落(P)...
项目符号和编号(N)...
符号(S)...

图 4-21

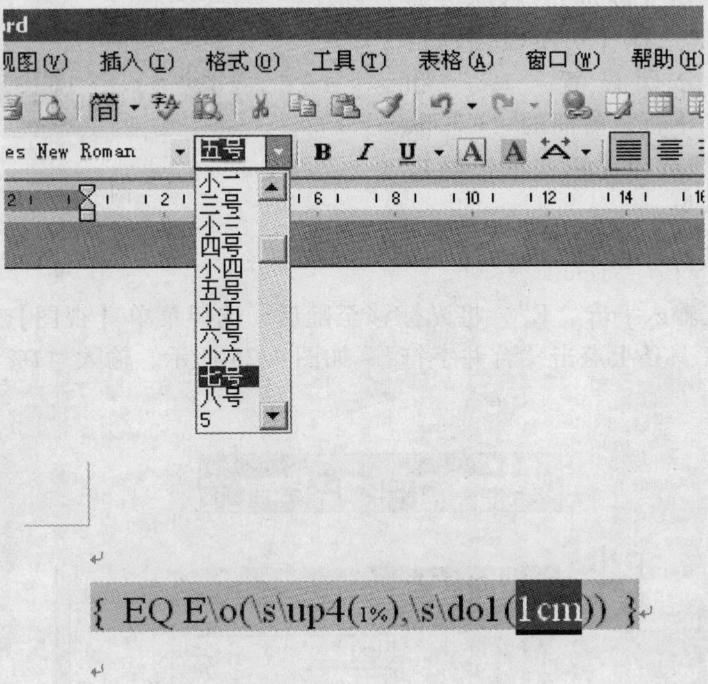
视图(V)
插入(I)
格式(O)
工具(T)
表格(A)
窗口(W)
帮助(H)
es New Roman
五号
小二
三号
小三
四号
小四
五号
小五
六号
小六
七号
八号
5
{ EQ E\o(\s\up4(1%),\s\do1(1cm)) }

图 4-22

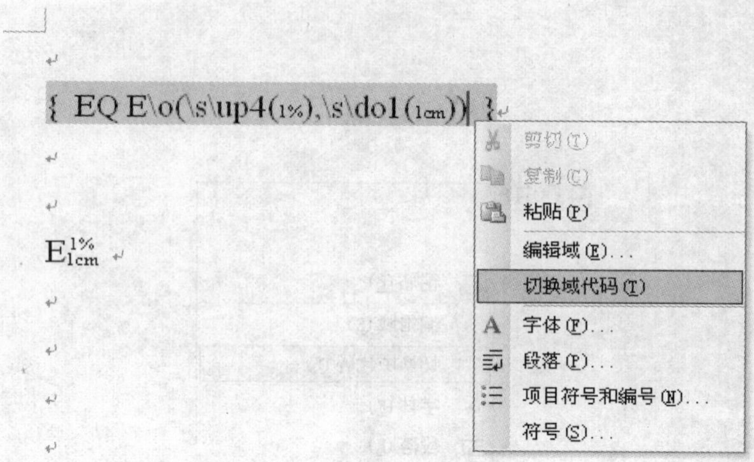

图 4-23

方法二：与方法一类似，在 Word 中选择菜单【插入】→【域】，找到“Eq”，点击左下角的【域代码】，输入“EQ E\A (1%，1cm)”，点击【确定】；将光标移动至符号处，右键选择【切换域代码】；如图 4-24 所示分别设置“1%”和“1cm”，为上标和下标，前面的“E”默认不变；再次右键选择【切换域代码】，即可生成最终的效果。

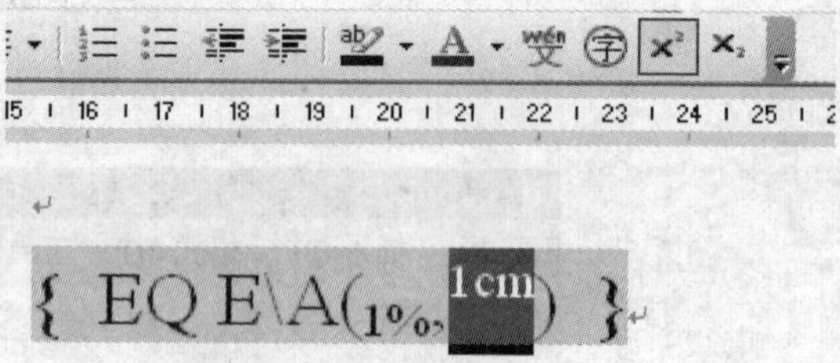

图 4-24

紫外吸光系数符号 E $^{1\%}_{1\,cm}$的输入。

方法三：首先输入字母“E”，将光标移至随后，选择菜单【视图】→【其他格式】，在“其他格式”工具条上点击“合并字符”，如图 4-25 所示，输入“1% 1cm”，点击【确定】即可。

图 4-25

上述介绍的几种方法提供了输入特殊符号的典型思路，有些方法可以互换，比如可以借鉴“域”的方法输入均值符号，其他本书未曾涉及的特殊符号大致也可借鉴这些方法进行输入。限于篇幅，不再一一列举。

二、PowerPoint 应用

PowerPoint 在投稿过程中主要可以应用于稿件中图片文件的简单组合排版、添加文字、添加符号和导出为单独的图片文件。实例介绍如下。

（一）组合图片对象

实例 - 组合 Excel 绘制的两幅图片。第一步，在 Excel 绘制两幅图片，如图 4-26 所示；

Time	%Diss_1	%Diss_2	%Diss_3	%Diss_4	%Diss_5	%Diss_6	Mean	SD	RSD(%)
0	0.00	0.00	0.00	0.00	0.00	0.00	0.00	0.00	
5	5.98	6.55	7.42	6.91	7.63	6.77	6.88	0.60	8.70
15	21.71	22.93	22.36	19.77	20.78	20.27	21.30	1.24	5.80
30	32.55	29.76	33.65	30.53	31.26	34.49	32.04	1.84	5.75
45	49.80	52.38	48.74	53.74	46.34	47.57	49.76	2.84	5.70
60	57.92	53.83	59.52	60.88	55.31	56.62	57.34	2.63	4.59
90	67.45	63.26	62.36	71.44	69.65	64.78	66.49	3.63	5.45
120	73.80	78.59	67.89	76.72	71.33	69.74	73.01	4.13	5.66

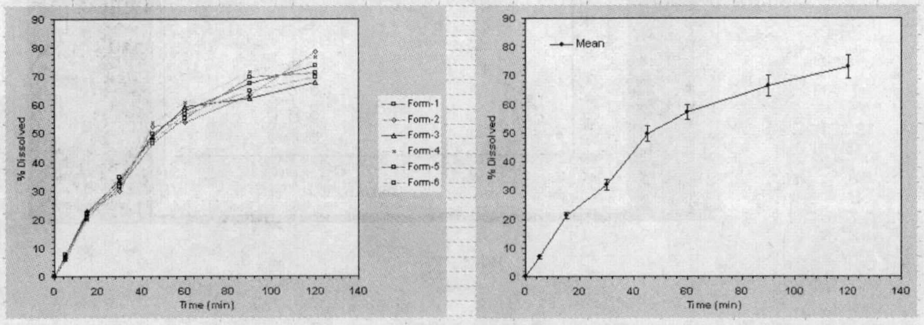

图 4-26

第二步，分别拷贝两幅图片至 PowerPoint，并适当调整图片大小和对齐位置，如图 4-27 所示，用“文字框”工具，分别在上图和下图的适当位置输入标记“A”和“B”。

第三步，用 Ctrl + A 键选中所有当前页面的所有元素，包括两个图片和两个文字框，如图 4-28所示，右键选择【组合】→【组合】，完成图片和文字框的组合，此时所有对象便被认为是一个整体，可以直接拷贝至其他程序，如 Word 程序，也可以作为一个整体导出成图片文件。

（二）转存图片文件

由于 Excel 和 Word 不具备直接导出图片，即将其中的图片转存为单独的图片文件的功能，要导出其中的图片可以借助 PowerPoint 完成。从 PowerPoint 中可以直接将图片导出为多种可以直接投稿的格式，如 JPEG，TIFF 格式，也可以导出为矢量格式，如增强型 Windows 元文件（EMF）格式等。

实例 - 导出上例中的组合图片。第一步，如图 4-29 所示，选中需要导出的图片对象，右键选择【另存为图片】；

第二步，如图 4-30 所示，在弹出的保存对话框中命名文件，选择需要导出的图片格式，如这里的 TIFF 格式，点击【保存】即可。

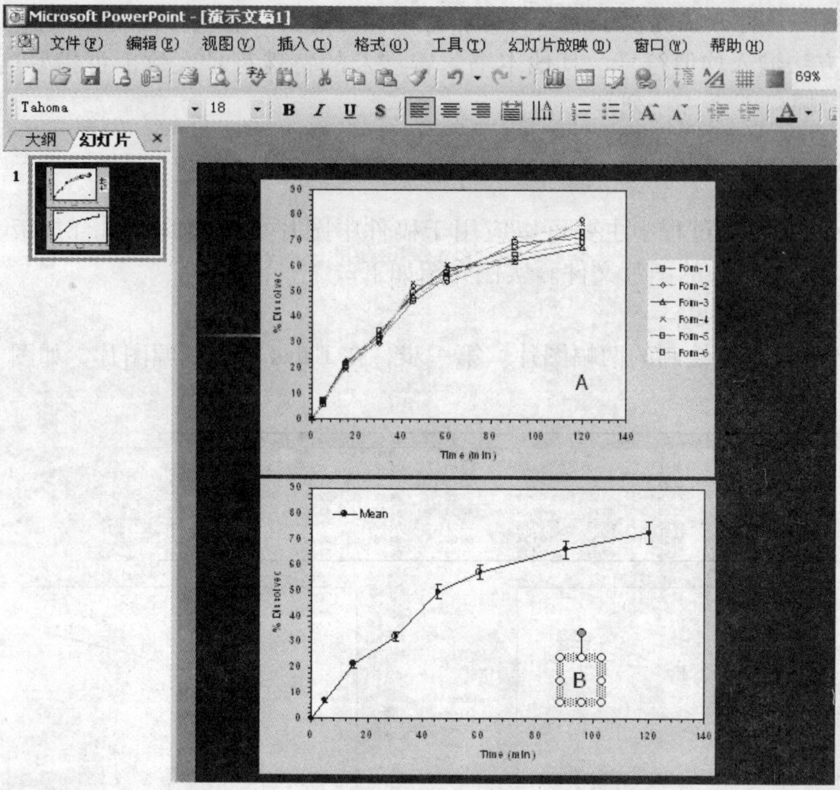
Microsoft PowerPoint - [演示文稿1]
文件(F) 编辑(E) 视图(V) 插入(I) 格式(O) 工具(T) 幻灯片放映(D) 窗口(W) 帮助(H)
Tahoma
18
69%
大纲 幻灯片
Form-1
Form-2
Form-3
Form-4
Form-5
Form-6
A
% Dissolved
Time (min)
Mean
B

图 4-27

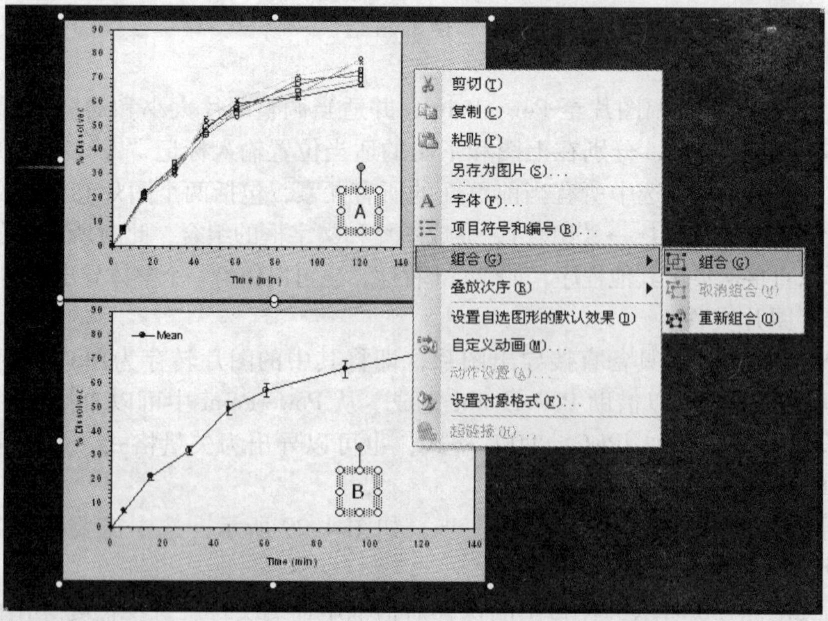
A
Mean
B
剪切(T)
复制(C)
粘贴(P)
另存为图片(S)...
字体(F)...
项目符号和编号(B)...
组合(G)
叠放次序(R)
设置自选图形的默认效果(D)
自定义动画(M)...
动作设置(A)...
设置对象格式(F)...
超链接(H)...
组合(G)
取消组合(U)
重新组合(O)

图 4-28

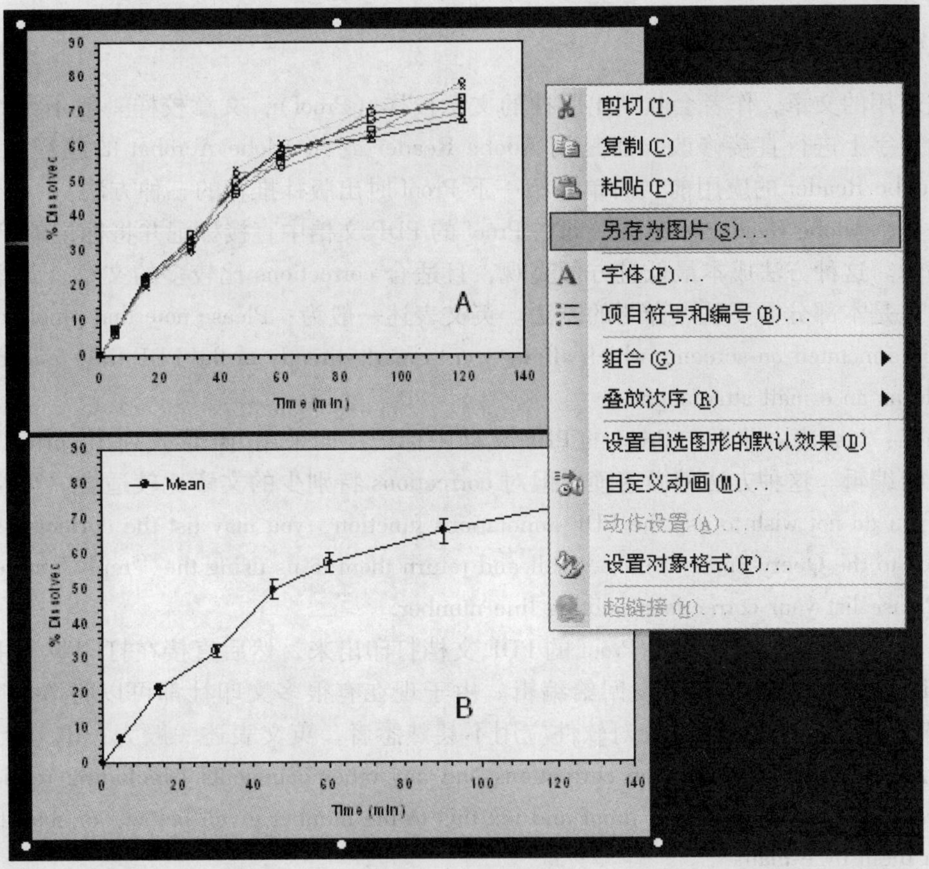

% Dissolved
Time (min)
A
B
Mean
剪切(T)
复制(C)
粘贴(P)
另存为图片(S)...
字体(F)...
项目符号和编号(B)...
组合(G)
叠放次序(R)
设置自选图形的默认效果(D)
自定义动画(M)...
动作设置(A)...
设置对象格式(F)...
超链接(H)...

图 4-29

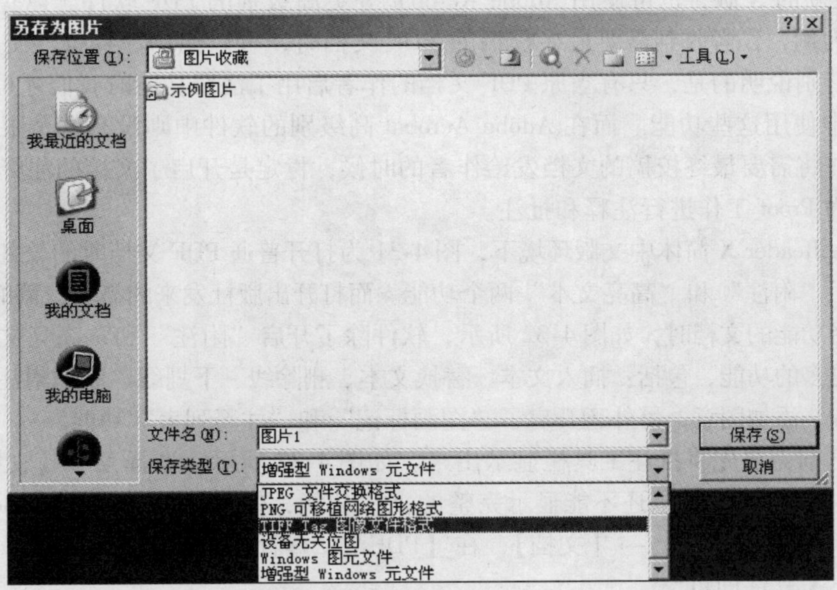

另存为图片
保存位置(I):
图片收藏
工具(L)
示例图片
我最近的文档
桌面
我的文档
我的电脑
文件名(N):
图片1
保存类型(T):
增强型 Windows 元文件
保存(S)
取消
JPEG 文件交换格式
PNG 可移植网络图形格式
TIFF Tag 图像文件格式
设备无关位图
Windows 图元文件
增强型 Windows 元文件

图 4-30

三、Adobe Reader 应用

已被录用的文章，作者会收到出版社的文章校样（Proof），文章校样一般不允许作者在原文稿的文字上进行直接修改，而是用 Adobe Reader 或者 Adobe Acrobat 的注释批注功能。在介绍 Adobe Reader 的应用前，简单介绍一下 Proof 时出版社推荐的三种方法。

方法一：Adobe Reader 标记法。即在 Proof 的 PDF 文档中直接标记并将标记的 PDF 文档发回给编辑。这种方法成本最低且方便直观，且适合 corrections 比较多的文章，是笔者推荐的方法，也是本部分需要重点介绍的方法。英文表述一般为：Please note that proof corrections can now be annotated on-screen，which allows you to mark directly in the PDF file，and return the marked file as an e-mail attachment.

方法二：List 法。即不在 Proof 的 PDF 文档中标记，而采用 list 形式列出 corrections，并直接回复给编辑。这种方法稍微繁琐，但对 corrections 特别少的文章比较适合。英文表述一般为：If you do not wish to use the PDF annotations function，you may list the corrections（including replies to the Query Form）in an e-mail and return them to us using the "reply" button to this e-mail. Please list your corrections quoting line number.

方法三：扫描法。即将需要 Proof 的 PDF 文档打印出来，然后直接在打印版上用笔标记出 corrections，并将之扫描后，发回给编辑。由于现在有很多文印社都可以将 A4 纸直接扫描为 PDF 文档，这个方法较适合对软件应用不甚熟悉者。英文表述一般为：If，for any reason，this is not possible，mark the corrections and any other comments（including replies to the Query Form）on a printout of your proof and fax this to the number given below，or scan the pages and return them by e-mail.

要在 Adobe Reader 中对 PDF 文档进行校稿和批注，需要用 Adobe Reader 7 版、8 版或者 9 版，或者更新的 X 版，也可使用 Adobe Acrobat 等更高级别的 PDF 软件。以免费的 Adobe Reader X 版为例，作者收到需要最终校稿的 PDF 文档时，可以使用注释批注工具对其进行标示。需要特别说明的是，只有当原 PDF 文档的作者启用了注释功能时我们才可以在 Adobe Reader 软件中使用这些功能。而在 Adobe Acrobat 高级别的软件中则没有这个限制。毫无疑问，出版社在将需要最终校稿的文档发给作者的时候，肯定是开启了文档的注释功能的，否则我们无法为 Proof 工作进行注释和批注。

在 Adobe Reader X 简体中文版环境下，图 4-31 为打开普通 PDF 文档时的软件界面，此时软件仅开启了"附注"和"高亮文本"两个功能。而打开出版社发来的需要校稿的 PDF 文档，即开启了注释功能的文档时，如图 4-32 所示，软件除了开启"附注"和"高亮文本"两个功能外，还有更多的功能，包括：插入文本、替换文本、删除线、下划线、添加附注到文本、附件文件、录音、添加图章；另外还开启了"图画标记"和"注释列表"功能。

在使用之前需要先将批注工具栏显示出来，如图 4-32 所示，选择菜单【视图】→【注释】→【批注】即可。如果还不能显示完整的批注功能，你可以再 Adobe Reader X 中选择菜单【编辑】→【首选项】→【文档】，在【PDF \ A 查看模式】选择"从不"，然后重启 Adobe Reader X 软件即可

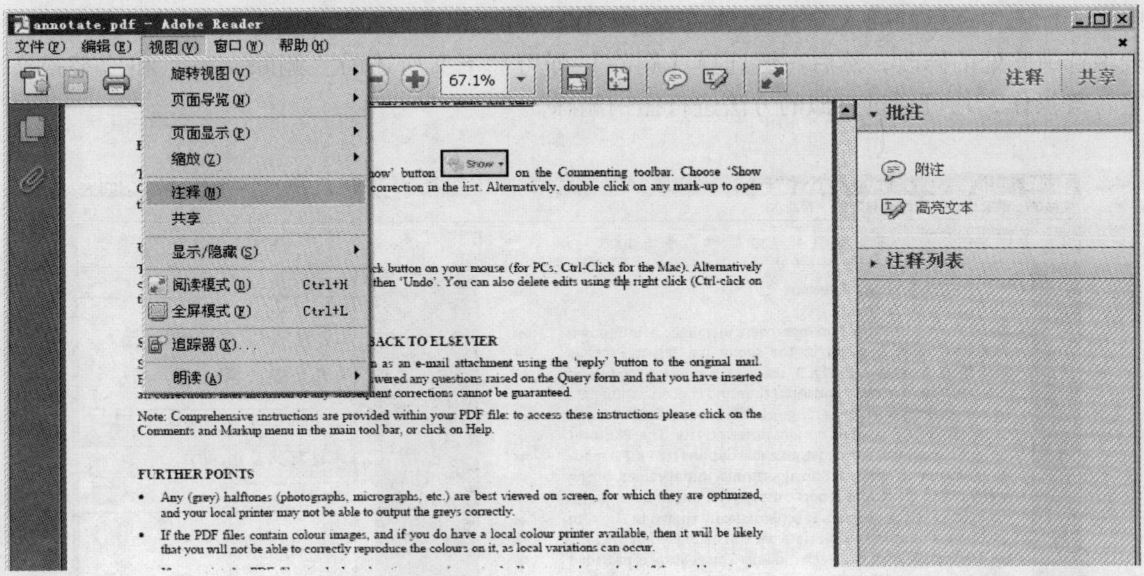

图 4-31

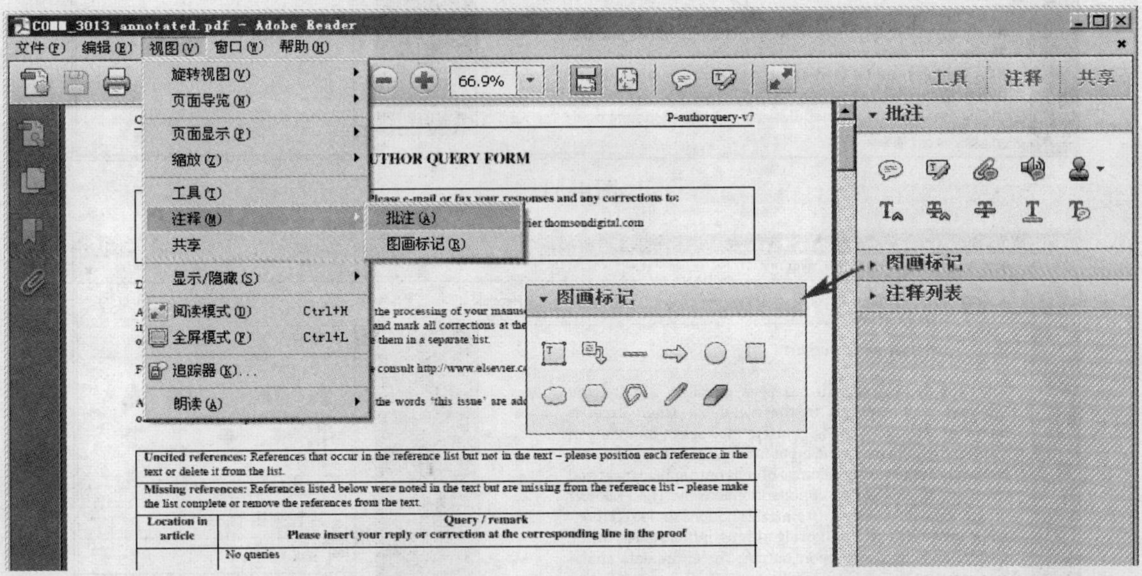

图 4-32

（一）插入文字

实例－在下述文档的第 202 行的“NCA”后面插入“（Non-compartmental Analysis）”。将光标定位至“NCA”后，如图 4-33 所示在批注工具栏内点击【在指针位置插入文本】，此时会出现一个批注框，如图 4-34 所示，开始键入所需插入的文字，在此处输入“（Non-compartmental Analysis）”后，点击批注框右上角的最小化按钮，完成后的效果如图 4-35 所示。此时如将光标移至插入符处，便可显示插入的内容。如需要删除所做的修改，可在正文中用光标选中蓝色的插入符，然后右键选择【删除】，或者也可以如图 4-36 所示，在注释列表中选中此处的修改，然后右键选择【删除】即可。下文所述的“删除文字”和“替换文字”等操作，均可通过类似的方法进行撤销删除。

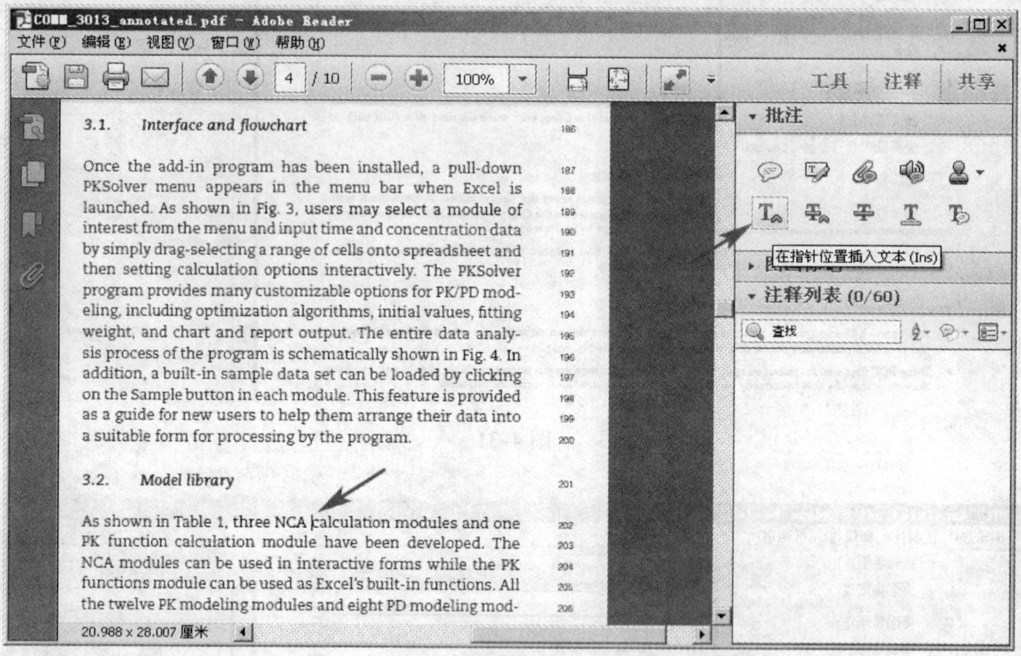
Adobe Reader
文件(F) 编辑(E) 视图(V) 窗口(W) 帮助(H)
4 / 10
100%
工具 注释 共享
3.1. Interface and flowchart
Once the add-in program has been installed, a pull-down PKSolver menu appears in the menu bar when Excel is launched. As shown in Fig. 3, users may select a module of interest from the menu and input time and concentration data by simply drag-selecting a range of cells onto spreadsheet and then setting calculation options interactively. The PKSolver program provides many customizable options for PK/PD modeling, including optimization algorithms, initial values, fitting weight, and chart and report output. The entire data analysis process of the program is schematically shown in Fig. 4. In addition, a built-in sample data set can be loaded by clicking on the Sample button in each module. This feature is provided as a guide for new users to help them arrange their data into a suitable form for processing by the program.
3.2. Model library
As shown in Table 1, three NCA calculation modules and one PK function calculation module have been developed. The NCA modules can be used in interactive forms while the PK functions module can be used as Excel's built-in functions. All the twelve PK modeling modules and eight PD modeling mod-
批注
在指针位置插入文本 (Ins)
注释列表 (0/60)
查找
20.988 x 28.007 厘米

图 4-33

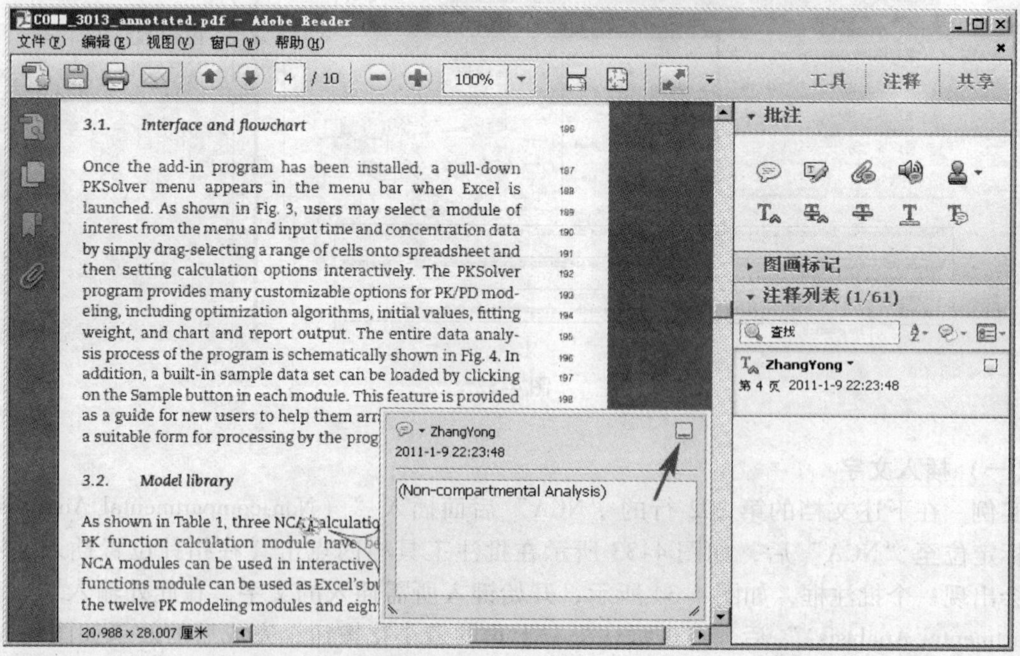
Adobe Reader
文件(F) 编辑(E) 视图(V) 窗口(W) 帮助(H)
4 / 10
100%
工具 注释 共享
批注
图画标记
注释列表 (1/61)
查找
ZhangYong
第 4 页 2011-1-9 22:23:48
ZhangYong
2011-1-9 22:23:48
(Non-compartmental Analysis)
20.988 x 28.007 厘米

图 4-34

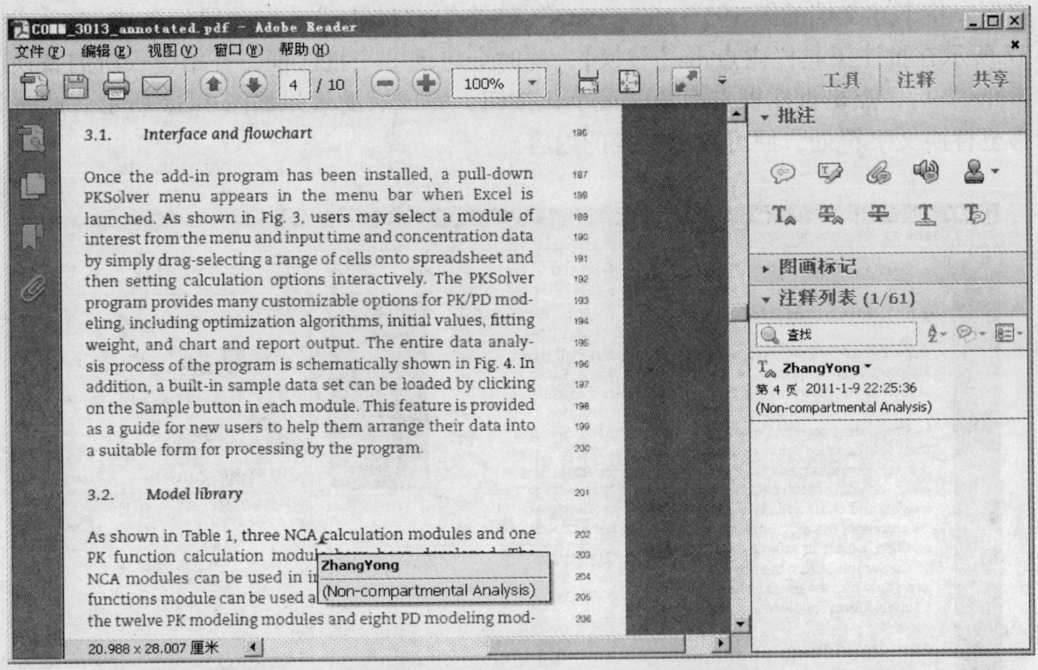

图 4-35

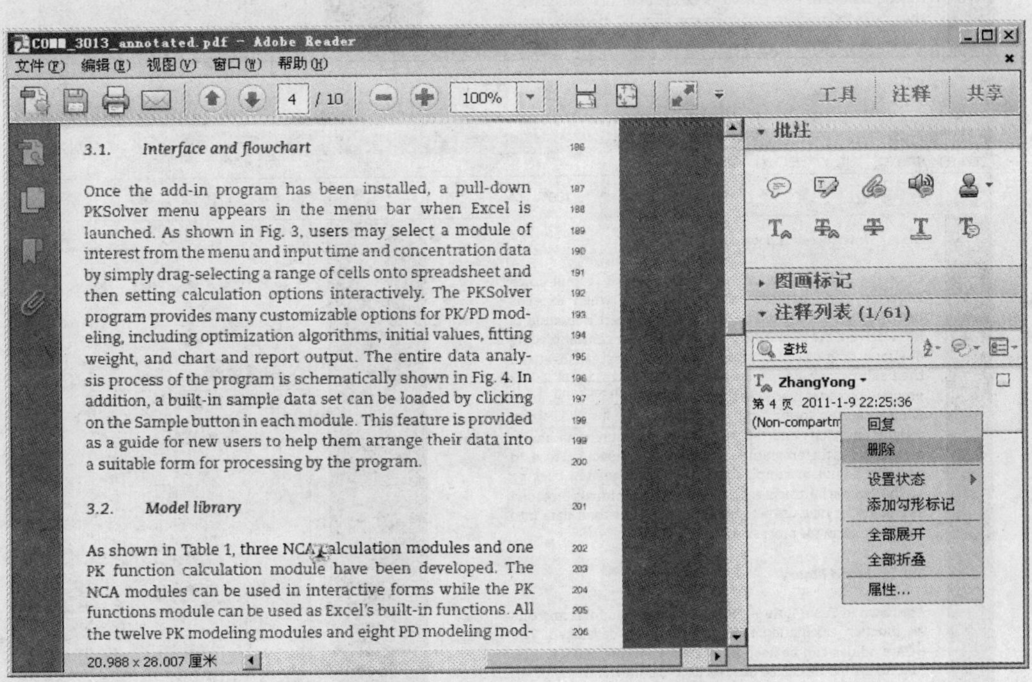

图 4-36

（二）替换文字

实例 - 将下述文档的第 191 行的“onto”替换为“in the”。拖动鼠标选中“onto”，如图 4-37 所示在批注工具栏内点击【替换】，此时会出现一个批注框，开始键入所需替换的文字“in the”后，点击批注框右上角的最小化按钮，完成后的效果如图 4-38 所示。此时如将光标移至替换文字符处，便可显示替换的内容。

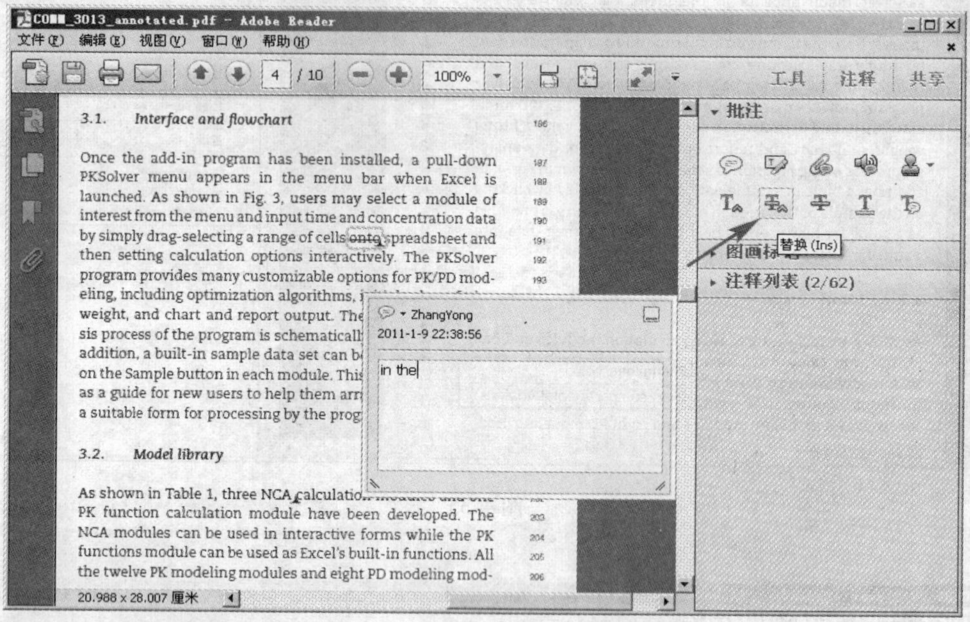
CO■■_3013_annotated.pdf - Adobe Reader
文件(F) 编辑(E) 视图(V) 窗口(W) 帮助(H)
4 / 10
100%
工具 注释 共享
批注
替换 (Ins)
图画标记
注释列表 (2/62)
3.1. Interface and flowchart
Once the add-in program has been installed, a pull-down PKSolver menu appears in the menu bar when Excel is launched. As shown in Fig. 3, users may select a module of interest from the menu and input time and concentration data by simply drag-selecting a range of cells onto spreadsheet and then setting calculation options interactively. The PKSolver program provides many customizable options for PK/PD modeling, including optimization algorithms,
ZhangYong
2011-1-9 22:38:56
in the
3.2. Model library
As shown in Table 1, three NCA calculation
PK function calculation module have been developed. The NCA modules can be used in interactive forms while the PK functions module can be used as Excel's built-in functions. All the twelve PK modeling modules and eight PD modeling mod-
20.988 x 28.007 厘米

图 4-37

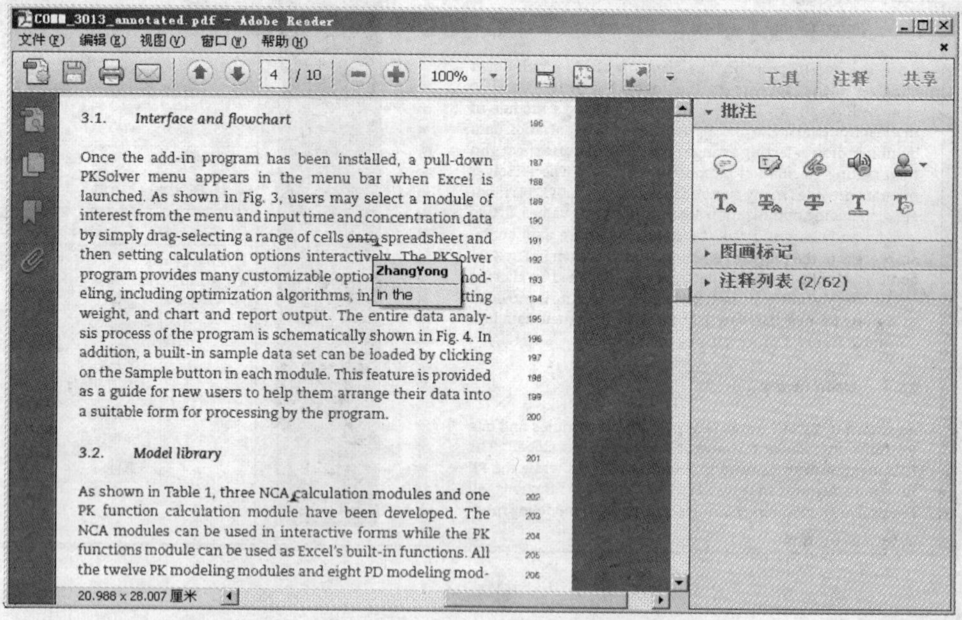
CO■■_3013_annotated.pdf - Adobe Reader
文件(F) 编辑(E) 视图(V) 窗口(W) 帮助(H)
4 / 10
100%
工具 注释 共享
批注
图画标记
注释列表 (2/62)
3.1. Interface and flowchart
Once the add-in program has been installed, a pull-down PKSolver menu appears in the menu bar when Excel is launched. As shown in Fig. 3, users may select a module of interest from the menu and input time and concentration data by simply drag-selecting a range of cells onto spreadsheet and then setting calculation options interactively. The PKSolver program provides many customizable options for PK/PD modeling, including optimization algorithms, weight, and chart and report output. The entire data analysis process of the program is schematically shown in Fig. 4. In addition, a built-in sample data set can be loaded by clicking on the Sample button in each module. This feature is provided as a guide for new users to help them arrange their data into a suitable form for processing by the program.
ZhangYong
in the
3.2. Model library
As shown in Table 1, three NCA calculation modules and one PK function calculation module have been developed. The NCA modules can be used in interactive forms while the PK functions module can be used as Excel's built-in functions. All the twelve PK modeling modules and eight PD modeling mod-
20.988 x 28.007 厘米

图 4-38

（三）删除文字

实例－删除下述文档第 195 行“chart”前的一个多余的“and”。拖动鼠标选中需要删除的“and”，如图 4-39 所示在批注工具栏内点击【删除线】即可。更简便的方法是，拖动鼠标选中需要删除的“and”，直接按键盘上的 Delete 键即可。完成后的效果如图 4-40 所示，带删除的文字“and”上便添加了一条醒目的删除线。

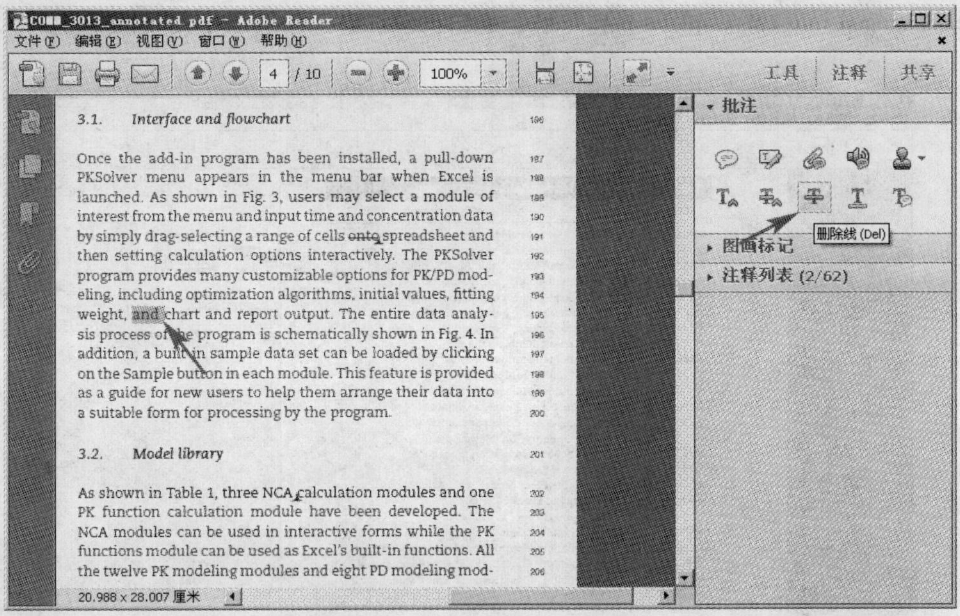

图 4-39

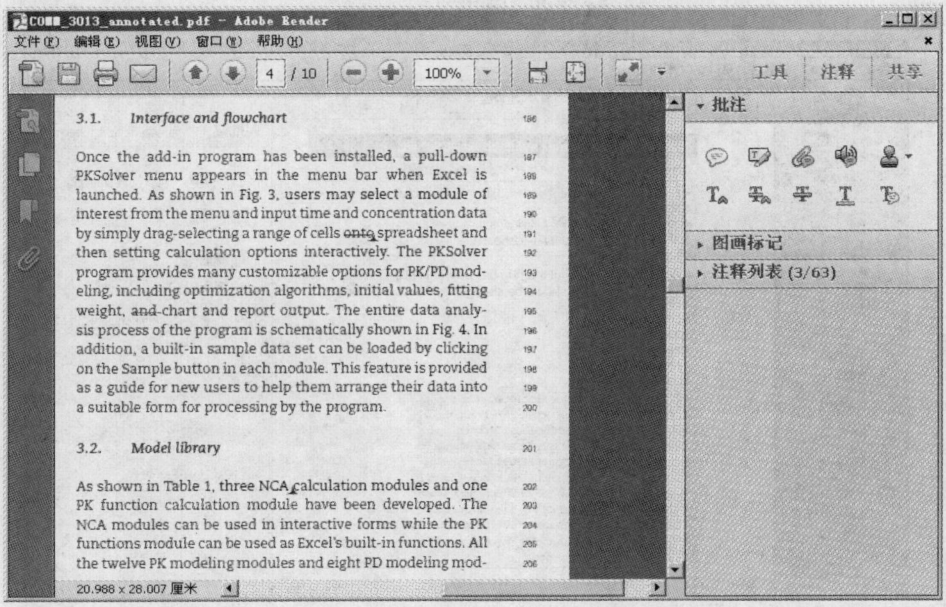

图 4-40

（四）高亮并添加注释

实例－在下述文档的中告诉编辑所有 Table 1 中的所有“E0”字样上“0”应该修改为下标形式。拖动鼠标选中需要修改的“0”，如图 4-41 所示在批注工具栏内点击【高亮文本】，此时“0”字符上便添加了一个黄色的高亮层，下一步便是添加附注，选中黄色的高亮部分，点击批注工具栏内点击【添加附注】或者直接在黄色的高亮部分双击鼠标，如图 4-42 所示，此时会出现一个批注框，开始键入所需批注的文字“All the number 0（within E0）in Table 1 should be changed into subscript format.”后，点击批注框右上角的最小化按钮即可。

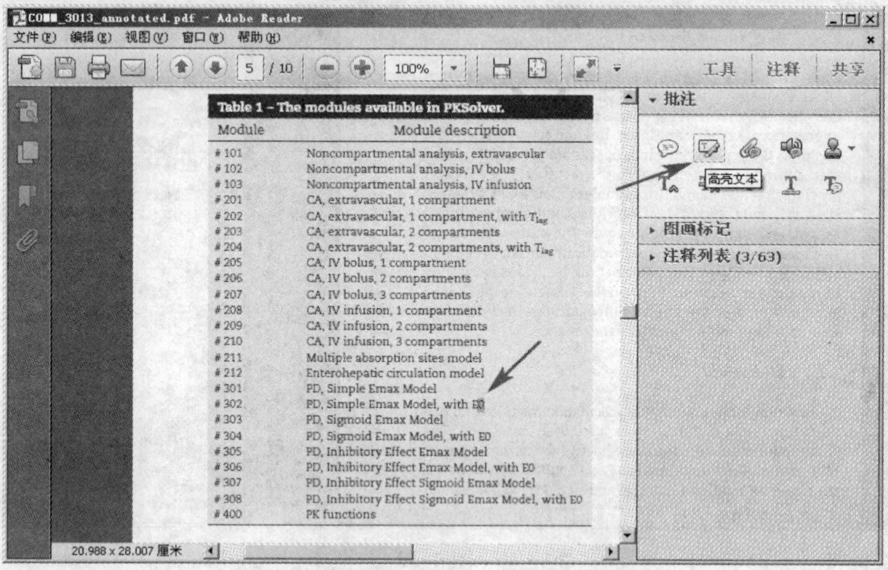

图 4-41

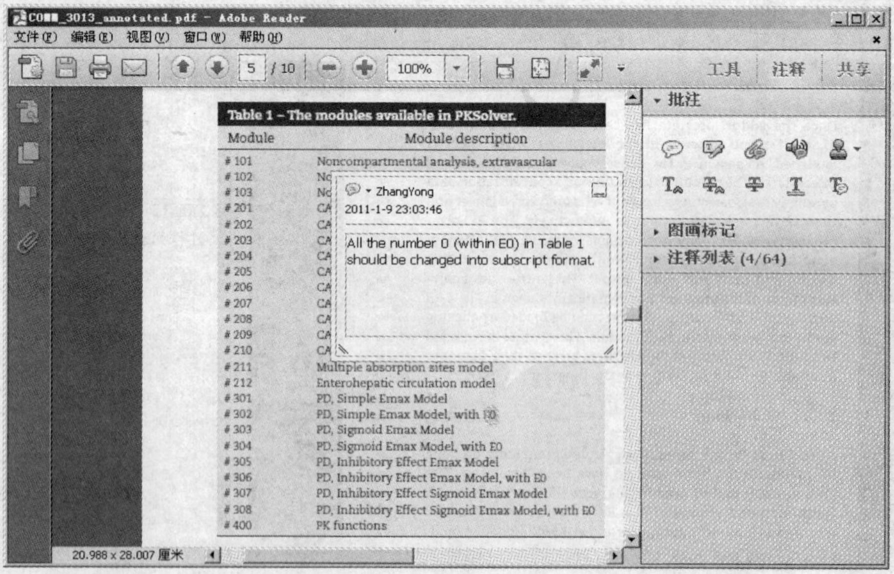

图 4-42

（五）查看已有批注

实例－查看上述文档中所有的批注点。如图 4-43 所示点击【注释列表】即可显示所有批注，点击相应的批注，文档便自动切换到相应的页面的注释处，便于查看。作者还可以选择性显示不同的审阅人所做的注释，只需点击【筛选注释】→【审阅人】，然后选择不同的审阅人即可。

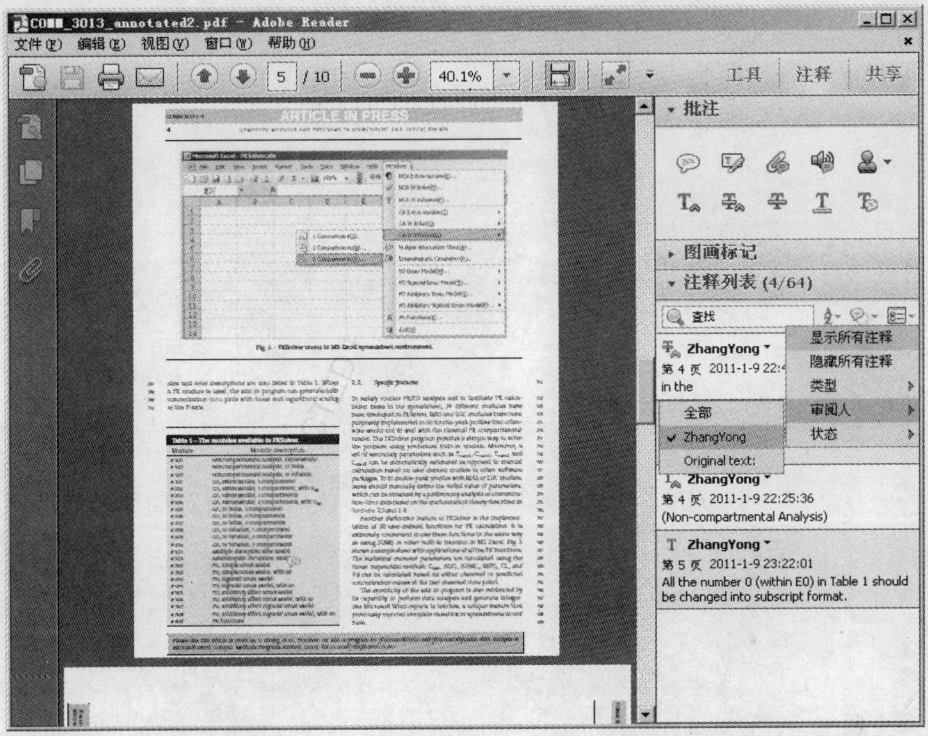

图 4-43